浦睿文化 出品

流放者归来

Exile's Return
A Literary Odyssey of the 1920s

Malcolm Cowley
[美] 马尔科姆·考利 著
姜向明 译

献给穆里尔

目　录

导读 ___ 1
版本说明 ___ 27

序言：迷惘的一代 ___ 001
第一章　空中楼阁 ___ 013
1. 蓝色的朱尼亚塔 ___ 015
2. 大城高中 ___ 017
3. 文艺的学徒 ___ 028
4. 美国学院，1916 ___ 032
5. 救护队 ___ 044

第二章　波希米亚区的战争 ___ 059
1. 漫长的休假 ___ 061
2. 格林威治村的思想 ___ 066
3. 青年社团 ___ 082
4. 法国轮船码头，1921 ___ 092

第三章　旅行支票　101
1. 币值　103
2. 相似的历史　107
3.《大西洋两岸评论》　117
4. 形式与内容　121
5. 家乡的传闻　129

第四章　巴黎朝圣　135
1. 考卷　137
2. 圣徒传选读　139
3. 巴黎快车　164

第五章　达达之死　171
1. 达达简史　173
2. 墓前布道　184
3. 个人记录　195
4. 意味深长的姿态　202

第六章　愤怒之城　211
1. 法国轮船码头，1923　213
2. 有一只乳房的女人　231
3. 曼哈顿旋律　244

第七章　岛屿时代　255

1. 康涅狄格谷　257
2. 查尔斯顿监狱　266
3. 吵闹的小子　274
4. 无路可逃　289

第八章　自杀的回响　303

1. 留在梳妆台上的信　305
2. 太阳之城　313
3. 文字革命　338
4. 适时而亡　351

尾声：除夕　358

附录：出生年份　382

编辑附录　398

附录A：《流放者归来》1934版尾声　398

附录B：围绕《流放者归来》的出版史及大事记　414

附录C：文艺生活史表（1924—1949）　434

导读

在有关 1920 年代美国文学发展的年代记、回忆录、纪念集中，马尔科姆·考利的《流放者归来》可谓独树一帜。就回顾美国文学成形期这一主题而言，考利的作品远别于那些"我们戴上拳击手套，厄内斯特·海明威打伤了我的鼻子"式的作品，它是"一本描述思想的书"，正如出版于 1934 年的本书首版上使用的副标题所言。除了林林总总的掌故外，这本书不是光辉记忆的堆砌，而是对文学艺术的式样及目的所进行的一场思想探索。

这是一个年轻人描写一个年轻的时代的书，它对年轻一代甩掉前人的包袱、开创自己的风格的赞美，激励了一代又一代在这些故事里找到共鸣的读者们。而且，这种作用仍在继续。确实，《流放者归来》一书的主题并不完全是关于 1920 年代的巴黎，而是关于新一代人为了确立自我而对老一代所做的艰苦卓绝的实验性叛逆。

在他的晚年——考利于 1989 年去世，享年九十岁，他在文艺领域取得了非凡的成就，其职业生涯大部分的贡献还影响了我们对美国文学的评价——他阐述了他认为的造成"迷惘的一代"自我身份确立与反叛前辈这两种特质的先决条件。首先，他说是"一种生命感，也许可以将之定义为成员们所共有的认知、判断、感觉以及抱负交织在一起的一张精致的网"。其次，这一代人"对先辈们或者社会主流的观念采取了一种彻底甚至是暴力式的决裂"。然后，每一代人都要感谢他们的先驱——考利称之为"疯子和不法之徒"（借用司各特·菲茨杰拉德的说法），他们"为这一代人的叛逆提供了理论基础"——而且，还必须见证或参与"历史事件"，它"会充实一代人的共同经验的宝库"。最后，考利明确指出（再次效仿司各特·菲茨杰拉德），每一代人都要有"自己的领袖和发言人"。我在这里要补充一点在考利看来也许是理所当然的因素：为了建立起一张精致的网和共同经验的宝库，哪怕只能是通过疏离的方式，这一代人肯定也会感受到来自主流观念和历史事件这两方面某种程度上的背叛。

考利说得很宽泛，但他所说的先决条件还是符合他在早期著作《流放者归来》里对"迷惘的一代"的描述的。尽管当时对这代人的先驱或发言人缺乏一个清醒的认识——现在他们的身份正在被明确，但考利后来指出的先决条件当时都已存在。尤其强烈的，就像考利在《流放者归来》里描述的流放的成因，就是叛逆感。首先，迷惘的一代因自身所受的教育而产生了疏离。"他们被连根拔除了，"考利写道，"他们接受的教育几乎切断了他们与任何传统或地域之间的纽带。"这是摈弃传统的教育。"作为一个年轻人",考利说,他还没有准备好做一个"标准市民"或过一个美国人的"普通生活",就"被劝说进入了一个其传统来自雅典、佛罗伦萨、巴黎、柏林和牛津的国际课堂"。这段陈述里表露出的苦涩和他在本书第一章的开头对童年所写的溢美之词有着天壤之别。在这里,他就像《老实人》[1]中那样回忆起了故乡。老实人曾经怀着天真的想法和美好的愿望去旅行,可结果只是被粗野的世界震惊了。

这个旅行故事的主人公不仅是考利,而且包括整个战前的一代文青。这一代人为一个主要存在于书本里的世界接受了训练,其中有许多人在美国正式参与第一次世界大战之前就自愿去了当时其实已不存在的欧洲,投身于那里的战时服务。"贵妇小径"[2]的大屠杀、帕斯尚尔[3]的大混战、意大利军队在卡波雷托的战役,再加上其他许多战役,彻底改变了这一代文青的人生观和世界观。就像考利指出的,"这一代人属于已经固定下来的旧价值观和尚待确立的新价值观之间的一个过渡期"。

进一步说,这批人在参战后回到美国——第一次世界大战于1918年11月11日宣告结束、休战,但是与传统的隔绝使他

---

1 *Candide*,伏尔泰所著的哲理小说。
2 位于法国埃纳省的山脊上的一条步道,全长约35公里,第一次世界大战时在此发生了三次战役。
3 位于比利时伊普尔附近。

们觉得像是在自己的国家里遭到了流放,成了自己无法参与的文化的旁观者,在社会上、经济上、政治上都被剥夺了权利。拜金主义,一种新的统一思想占据了当时的社会主导地位。辛克莱·刘易斯的社会讽刺小说《巴比特》在1922年出版后,"市侩作风"就成为了这种压制进步的经济愿景的绰号。那些不符合这个标准的人就是值得怀疑的。三K党开始往北方迁移;"帕尔默袭击"[1]后政府开始逮捕所谓的"激进分子"(包括即将出名的萨科和范赞提);劳工组织的努力在西雅图,在煤炭、铁路、钢铁行业都遭遇了挫败;宪法第十八修正案,即禁酒法案,正式出台了。进步与权力得到了赞美,知识与思想却没有。讽刺的是,在经历了幻灭的返乡之后,像考利那样的人在家乡找不到令人感兴趣的工作,很多人迁居去了纽约,尤其是格林威治村,他们在那里从事着恶劣的工作,住在没有热水供应的公寓里。但他们基本上都气味相投,他们分享着思想——本质上说,下到商业的虚伪,上至艺术的神圣——一起反对当代价值观,组成了一个团体。考利在回顾战争归来之后时,将它称为"漫长的休假"。在这种前途暗淡的背景下,许多迷惘的一代开始考虑重新收拾行李(这次要带的是平民服装)返回法国。这是一个不错的选择,当时恰好美元坚挺,而且他们所受的教育与法国文化也是一脉相承的。

---

[1] 1919年的一天夜里,美国第51任司法部长亚历山大·帕尔默在华盛顿的家门口发生爆炸,后人将当时发生的一连串爆炸事件称为"帕尔默袭击"。

1921年，比考利大七岁的青年知识分子哈罗德·斯特恩斯决定离开美国去巴黎，他的离去对美国作家和艺术家自我流放去欧洲产生了巨大的影响力。斯特恩斯撰写了《美国与青年知识分子》，编辑了《美国的文明进程》，这是一本由三十位重要作家撰写的社会评论集，他们对这个国家的看法响应了格特鲁德·斯泰因在评论加州奥克兰时说过的一句话："这里什么也没有。"（考利用一句话总结了这本评论集的主题："生活在这个国家是无趣的、贫乏的、全球标准化的、平庸浅薄的、没有创造力的，只会对财富和机器顶礼膜拜。"）这种流放是自发的，也是暂时性的。在斯特恩斯之前或之后去欧洲的作家和艺术家与其说是流放者，还不如说是旅居者：只是离开一段时间，并没有彻底放弃他们的美国人身份。

历史证明，他们中最杰出的人物，如海明威、多斯·帕索斯、菲茨杰拉德、E.E.卡明斯等，在接下来的十年里都取得了辉煌的成就。他们的成就掩盖了对他们的价值的本质评价。威廉·索斯金在1934年评论《流放者归来》时说道："在过去的十年里，没有作家写出过伟大的作品。海明威先生的光芒已经暗淡，他的同伴们也一样。"刘易斯·甘尼特，一个有影响力的评论家（他的负面评价以及大萧条的时代背景，在很大程度上造成了本书在第一年里的销售惨淡，只售出983本），认为这些流放者充其量只是"喜欢认真思考的一小撮酒鬼"，他们觉得"在等待爸爸的下一张汇票时一连饿上三天是一件很了不起的事"。尽管他们的嗜酒堪称传奇，但实际上他们中的大部分作家都斩断了回乡之路，靠打零工、靠别人的救济、靠自己的智慧在异国生存了下来。

他们逃离了美国的"虚伪和压抑"，在战后的巴黎找到了一种便宜的生活，一种自由奔放的行为准则，一种归属感（尽管有时仅在他们自己之间）以及同样重要的活着的感觉，一份可以在这个世界文化中心、在这个前卫艺术的圣地无拘无束地从事的创造性的事业。考利凭借战时的志愿者服务而获得的野战勤务员的资格，于1921年回到法国，在那里研究法国古典文学，特别是拉辛的作品，但很快就成为对于尚在人世的那些著名文化人的热情观察者：战前一代的美国作家流放时间更早，其中有埃兹拉·庞德，他疯狂地逃离了粉丝们的包围，用优雅的《毛伯利》组诗诅咒了战争及其恶果；有格特鲁德·斯泰因，她把自己标榜为老资格的流放者；有T.S.艾略特，他那首影响深远的长诗《荒原》发表于1922年，这首诗反映出了迷惘一代的困惑；还有非美国籍的流放者，比如詹姆斯·乔伊斯，他的《尤利西斯》最初以连载的形式发表了一部分，完整本出版于1922年，尽管该书获得了广泛的好评，却因"淫秽、下流的描写"在英国和美国被查禁。

对考利来说，当时的法国作家也同样重要：马塞尔·普鲁斯特、保尔·瓦雷里以及达达主义者。普鲁斯特尽管在1922年去世，却留下了他在一间软木贴面的房间里的一张床上创作出来的文学遗产——《追忆逝水年华》。这部"有史以来最长的一部小说",从他去世到1930年为止以七卷本的形式陆续出版。诗人、思想家保尔·瓦雷里,赞美形式胜于内容、超然胜于行动,强迫自己保持了二十年的沉默,对此考利评价"比他……出版的高尚诗歌和尊贵散文给我们留下的印象更深"。最后,出现了虚无主义的、打破偶像的达达主义者,其中有特里斯丹·查拉和路易·阿拉贡,他们和考利交好,他们把考利丢下自己国家的文化而去拥抱的欧洲文化视为一种爆炸式的文化行为。这些独立、自由、思想相通的艺术家们给了考利这样一种认知:"艺术是脱离生活的,艺术家是独立于这个世界的人,是高于芸芸众生的人。"

按照考利的看法,他自己是和艺术大师们一伙的。他们的思想就和他们在巴黎咖啡馆的存在一般清晰可辨。就像考利那样,你可以去参加格特鲁德·斯泰因的沙龙,你可以去乔伊斯的公寓与他见面,你可以在雅各布旅馆和庞德讨论莎士比亚的史料来源问题,你可以和瓦雷里一起坐在杜伊勒里公园的长凳上探讨他的思想,你可以观看或参与达达主义者的"即兴表演",你可以和查拉或来自美国的流放者小伙伴们在蒙帕纳斯的诸如精英、圆厅、多姆之类的咖啡馆里喝咖啡,甚至可以用狠揍圆厅的那位不体面的店主的方式来展示一种"意味深长的姿态",并因此得到众人的夸奖。在巴黎,考利生活在一个欣赏"意味深长的姿态"的世界里。

在《流放者归来》的《巴黎朝圣》和《达达之死》的章节里，考利描写了这个令人陶醉的时代，但他也埋下了不满的种子。通过对思想而不是对个性的研究，他发现那些"艺术领域"里的大师们的思想既吸引他，又令他反感。设想一下，为了创造艺术的缘故，你选择了"把自己封闭在自我的世界里"，就像普鲁斯特曾经的做法那样，或者是"把20世纪抛在脑后"，那些流放者们似乎就是这么做的——这些选择是埃德蒙·威尔逊在1931年出版的评论集《阿克瑟尔的城堡》里提出的（在这本书里，这两种选择都导致了在艺术创作上的绵软无力）——接着，考利觉得，这场讨论的框架犯了一个逻辑性的错误："艺术信仰就会在不知不觉中融入……一种为了表示对永远也不可能理解他的愚蠢大众的鄙视，而故意大肆浪费掉自己的才华的思想状态。"

考利写到的他和其他一些巴黎旅居者，他们有的在那里住上几周或几月，有的住几年，总想着要回到故土，从来也不相信自己会与故土"隔绝"，不管他们接受了怎样的教育，他们都可以在流放中获得一种崭新的洞察美国价值观中"白痴大众"的思想形成的方式。当然，考利是把他们当成美国人来看的，不是某个"有学识的国际共和国"里的公民，而是美国文化的塑造者和贡献者，尽管人们普遍相信自己的本土文化缺乏个性，而且令人担心的是，他们都不关心本土文化的未来。考利在1923年回国，比他的许多伙伴要早，随即发现美国对在巴黎和欧洲其他地方流行的价值观采取敌视的态度。这是一个卡尔文·库利奇[1]的美国——他的工作就是振兴商业，一个无视全球范围内的通货膨胀的美国，一个将未来抵押在信用贷款上的美国，一个为自己高唱"是的，我们没有香蕉"[2]的美国。

考利回到的纽约是一座"愤怒之城"，而他从巴黎带回来的混杂着理想主义和愤世嫉俗的思想，也使他为维持《扫帚》杂志所付出的努力遭到了重创，这是他和流放伙伴马修·约瑟夫森共同编辑的一本小型杂志。尽管考利碰到的挫折也许比美国文学史上提到的更多，他的遭遇——邮局的审查制度、评论界对同性恋的憎恶——还是放大了美国标准与他的流放伙伴们之间存在的文化、社会、政治的分歧。

有两个事件最终使考利产生了自己是一个归来的流放者的感觉，作为一个作家，他觉得自己有义务把文学努力集中于美国文化的主题上，更进一步说，是集中于美国的政治观上。第一个事件是1927年对萨科和范赞提的处决，这两人自从1920年起就因谋杀指控（在证据不足的情况下）而被关入了马萨诸塞的监狱。该起事件坚定并刺激了知识界的看法。萨科和范赞提被处决了，归来的流放者与其他的知识分子团体在悲痛中抱成了团，但是直等到1929年10月第二个事件的发生——股票

---

[1] Calvin Coolidge（1872—1933），美国第30任总统。

[2] Yes, We Have No Bananas，1923年在美国引起轰动的一首流行歌曲。

市场的崩盘，美国价值观的整个构造才算彻底崩溃了。对考利和其他归来的流放者而言，1920年代的结束在美国就犹如一座纸牌屋的倒塌。这本在他们的意料之中，他们也希望如此，同时也证实了美国人信仰的空虚。

数百万人因为市场的萧条而失了业，但考利却在此时时来运转了。就在崩盘的同一个月，他被《新共和》杂志聘用为文学编辑，取代了前任编辑埃德蒙·威尔逊。不久，该杂志就开始连载最终构成《流放者归来》一书的部分章节。

考利不想把《流放者归来》写成对美国文学的一种文献记录，而想把它写成美国文学本身的一部分。而且，他正在尝试一种新的写作手法，主要是跳跃、引申、阐述的手法，他将这种手法运用于连载的文章里。之前的经典传记类作品，比如乔治·吉辛的《新寒士街》(1891)或亨利·亚当斯的《亨利·亚当斯的教育》(1918)，只是刚刚开始尝试考利在《流放者归来》里想要实现的目的：为一代人立传。范·威克·布鲁克斯在文学批评上所做的努力（他也是对美国1910年代和1920年代的文学进行研究的重要人物），还有埃德蒙·威尔逊的贡献（他的阐述式的评论，尽管与考利的写作式样大相径庭，但对传记写作是很有帮助的），都影响了考利对作家们的写作目的的呈现形式（实际上，考利对威尔逊的《阿克瑟尔的城堡》的评论是《流放者归来》一书的核心）。

考利的流放伙伴厄内斯特·海明威所做的努力也极有价值，《太阳照常升起》（1926）里的那些人物经历了"一个正在发生巨变的时期，时代的影响在当时似乎比阶级或地域的影响更大"。还有多斯·帕索斯，"他主要的与众不同之处就是在1920年代成为了一个激进分子，而当时他的大多数朋友都对政治漠不关心，但在接下来的十年里他变得越来越保守，而他的许多朋友反而成了激进分子"。多斯·帕索斯在《曼哈顿中转站》（1925）和《美国三部曲》（头两卷出版于考利正在写《流放者归来》的时期）的散文风格影响了考利的文风：将新闻、传记、回忆录融入考利后来称之为"非虚构小说"的文学式样里。于是，事实、自传、评论都被交织在了如小说一般的形式里。在1967年的一次访谈中，考利说《流放者归来》一书的写作是"故意采用那种形式的……几乎每一部上乘的传记文学都可以被称为非虚构小说，通过使用小说和戏剧的写作技巧，非虚构成为了一种更为复杂的写作手法"。

《流放者归来》一书的形式是很难用三言两语来界定的。一方面，它是由一个美国文学的塑造者书写的，对20世纪美国文学的形成、思想、经历所做的卓越的时代记录；另一方面，它又是对1920年代的巴黎的致敬之作，因为当时的巴黎是一座充满创作活力的丰饶之城，同时与其相对的纽约则被形容为一座"愤怒之城"。不仅如此，它还是一部反映年轻人反抗陈腐价值观的历险记，一部有关艺术的目的、功能和作用的沉思录。

在对《流放者归来》所做的研究中，关注得较少的是它在风格上取得的成就。考利运用的一项重要手法就是不断在自传体的"我"和代表一代人的"我们"之间切换陈述语气（再加上一般在虚构小说里常用的陈述语气：第三人称全知视角、第三人称的限制视角、直接叙述）。另外，值得一提的是，他使用的史料都有新闻记录可查，他对同代人及其思想的呈现不是通过道听途说的奇闻轶事，而是通过他们各自写下的文字。

在写完序言和对在乡下或至少说在地方上度过的童年进行了一番赞美后，《流放者归来》以"我们"这个人称开始叙述，该人称接下来在书中将占据主导地位。一开始，这个"我们"指的是考利在匹兹堡的高中同学："十七岁时，我们幻灭、萎靡。在打篮球、初恋和思考人生……我们开始质疑在家里和学校里学到的一切。"两段之后，这个"我们"就指代了他的迷惘一代的伙伴们："文学是我们的职业（'我们'刚才不是还在读高中吗？），它活在自己伟大历史的阴影里。感动了我们（你想问感动了谁？）的那些象征，爱情、死亡、别离等伟大主题，早已被用得弹尽粮绝。"又一段后："我们开始在一片文字的海洋里漂流，没有明确的目的地，也没有领航员。"惹人注目的是，在短短两页纸内，考利从初恋、打篮球的内容一下子跳到了对他们那一代人的文学生涯的关注。他一直保持这种写法，尽管有时候这种方法似乎不管用，但到最后还是成功的。通过自传体的叙述要素和广义的"我们"的语气并存，考利为我们提供了一幅具有说服力的透视图。比方说,在他描述一次以失败告终的会议时对参与人员的形象塑造,那次会议是他和哈特·克莱恩、肯尼斯·伯克、詹姆斯·赖特、汉娜·约瑟夫森以及格伦威·韦斯科特就《扫寻》碰到的问题展开的讨论会。"……我们拖着沉重的脚步往家走,就像从莫斯科撤退的拿破仑的榴弹兵。"几页后,一个陈述性的"我们"出现了,他如此写道:"我们曾试图在曼哈顿岛再造在巴黎的达达运动中曾刺激过我们的那种氛围,那种融合了智力的兴奋和道德的义愤的氛围。"在这里,考利把那天晚上一起开会的"我们"和一个泛指的、不同的"我们"(不仅仅是时间的不同)完全合并在了一起。面对这样的叙述手法,读者们应该不会感到反感,这是一个作家灵巧的写作手段,将虚构的写作手法运用于非虚构的文本框架。考利在《流放者归来》里显示出了一种神奇的能力,即用有限的视角来抓典型,他通过这种方法获得了更为广泛的读者群。我们觉得考利在文本架构上遇到的难题既是他那一代人也是我们当代人的。

考利时而直接对读者发声,比如在《漫长的休假》一节里,他对读者写道:"早晨十点,你在一家出租屋的脏被窝里醒来。阳光从绿色的百叶窗的缝隙里透进来……等你喝完第二杯咖啡,就会有一个客人来拜访你,然后再来一个。你可以问他们借五十五美分买一瓶最便宜的雪利酒。"不管在这一刻他的文笔显得有多么琐碎,你都会觉得身临其境,和作者一起待在一间出租屋内，和作者一起思考下一步该怎么办。

在运用真实史料和新闻材料方面，考利有时候确实显得欠了多斯·帕索斯一个人情。比如，考利对第一次世界大战后欧洲汇率市场的混乱所做的概括性描述：

> 汇率！古老的欧洲大陆，恰恰彻底丧失了它那古老的标准：从一个国家到另一个国家，从一个村庄到另一个村庄，它的价值千变万化。你礼拜二在汉堡买八分钱（或者五分？）也许能办一桌酒席；你礼拜四在巴黎买一包香烟的钱也许相当于在维也纳一个礼拜的食宿费。你也许会在慕尼黑豪赌，赢了一个捷克斯洛伐克的投机商的一半资产，然后，如果你没能及时地把赢到的钱用于买香槟和毕加索的画，到了后天你把它送给一个叫花子，他也许连声感谢都不会对你说。以前在柏林，有个人手上拿着十马克想买一盒火柴，在买之前他低头看了看手里的钞票。上面写着："为了这十马克，我出卖了自己的贞操。"为此，他写了一部讲述贞洁的长篇小说，得到了一千万马克的稿酬，然后，他用这笔钱给他的情妇买了一双人造丝的长筒袜。

多斯·帕索斯就是运用这种文体最终为自己赢得了名声，但考利在《流放者归来》里却将它巧妙地运用于对他、他那一代人在当时的生存环境所做的文献式记录。

最后，考利通过对迷惘一代的作品而不是传奇行为的研究来对他们逐渐形成的信仰展开讨论。在无数个例子中，他对海明威的《永别了，武器》（1929）和多斯·帕索斯的《1919》（1932）的阐述，是将这些书里提到的事件按时间顺序进行排列，而不是按它们出版时发生的事件排列的，就像他对纳撒尼尔·韦斯特的《寂寞芳心小姐》所做的深入研究一样。《寂寞芳心小姐》直到1933年才出版，但考利把它排在最后，作为1920年代的结束标志。与此相同，在描写自认为是流放者的作家艾略特、乔伊斯、达达主义者和瓦雷里时，考利的手法不是刻画他们的性格，而是通过展现他们的作品主题（通常用激烈的文笔）来反射出他们的个性：对艺术大师们的崇敬，表现在对他们的作品而非对他们的所作所为或日常生活的崇敬上。对于艾略特，针对《荒原》里呈现出的荒凉与疯狂，考利写道："他似乎在说我们的时代已未老先衰了，甚至找不到自己的语言来哀悼它的疲软；它命中注定要不断地借用已故诗人的诗句，并把它们拼凑起来。"通过乔伊斯的作品，考利对他作出这样的评价："我们觉得，他取得的成就没有丝毫的神秘可言。他骄傲、蔑视世俗、有雄心，这些就是《尤利西斯》里不断表现出来的突出品质。你看，斯蒂芬·迪达勒斯多么骄傲，他认为自己超越了都柏林的普通大众……。这里表现出作者对这个世界和他的读者有多么蔑视——就像一个故意对客人粗鲁的主人，他不承认读者们有理解他的作品的能力或意愿；这里也表现出他有多么雄心勃勃，他不仅要与同时代的任何一位大作家比……还要与任何一位西方文学之父、欧洲民族的首席诗人比。"对于达达主义者，考利也认识到他们脱离生活、专注艺术是出于他们的高傲："没有任何东西是真实存在的，除了对个人的奇思妙想所做的不懈追求。这些艺术家们骑着的木马，即他们的达达[1]。"最后，在对瓦雷里的大师级艺术天才的赞美中，考利写道："对任何一个一流的个人来说，行动仅仅是一项运动，它有可能会因为大脑的枯竭而终止。"

正是这种大师感，使得考利选择了哈里·克罗斯比的生活简史来作为本书的结尾。克罗斯比绝对是一个不起眼的人物，一个富家子弟，一个来自美国的流放者，一个唯美主义者，在股票市场崩盘六周后，他用自杀的方式结束了后来被一个为他写传记的作家称为"转瞬即逝、如日食般猛烈的生命"。[2] 考利

---

[1] Dada 一词的含义众多，其中之一就是儿童玩耍用的木马。

[2] 原注：这位传记作家是杰弗里·沃尔夫（出生于 1937 年），他在 1967 年出版了克罗斯比的传记《黑太阳》，在书中，沃尔夫承认了考利对克罗斯比的描写对他的影响。但考利在为《传记文学词典》（1980 年，第四卷）所写的一篇重要的导言里，对沃尔夫抛弃文学一代这种概念（他称之为"最方便的虚构"）的做法表现出强烈的不满。考利是这么来驳斥他的："可是，文学一代当然是存在的……出生于不同时期的人所处的环境也是不同的；他们的思想成形于不同的历史事件和社会习俗；他们对于理想的工作和成功的人生有不同的看法。"考利还补充说："因为他的贡献，哈里·克罗斯比属于那一类人（海明威、菲茨杰拉德、卡明斯、多斯·帕索斯），即便他的才能不及别人。沃尔夫错在认为克罗斯比的故事主要好在'它的疏离，它那孤独的独特性'。要知道，当时每个人都追求独特。不仅因为克罗斯比是菲茨杰拉德的同辈人，而且因为人们把他视为是菲茨杰拉德笔下的一个人物，姑且说是'阔公子'和'盖茨比'的混合体吧，身上有着盖茨比的可悲信仰：认为自己是柏拉图理想中的人物。'可怜的狗娘养的。'戴着猫头鹰眼镜的男人站在盖茨比的坟墓旁说道。'你这个可怜的、该死的、愚蠢的混蛋。'麦克利什低头看着贝尔维尤停尸房里的哈里的遗体，低声地嗫嚅道。后来，他又向世人补充说：'我从来没遇见过像他这么（转下页）

似乎想说，这就是为艺术而艺术为什么会走向末路的缘由，就像埃德蒙·威尔逊在《阿克瑟尔的城堡》里塑造的阿克瑟尔和兰波这两个人物身上发生的一样。考利想通过对静止的艺术的批判来给我们做一个示范，艺术信仰将以行为描述为其理论基础。考利中肯地评价说，通过克罗斯比的故事"也许我们能回顾一下整个十年的文学史"。

众所周知，连考利自己也经常承认，他本打算用他那个才能远比克罗斯比高的朋友、诗人哈特·克莱恩的故事来结束对1920年代的文学评价。克莱恩同样是一个"转瞬即逝、如日食般猛烈的生命"，于1932年在加勒比海的一艘船上跳海自杀，结束了他那波澜壮阔的一生。但即使到了1951年，考利有机会重写本书的最后一章，他还是保留了克罗斯比的故事，而且还对它进行了扩充。尽管他增加了怀念克莱恩的内容（《吵闹的小子》，在本书的第七章），但哈里·克罗斯比的生与死，由克罗斯比的遗孀提供给考利的日记重新构思而来，证实了它更为直接也更为有用："他（克罗斯比）那短暂的、并非特别出名的七年文学生涯恰巧包含了我想要阐述的所有主题。"尤其是，考利写道："脱离家庭，在救护部队服役，在法国流放，然后还有一些别的主题，如波希米亚主义、艺术信仰、逃避社会、即使付出贫困与疯狂的代价也要捍卫自己的个性，然后是道德败坏的

（接上页）充满了文学味的人，他是淹死在文学里的.' 这就是我想在《流放者归来》里表达的观点之一。"

最后阶段，此时整个哲学基础都从内部瓦解了。"考利把克莱恩生命里最后几年那些痛苦的、隐私的故事写入了《金山梦》一书，这是考利写的一本1930年代的回忆录，出版于1978年。

1951年版的《流放者归来》在最后对1920年代的历史和氛围做了一个总结。在本书的末尾，社会正处在一个前途茫茫的边缘时期，就像一个人参加完通宵的派对，带着宿醉，带着模糊的、迟钝的自我意识，步入了阳光之中。从考利1951年的观点来看，当时的形势是有利的，事情或多或少都在朝着好的方向发展。就像在任何一部出色的小说里，讲故事的人——在本书里，既是考利又是迷惘的一代——总能在最后对你吐露真相。"这是一个轻松的、快节奏的、充满冒险的时代，适合年轻人参与其中，"考利写道，"然而，当你走出这个时代时，你还是会感到一丝欣慰。"

在1934年完成本书的第一版时，考利的年龄在三十五岁左右，他在为他自己的人生、也为他们一代人的人生代言。这样的努力如果是出自一个年龄更大的人似乎更符合逻辑，因为他们经历了生活的锤炼，阅历也更为丰富。然而，在他晚年写的自传里，他的看法是这样的："回忆录值得你在青年或中年时写，而且这样更有可能赢得读者，因为作者……积累了一个更为丰富的记忆宝藏。他可以在记忆中选择取舍，也可以直接去探索自己的潜意识：无论那里有什么，它们都是鲜活的，都是他需要的，也许还是这个世界需要的。"

考利亲自修订的《流放者归来》1951年版，就是您正在读的这本，用新的材料改写了初版的序言和尾声，不过主要还是为了对过去的文本进行润色。经过了十七年，考利的文笔当然更为优美了，而他的观点其实在初版里就已经分外鲜明了。

1951年版的《流放者归来》稳步地获取了广泛的读者群（尤其是在学生们和新生的波希米亚主义者之间），还收获了无数评论。文艺批评家劳埃德·莫里斯写道："考利先生为1920年代的美国作家描绘了一幅经典的群像，无论在真实性还是艺术性上，它都是一本很难超越的书。"精明的考利计划着要重新出版本书。在1934年，他想要表达的是在发展中的美国文学传统以及自己在其中的位置，但到了1951年，公众已经对这种传统以及考利和他的同辈人在其中起到的推动作用有了认识。他对迷惘一代的作家同行们所写的文艺评论文章，他对美国文学传统及他那一代人在其中的位置所做的深入研究，都在1940年代末得到了广泛的发表；再加上范·威克·布鲁克斯和埃德蒙·威尔逊之后写的评论文章；F.O.马修斯及他那一代的青年评论家的文章，大量有关1920年代的巴黎的回忆录；大众对厄内斯特·海明威、司各特·菲茨杰拉德、威廉·福克纳作品的兴趣激增，所有这些都证实了埃兹拉·庞德的理论：在艺术的成形和大众的接受之间存在着"二十年的时差"。

1951年是个复杂的年份，但对于再版本书却无疑是个绝佳的时机。第二次世界大战后，考利在美国的读者群的猛增被视为是一种文化现象，这也许是美国人第一次这么投入地进行自我评价，当时"对于美国而言，美国人是个怎样的概念"这个问题也时常被提出来。对这个问题的反应之一就是麦卡锡主义，它是冷战时期对1920年代的拜金主义和市侩作风恶魔般的回声。考利对迷惘一代的研究与写作再次成为对主流价值观的一种抵抗，同时也激励了年轻的读者。到了1951年，《流放者归来》已经被广泛接受，评论家们对它使用的一些词——比如"经典的画像"与"真实可靠"——似乎也符合了考利对时代的一种判断：现在已经不是"喜欢认真思考的一小撮酒鬼"的时代，而是"美国文艺的关键时期"。值得注意的是，欣赏1951年版《流放者归来》——自出版以来已重印了三十次——的作家们，就像欣赏1934年版的为数不多的作家一样，都是考利的同代人或比考利更年轻的一代。[1]

不过，这本书仍有一个令人困惑的结尾，尽管1951年版的尾声部分忠实地实现了考利为这个新版写下的副标题："1920

---

[1] 原注：在1934年到1951年之间，考利自己的生活也发生了许多变化。他对社会激进主义已经彻底失望，到1930年代末，他不再参与政治讨论。在1942年，由于他在30年代的政治联系，他被逐出了在美国统计局里的战时政府职位，但到了1949年，经过了十年的美国文学研究和出版了许多研究19世纪和20世纪的美国作家的重要作品，他却为阿尔杰·希斯的两次庭审做证。希斯是因为有苏联间谍的嫌疑而遭到起诉的。考利的证词暴露了希斯的起诉人惠特克·钱伯斯的证据不足，考利后来是这么说这件事的："我不会宣布一个'生了疥疮的懦夫'（按照钱伯斯的说法）有罪的。"1950年，考利遭到了保守党阵营虽猛烈却完全失败的攻击，与此同时他被华盛顿大学聘为沃尔克·埃姆斯讲师。

年代的文学浪游史"。考利在1951年如此写道:"一场历险的最后,也总是另一场历险的开始。"即便是尤利西斯的浪游之旅,也在归途中找到了超越于抵达伊萨卡岛的意义。

本书1934年版的结尾相当不同,也由此留下了一个可从多角度进行诠释的故事。在1934年版的尾声(以附录A的形式收录于本书)中,考利提供了一个理由、一种社会责任感,也许它就是流放者们返回美国的一个主要理由,这种归来早在萨科和范赞提被处决前就已经开始了,而在1929年的股票市场崩盘前就已经在思想上成熟了。初版的尾声长期被否定考利的批评家们视为有被压制的激进思想的痕迹,充满了"全世界劳动人民联合起来"那种调子和各种正统观念。在某种程度上确实如此。连篇累牍的从康德到叔本华的夸张讨论,毕竟有点枯燥,容易令人产生疲倦感。但它充满了激情,而且很诚恳。1934版的尾声和考利在《流放者归来》的其他部分展示出的文风不同,充满了概念化的语言(比如,它提出"艺术家应该参与阶级斗争吗?"这样的问题)。常常会出现一些匆匆写就的模糊思想。不过,值得庆幸的事实是,虽然把这种概念化的、流行语式的阶级斗争言论抛在了一边,但考利在多年后改写的这篇"宣言"中依然坚持了同样的理想主义。他在初版尾声中想要表达的一个主要思想是想强调艺术也具有社会功能。他在文章里清晰地阐述了艺术家的主要角色,就是"首先改造周围的事物,使它们与人类的感情建立起联系,使它们具有目的和方向,使它们能够被人类理解。一般来说，他会不断重复这一过程"。考利继续写道："通过赋予它建筑或音乐的形式，即完整性和节奏感，通过阐述它的历史，主要通过赋予它神话化的手法，使读者能够感知到它。"

尽管考利在1930年代后正式宣布不再直接议论政治，但他追求的不仅仅是"赞美美国文学，捍卫在一个大集体里的小集体的美国作家们"（他曾经这么写过），而是"在美国人身上唤起一种集体感以及在比实际事物更深的层次上的命运共同体之感，这样我们才有可能相信自己也是美国这出历史剧里的一个角色"，对此我们应该不会感到吃惊。

在1930年代后期，他不再写有关阶级斗争和社会激进主义之类的文章。穷人和富人之间的战争对他及他的文学同行们都变得越来越清晰了。他们看见艺术家们引发的革命以几乎无法察觉的方式出现了，而艺术家们则安安全全地待在一个自由自在的小世界里：不在公共政策和"政治"（这个词现在有很可怕的负面意思）的世界里，而在艺术家们一开始就选择的物质和主题的自由世界里。当一个作家在选择他或她的主题时，心里怀着"世界"的感觉，怀着社会和文化的愿景，从而通过这种努力（只是说一个好故事给别人听的努力，然后别人听见了，然后听见的人又向别人转述这个故事），再经由艺术创造的过程来促进社会的变革。所有的艺术品，考利在1934年版的尾声里写道"都告诉我们生活比艺术本身更辽阔"。当我们将自己和一本书里的人物、思想，甚至该书的作者进行比较时，常常会刺激我们采取某些行动，有时候和书里的行动一致，有时候则相反。这种作用也反映在考利自己在阅读现代主义文学"圣徒传"的时候。

在考利的生活和写作中值得注意的一点是，他超越了《流放者归来》初版尾声里的那种革命流行语，摆脱了1930年代的那种盲目的政治热情，始终保持着饱满的精神状态，思想也越发臻于成熟。考利一向读书不倦。有可能是海明威在《丧钟为谁而鸣》中教会了他如何在文学作品中表现社会责任，从而使他摆脱了空洞的口号，当然也有可能来自别的地方，也许来自阅读爱默生的作品。不过，在20世纪30年代末、40年代初，考利一头扎进海明威的作品，然后又通过他进入霍桑的文学世界和19世纪整体的美国文学，之后通过阅读威廉·福克纳的作品回到了20世纪。在这一过程中，他加深了自己对美国文学的体会，理解了艺术对社会和文化会产生的那种伟大的作用（尽管很缓慢），并从中找到了智慧和慰藉。他研读了霍桑、爱默生、惠特曼，通过他们理解了他的同代人：海明威、菲茨杰拉德、威廉·福克纳。这些作家，还包括许多别的作家，他们创造艺术有自己的严格标准，并能激发起社会的变革。考利理解这一点——他后期对这种作品的洞察力也确实在本质上反映出了1934年版尾声里透露出的那种天真的、满怀希望的理想主义。在他的后半生里，他在评论文章里表现了他的这种理解，并强调了它的效果[1]。

考利最后认识到，美国文学不仅具有颠覆性，而且在积极地引导社会变革。我觉得这种认识给了他在流放岁月里没有的慰藉和智慧。霍桑是颠覆性的，爱默生的散文自然也是，惠特曼的《自我之歌》、马克·吐温的《哈克贝利·费恩历险记》也都是。我觉得考利认识到了《流放者归来》初版尾声里的那种流行语是草率的、自以为是的，也是完全盲目的。但有趣的是，它的前提条件及其表现恰恰被考利的美国文学传统研究所完全证实了。因此，考利在1950年代提到美国文学的新生代时说道："他们将和迷惘一代的作家全然不同，就像海明威、福克纳与他们之前的作家全然不同一样，尽管这并不代表他们不属于美国文学的传统。"而且，"传统会改变，但依旧存在"。在这里，考利证实的不是艺术家的完善性，而是作为美国人的艺术家的生存状况。这种状况来自奇怪但却必要的自由选择，它将维持对主题的自由选择，但也总是受限于历史的走向：面向社

---

[1] 原注：1967年，考利写下了自己在1930年代作为一个评论家而努力去发掘自己的观点的奋斗历程，这些文章收录在他的文集《回想从前的我们》(*Think Back on Us*)里。在评价《流放者归来》1934年版的尾声时，他写道："我没有认识到我不是一个爱默生主义者，更不是一个马克思主义者。"他通过引用爱默生来阐述自己的观点："……让我看看在永恒的律法中不断变化的无数相互对立的琐碎之物……世界不再是一个无聊的大杂烩、储物间，而是有了形式和秩序；没有琐碎，没有谜语，只有一个联合起来的式样，它能激活最远的山峰和最深的沟壑。"在1934版的尾声里他用一段话阐述了这个观点：两个家庭主妇在后门谈论她们的丈夫的工作以及食品的价格，邻街的一家小型的商铺倒闭了，一场私情结束了，一次抵押的回赎权被取消了，一家制造商崛起了——所有这些事情都按一种历史模式发生了，这种模式也是被西班牙政变、乌拉尔地区新开的一家工厂、中国的一场不知名的战役所激发的。价值观重新建立起来，在经过了一段似乎已经失落了的时期后；善与恶化身在人类的斗争中。

会，改善社会。就像考利在后半生里怀着慰藉和智慧所理解的，没有任何一种其他方式可以书写美国文学。这种理解超越了他在 1920 年代的流放和 1930 年代的理性的文化感。

唐纳德·福克纳[1]

---

[1] Donald Faulker（1952—2018），前奥尔巴尼大学作家学院院长，诗人，文学评论家。

版本说明

就像在导读里介绍的一样,《流放者归来》有两个版本。第一个版本是在 1934 年 6 月由 W.W. 诺顿公司出版的。第二个版本,即修订版,在 1951 年 6 月由维金出版社出版。直到 1961 年,1951 修订版才由鲍利海出版公司在英国出版。

1934 版的《流放者归来》有一个副标题"一本描述思想的书"。1951 版的副标题改为"1920 年代的文学浪游史"。1934 版没有献词,1951 版写着"献给穆里尔",穆里尔是考利在 1932 年娶的第二任妻子。

1934 版共分七章,1951 版是八章。两个版本的不同主要在于材料组织方面。

1934 版的第七章即最后一章的标题为"无路可逃",下面共分四个小节:《康涅狄格谷》《政治插曲》《一个自杀的故事》《适时而亡》。1951 版第七章的标题为"岛屿时代",增加了萨科和范赞提(见《查尔斯顿监狱》一节)及哈特·克莱恩(见《吵闹的小子》一节)的新材料,以及 1934 版里没有的一些过渡性材料。1934 版第七章的《政治插曲》一节的开始五页半和最后三页的内容在 1951 版里删除了,其余内容被并入 1951 版第七章的《无路可逃》一节。1951 版的第八章《自杀的回响》,主要是对 1934 版已经用过的哈里·克罗斯比的材料进行了重新组织。

除了这些,这两个版本的主要区别在于它们的尾声部分,1934 版的尾声《过去和未来》(收录在本书的附录中)被 1951 版的尾声《除夕》(其中的某些部分在 1934 版里已出现过)取代,以及序言的改写,还有增加了叫作"出生年份"的附录。

其他的修订,尽管数量不少,但都在文体方面。有一个例外,作为《相似的历史》一节的拓展,考利增加了对第二次世界大战后的苏联的考察。主要来说,考利的 1951 修订版是一个作家将其文章改得更为尖锐所做的努力。

序言：迷惘的一代

这本书是关于到 1930 年为止被称为"迷惘的一代"的美国作家们的故事。格特鲁德·斯泰因第一次把这个词用在了他们身上。"你们都是迷惘的一代。"她对厄内斯特·海明威说。海明威把这句话用于他的第一本长篇小说的题词。这是一本风靡一时的优秀小说——小伙子们都想像书里的男主人公一般整日喝酒却仍能保持清醒，出身良家的姑娘们都想像女主人公一样以一种令人伤心的方式不断更换男朋友，他/她们说出来的话也像海明威书里的人物，于是"迷惘的一代"这个称呼就这么固定下来了。我不觉得这个词有任何自怜自艾的味道。司各特·菲茨杰拉德有时候会可怜自己，他的自怜都是有理由的。哈特·克莱恩过去常说自己像"困在捕鼠夹里的老鼠"。但无论是克莱恩还是菲茨杰拉德，都从来没说过自己属于迷惘的一代。以这个词自称的大多数都是更年轻一点的人，他们自己知道这么说是为了炫耀。他们就像吉卜林笔下寻欢作乐的一群士兵，想让别人知道他们真的属于"迷惘的一代、被诅咒的一代"。后来，他们学会了要用抱歉的口吻说这个词，就像在引用别人的话；再后来，它被用于别的年龄层的人，每一批用这个词的人都被认为是真正迷惘的一代；没有这个商标就不正宗。不管怎么说，这个词一开始只用于1900年前后出生的青年作家，而且它像任何不太确切的标签一样管用。

它对年龄较大的人们是有用的，因为他们一直在寻找一个词来表达他们不安的感觉，他们感觉战后的青年人——"燃烧的青年"——对生活的看法和他们不同。现在，他们没必要觉得不安了，他们看到冒犯社会标准或文学传统的言辞，只要说一句"他们是迷惘的一代"就好了。但这个词对年轻的一代也一样有用。他们长大成人，上了大学，经历了一个正在发生巨变的时期，时代的影响在当时似乎比阶级或地域的影响更大。现在，他们终于有了一个标签，用它来表达他们与老一辈作家的疏离感，与同时代作家的亲密感。在这个标签里，名词比形容词更重要。他们也许迷惘，也许不迷惘，将来会搞清楚这个问题的；但他们已经有了共同的历险，形成了共同的认识，因此我们可以把他们称为是一代人。

在这些方面，就像他们的认识本身，他们都和前代作家不同。在1900年前，地区和乡土的影响相对更重要。两个出生年代相差十五或二十年的新英格兰作家——比如爱默生和梭罗——或许比和他们同年出生的弗吉尼亚人或纽约人更具相似性，你只要比较一下爱默生和爱伦·坡，或比较一下梭罗和惠特曼就能明白了。文学尚未以纽约为中心，老实说，在太平洋的此岸还没有任何中心。当时有纽约流派，有康科德流派，有查尔斯顿流派，后来又有了印第安纳流派和芝加哥流派。属于前三个学派的各个年龄层的人们也可能属于别的学派，而在一个作家们纷纷迁往大都市的时代里是看不到这样的风景的。

出版业，就像金融业和演剧业一样，在1900年后开始崭露头角。地域传统渐渐消亡，所有的地区都在变形为一个整合的大市场，里面出售的是汽车、象牙皂，还有成衣。在新一代作家们的童年时期，这种进程仍在继续。无论他们出生在新英格兰、中西部、西南部，还是太平洋沿岸，他们所处的环境都基本相同；在古老的南部情况略有不同，有些当地的习俗仍保留了下来，但现在正在急遽消失。这些作家们的童年时期受家庭条件的影响比受地理的影响更甚，不过即使说经济条件，他们也大致相同。很少一部分作家出身于豪门，更少一部分出身于贫民窟。大多数人都是医生、小律师、红红火火的农场主或苦苦挣扎的买卖人的后代，在那个生活开销更便宜的年代，他们的家庭年收入大概在两千美元到八千美元之间。因为他们的小伙伴也都来自中产阶级家庭，他们就天真地以为这是一个没有阶级区分的伟大的社会。

除了一小撮人以外，他们全都是公立学校的孩子，他们在那里学习相同的教科书，唱相同的歌，相当温和地反抗相同的校纪校规。在他们就读的大学里，一般离他们的家乡有一定距离，他们渐渐地摆脱了身上的地方性特质，学会了说一口标准的美国式英语，增长了国际范围的广博知识。不久，他们就将出发去法国参军，在那里他们将共同体验一种突如其来的复杂情绪：无聊、恐惧、兴奋、骄傲、冷漠以及好奇。在乏味的《凡尔赛和约》谈判期间，他们体验了同样的低落情绪。之后，他们将再次回到普通人的生活中去，就好像他们都是在度长假的士兵。

他们中的有些人将去格林威治村，在那里开始1920年代的漫长历险。直到很久之后，这一时期才在菲茨杰拉德的笔下得到了合适的表达："有史以来最放浪、最花哨的一个狂欢的时代。"这个时代刚开始时并不如此，反而是一个在社会和道德方面相当反动的时代。《禁酒令修正案》在1920年1月开始生效，罢工抗议在全美各地遭到镇压，与此同时，格林威治村里来了许多来自警局扫黄组和防爆组的便衣警察。我还记得，有许多姑娘被捕，被指控卖淫，仅仅因为便衣看见她们在大街上抽烟。我还记得，有许多无辜的茶馆被查封，因为有窝藏"危险的赤色分子"的嫌疑。然后，哈定当选总统，"赤色恐惧"被人遗忘了，在1921年急遽的经济倒退之后，美国开始往赚钱的方向迈进。这是一个分期付款和全球经销的新时代。可是，年轻的作家们就算分期付款也买不起奢侈品。他们不愿意推销自我、出卖自我，不愿意写以商人为浪漫主角的小说。在一个商业的世界里，他们感觉自己像局外人，于是他们只要弄到钱可以买一张船票，就立即动身去欧洲。

这并不是他们共同的历险记的终点，他们三十岁前的人生遵循着一种地理式样，我们可以简单地将其描述为两座城市和一个州：纽约，巴黎，康涅狄格州。离开格林威治村后，他们将生活在蒙帕纳斯（或者是诺曼底的郊区和里维埃拉海滨），其中有些人会年复一年待在那里，那就变成了一种永远的流放。其余人会返回纽约，然后带上他们的书籍、便携式打字机以及美好的愿望在康涅狄格的农庄定居下来。不论他们1929年时在家乡还是在国外，他们中的大多数都会在文学领域里找到自己的一个位置，都会获得一份相当稳定的收入。大萧条将是他们又一个共同的经历，对他们造成的创伤也几乎和战争一样。

我讲述的故事的主角，是1915年至1922年间大学毕业、或本应大学毕业的一些青年男女。他们从来也没有形成一个团体或一种流派，恰恰相反他们分属于几个结构松散的团体，互相之间甚至有隐约的敌意，还有许多人不属于同辈人结成的任何团体，从本质上说他们每个人都有与别人不同的特质。不过，他们都强烈地感觉到自己与前辈作家之间的区别，因为那些作家没有他们那样的冒险经历。他们好像从来没接受过同样的入会仪式，也从来没有被批准加入过任何社团。严格来说，这些新一代的作家形成的是人们所谓的文学一代。

他们的与众不同感在他们自己写的书里被一再表达出来。举个例子，在司各特·菲茨杰拉德写的短篇《绯闻侦探》的第二段里，他描述了自己童年的一个片段：

> 有几代人与他们的上一代人的关系很密切；也有几代人与他们的前辈之间存在着巨大的、不可逾越的代沟。巴克纳太太——一个有性格的女人，还是美国中西部一座大城市里的公益会会员——正提着一大罐柠檬汽水，穿过她家宽敞的后院，行走在这座已有百年历史的庄园里。她自己的思想与她曾祖母的思想也许是一脉相承的；然而，在马厩楼上的一间小房间里正在发生着的事情，却是令这两代人都完全没法理解的。在那间一度曾用作马车夫的睡房的房间里，她儿子和他的一个朋友可不是在那儿循规蹈矩地干正经事儿，而是在，这么说吧，在做一种玄乎的实验。他们想把头脑里的一些想法与手头已经掌握的一些材料糅合在一起，然后加以判断推理，得出初步的实验结果——这些结果在未来的几年里注定会成为人们起初津津乐道、继而会大惊失色、最终又会觉得不足为怪的事情。巴克纳太太仰起头来朝他们喊话的那会儿，他们正毫无戒备地坐在尚未孵化出来的20世纪中叶的鸡蛋上。

像里普利·巴克纳和他的小伙伴——换个名字说就是司各特·菲茨杰拉德——那样的少年，大致出生在1900年前不久。由于在他们十多岁时20世纪也恰好是十多岁的年纪，所以他们习惯把自己定义为"世纪儿"是一点也不足为奇的。直到他们——以及20世纪——进入了三十岁的年纪，他们还保留着这个习惯。作为一个新时代的代表，他们总有点与众不同的感觉；人们捕捉到了这种时代特征的回响，而菲茨杰拉德常常用"我的同辈人"这个词来概括它。我觉得产生这种感觉的事实依据是不充分的，你比如说，巴克纳太太和她的儿子及他的小伙伴的关系就是非常紧密的，只不过这两个年轻人没有意识到而已。伊迪丝·华顿和巴克纳太太是同龄人，她对菲茨杰拉德的理解也许更甚于菲氏对她的理解。再倒回去说，1890年代的许多青年作家也具有叛逆精神，也想把欧洲的文艺标准引进美国文学里；他们也是迷惘的一代（比他们的继承人更迷惘更悲剧）。战后一代的作家，感觉自己的经历是独一无二的，这暴露出他们对美国历史的无知。另一方面，他们的感觉又是真实的，不论其形成基础有多么薄弱，这使得他们将同代人组成的任何团体，不管是文艺、体育、还是商业团体，都视作是一种秘密社团，有自己的社歌和暗号，团结起来反抗错误地领导着这个世界的那些因循守旧的人。

他们被称为迷惘的一代，并不是因为他们像1890年代的青年作家们一般不幸或失败。事实上，他们的日子都过得很自在，即便是和他们的上一代作家相比。德莱塞、安德森、罗宾逊、马斯特斯和桑德堡都是到了四十多岁的年纪才能够专职写作的；辛克莱·刘易斯在三十五岁时才因处女作《大街》而取得了成功。新一代的作家们和他们不同，这主要归功于老一代作家们的贡献，大众已经做好了接受他们的准备。他们不再需要把时间浪费在平凡的工作上，比如像罗宾逊在海关工作，安德森在广告公司上班。菲茨杰拉德在二十四岁时写的短篇和长篇小说赚到了一万八千美元的年收入。海明威、怀尔德、多斯·帕索斯、路易斯·布罗姆菲尔德在三十岁前就成为了国际知名作家。他们通过一本接一本书的写作锤炼了技巧，而老一辈的作家们没有这样的机会。他们从一开始就是职业作家。

尽管他们有运气有成就，这一代作家在很长一段时间里还是符合格特鲁德·斯泰因加在他们身上的那个形容词的。其原因并不难找。他们是迷惘的一代，首先因为他们被连根拔除了，他们所受的教育几乎切断了他们和任何传统或地域之间的纽带。他们之所以迷惘，是因为他们所受的训练是为另一种生活准备的，而不是为了让他们在战后的世界里生存下来（也因为战争使他们只能适应旅行和找乐子的生活）。他们之所以迷惘，是因为他们想要生活在流放中。他们之所以迷惘，是因为他们不接受过去的那套行为规范，也因为他们对社会及作家在其中的地位有一个错误的认识。这一代作家属于已经固定下来的旧价值观和尚待确立的新价值观之间的一个过渡期。迷惘一代的成员们以为杂志写稿起步，这些杂志包括《变迁》、《扫帚》（把过去的一套扫干净）、《1924》、《本季》（存在于纯粹的现在）、《S4N》、《分离》。他们与过去脱离了关系，但尚未与任何新生事物建立起联系。他们向着一个新的人生目标（尽管尚未明确）探索着。在他们疑惑、不安、反抗的姿态中，他们都因为怀念单纯的童年而得了思乡病。他们早期的作品几乎都含有怀旧的主题，充满了他们重温某种难忘的事物的意愿，这并非出于偶然。在巴黎或潘普洛纳，他们写作、喝酒、观看斗牛、和情人做爱，但同时他们依然思念着肯塔基州的山中小屋，爱荷华州或威斯康星州的农庄，密歇根州的树林，蓝色的朱尼亚塔[1]，一个托马斯·沃尔夫不断感叹"失去了，啊，失去了"的故乡，一个他们回不去的故乡。

  我在差不多二十年前写了这本书。当时我的想法是把迷惘的一代的故事写下来，趁我脑子里的记忆依然鲜活的时候。我想要讲述他们是如何赢得这个称号，如何活得与这一称号相符，然后又是如何不再迷惘，如何在某种意义上让这一称号自我建立的。因为我参与了他们的许多冒险经历，所以我打算把自己的一些故事也写进书里，不过这么做的目的只是为了对发生在别人身上的事做一个说明。从根本上说，我想写的不是事件的记录，而是思想的陈述。不过，这些思想有一个特定的模式，不是当时的人们认为他们所具有的那种思想，也不是他们有意识地在书或书评里表露出来的那种思想。它们几乎是一些无意识的思想，但这些思想指导了他们的行为、生活及写作。换句

---

[1] Juniata，美国宾夕法尼亚州地名。

话说，我想写一本比文学史范围更广的书。这种性质的思想或目标在成为文学之前总是与政治、经济的大环境联系在一起。他们挑战自己的生存环境，他们互相之间也冲突不断，其结果是他们也影响到了一些从来不认为自己和文学或艺术有什么关系的人们的生活。比如说，在1920年代末，在美国各地有不少人行为或说话模式像格林威治村人，虽然他们从未去过纽约。作家不是生活在真空里的人，他们中有大师，有学徒，也有非正式的读者。在一个变化多端的时代里，他们比从事别的职业的人更敏感，更有着晴雨表的作用。因此，迷惘的一代以及他们从流放中归来的故事就具有了特别的意义，它们将有助于人们对美国知识分子的认识，帮助人们了解他们中的有些人在这个欣欣向荣的时代里想些什么以及他们是如何走到这个时代的终点的。

本书出版于1934年，当时我觉得自己的目的还有许多未能实现，在这里我要感谢维金出版社给了我这个机会对本书做重新修订。我讨厌写作，喜欢修订，初版的《流放者归来》给了我做我最喜欢的修订工作的广泛余地。我在多年后第一次仔仔细细地重新把这本书看了一遍，发现在这本书里存在着大量的脱节。写哈里·克罗斯比的那章就是一个例子，它本身是有意义的，但我没能把它和其余的阐述部分结合起来。在1951年的我看来，这种失败的个人原因是足够明显的，当时我详细地写了哈里·克罗斯比的人生，尽管我几乎不认识他，只是为了避免去写更近一些发生的哈特·克莱恩之死，因为我对哈特·克莱恩实在太了解了，所以无法忍受去写他。

全书的结尾部分和它的开始部分存在着严重的比例失调，还有许多政治见解穿插在叙述部分里。在对读者们做出解释之前，我必须先对自己做出解释：本书创作于大萧条时期，当时发生在人类社会里的一切事情似乎都可以从政治和经济的角度找到解释。"大萧条时期"，我刚才是这么写的，那是最初出现在我脑子里的一个想法，但实际上1933年和1934年是一个充满了狂热的希望的年代，经济体制的伟大变革似乎已经在悄悄地进行中。当时的我们并不认为苏联与我们有很大不同，或者认为苏联是美国攫取国际霸权的强大对手。他们在自己的疆土内奋发图强，想要创造一个更加幸福的未来。"我们正在改造这个世界！"青年先锋队行进在莫斯科的大街上时常常这么高唱。在我们这儿似乎也是这样：人人都想改造世界，创造未来。这是那个时代的骄傲和自以为是。我们当时还不知道——今天大部分的政客仍然不知道——人类社会注定是不完美的，是有可能从地球上消失的，除非我们接受了T.S.艾略特所谓的"上帝允许我们生活在这个星球上的永恒条件"。

对于未来社会的见解是政治见解。在我1934年写的这本书里并没有太多的政治见解，但就我对1920年代的陈述部分而言还是太多了一点，而当时的作家们都想尽量和政治脱离关系，于是我在这个新版里把其中的大部分都删除了。我扩充了本书的最后一部分，使之与开始部分更协调（除了将哈里·克罗斯比放在合适的位置以外），我还新写了一篇尾声来总结全文。另一方面，尽管我在不少地方插入了一些内容，但我对大多数的陈述部分都保留了原貌，这样做是因为我觉得我在1934年时的想法也有权利让世人知道，就像我现在的想法一样。如果我哪里写错了，我也宁愿由别人来纠正我。在我现在看来，这本书里的许多人物，也包括我自己，在当时做了很多傻事，但也许现在的青年作家不像我们当时那么年轻那么傻，一走出学校或者部队，他们就会稳定下来，去追求一种切合实际的生活。另外，关于1920年代作家们的愚蠢还有一点需要指出的是，即便是最过分的愚蠢也没有对他人造成伤害，除了对做蠢事的自己及家人带来的影响以外。这和后来全国各地的政客们的高规格愚蠢不同，政客们的愚蠢使他们掌握了权力，却使我们这样的人濒于面对毫无准备的命运。

第一章

空中楼阁

1. 蓝色的朱尼亚塔

　　在一条脏兮兮的土路或一座突然出现的山峰转弯处，有你的童年：你曾经赤足嬉戏的田野，亲切的树林，你曾经用以品评所有其他景色的风景。这儿，在铁杉树下，有一汪泉水。循着蜿蜒的水流往下走，首先会进入一片沼泽，然后会迷失在香蕨木和野蔷薇中，再过一会儿你会看见一块河滩地，散布着几家舒适的农舍，小河边上有一块平坦的玉米地，山脚下的牧场里交织着乳白色的花朵和碧绿的树叶。八月里的斯科哈里谷……也或许我们来到的是绵延万里的阿巴拉契亚山脉：第一道山梁是墨绿色的，第二道深蓝，后面的越来越淡，直到最后与在山脉间忽隐忽现的白云融合在一起。山边的小河流水潺潺，推动设在山谷和河湾里的水车悠悠地转动。也或许——我们的童年不是这样的——我们站在一块低矮的山崖上俯瞰着坎伯兰[1]。向北进入肯塔基州，向南进入田纳西州中部，河滩继续往前绵延，连同山崖、河床、红土的峡谷、如图腾柱一般点缀着山坡的雪松。现在是十一月：孤寂的烟草仓里冒出了青烟，一只猎犬对着一片玉米地狂吠，玉米们吓得脸色蜡黄。

　　我们的童年也许是在密歇根州北部的溪流边度过，大双心

---

[1] 美国马里兰州西北部一城市。

河流过一片点缀着松林的焦土,到达一片落叶松的沼泽地。七月里,河水湍急、冰凉,一条鳟鱼潜伏在一段空心的圆木里,准备捕食向它漂去的、在你的钓鱼线末端绑着的一只蚱蜢。也许我们还记得在威斯康星州的一座郁郁葱葱的农庄,或者内布拉斯加州的一片大草原,或者在茂密的青藤丛中的一座种植园。无论它在哪里,那里都是我们自己的故乡,那里的人们说着我们熟悉的乡音,那里的人们都认识我们。是的,还有我们祖母的眼神、我们叔叔在说话时故意停顿的习惯都深深地留在了我们的记忆里。"霍普金斯家就喜欢吵吵闹闹。"他们说,然后你会突然笑起来,就这样释放了紧张感,也不再装腔作势。这是你的故乡……但是除了你的记忆,它还存在于别的地方吗?爬上山顶或走到小路的拐角,你会发现熟悉的人都不在了吗?你会发现风景都变了吗?在原先有树林的地方你会发现被砍得只剩下了树桩、干枯的树梢、树枝,以及丛生的杂草吗?或者,如果乡村还保留着原貌,你是否会发现自己已发生了很大的变化,已和故乡脱离了关系,你再也回不去了,再也无法融入家乡的生活了?没关系,我们童年的故乡还在那里。哪怕是只存在于我们的心里,哪怕我们的命运是流放海外,我们对它的忠诚也依然不变。我们带着对它的怀念从一座城市来到另一座城市,就好像它是我们随身携带的一件最重要的行李。

  门外的流浪汉们,在没有

记忆的空洞风景里,我们每个人
都提着一瓮家乡的泥土,
还有一掬并非难以名状的尘土

过去收集的——我们默默地、盲目地
带过国境线的这一小捧泥土,
是花园里的青苔,还是混着铁杉、松树
和短叶松的针叶的林中沃土?

——一抔尘土不够宽
也不够坚固,去造一幢房子,
去挖一个坟也不够深,但埋入鼻孔
已足够凉爽足够甜美了,然后
你就能闻到家乡的味道,或者在耳畔
听见家乡的消息,就像在贝壳里听见海浪。

2. 大城高中

我出生在位于阿勒格尼山脉西坡的宾夕法尼亚州坎布里亚

郡贝尔萨诺附近的一个农庄。每个夏天都住在那儿，有时候漫长的秋天也在那儿——钓鱼，打棉尾兔和松鼠，或者一个人在树林里漫步。我把贝尔萨诺视为我的故乡。但我父亲是匹兹堡的一名医生，我就读于大城高中。

这所学校肯定和大山西边的两百多所高中没什么区别。新造的高中，设施很好，规模中等，当时大约有一千名学生。回想起来，似乎各种各样的人都去那儿读高中——我记得的有一个百万富翁煤矿主的女儿，一个未来的全美联赛中卫，一个英俊的意大利人——后来成为了著名的黑手党，一个又高又严肃又傻的黑人小子，两个整年穿着花布裙的小姑娘，我们怀疑她们把冬天的内衣缝在裙子里——但这所高中的氛围是欣欣向荣的，是中产阶级的。每个人都很友好。另一方面，大家都分属于不同的团体，橄榄球队、公益团、次好的公益团、由英语作文成绩好的同学们组成的文学社，我们在那里看不是上课规定要看的书，我们都很腼腆、吵闹，穿得都很糟，我们还协助编辑校办的杂志。

我当然就属于这么一个团体——和我们班的肯尼斯·伯克、杰米·赖特（他后来成为一名戏剧导演）、罗素·法雷尔（他是我们毕业时致告别词的毕业生代表，后来他改变主意没有做牧师）、杰克·戴维斯和另外的三四个人一起。在大山西面的高中里，当时肯定有一大把属于这种社团的少年作家。接下来，就来看看我们在十七岁时的模样。

我估计我们身上全是我们那种年龄和性格的人所具有的普通的叛逆。我们全都以自我为中心，全都对自己的个性沾沾自喜，全都因这种个性终将被磨平的想法而感到震惊。我们经常沉思死亡这件事，经常嘲笑胆怯和虚荣。我们满脸痘痘、举止笨拙，渴望有人接受我们的爱抚，有人为我们的智慧、我们真正的价值、我们不为这个世界所了解的情感所倾倒。我们渴望逃离，逃到街道蜿蜒曲折的欧洲城市，逃到女人的乳房如倒置的茶杯般又小又硬的东方岛屿。我们对任何非法的勾当都充满了腼腆的好奇，不论是住在邻街的一位妓女、尼禄犯下的滔天罪行，还是星期天下午在我们之间传来传去的黑莓酒瓶。我们觉得自己和别的少年不同：我们既羡慕又讨厌那些开心的小子，那些不论形势如何都能灵活应对的小子，那些开着父亲的车、在橄榄球赛上引得啦啦队姑娘们一阵阵欢呼的小子，那些从来不写什么诗歌也从来不会怀疑自己的小子。

与此相似的症状至少在两个世纪前的少年作家们的身上反复出现过，也许可以追溯到更久以前。但我们还有其他症状，更符合我们这个时代和这个国家的典型症状。

因此，我们在面对人生时总感觉到一种羞辱，我们不愿意对这个世界发号施令。艺术和生活是两个不同的领域；艺术为普通大众所轻视，是"生活的点缀"，从来也不会对生活产生什么真正的影响。艺术不是商业，甚至带点神秘，但我们都渴望成为一个艺术家。这是我们自己的愿望。一个艺术家，一个诗人,不该用自己的穿着打扮来为自己做广告,因此他不应该穿黑大衣、打花领带,也不应该留披肩长发。艺术家有自己的世界,而他在这个现实的世界里应该甘于卑微。我有个朋友曾对我坦言他想每年挣它个七千美金,然后每个礼拜都能去剧院听交响乐,我觉得这个人太异想天开了。另一个朋友,就像萨默塞特·毛姆的《人性的枷锁》里的主人公,他想做一个在轮船上执业的医生,往来于每一个陌生的港口。还有一个人只要能子承父业就心满意足了。就我自己而言,我决心做一个报纸杂志上的戏剧评论员,不管是在大城市还是在乡下。我每年要挣三千美金,还要有一个情妇。与此同时,我还要写作,我的每一个朋友都要写作——可是,我们写什么呢?

每一代人都有自己的多愁善感之处、自己的象征,这些象征能感动他们,使他们产生同情或自我同情。对始于拜伦的早期浪漫派作家而言,最喜欢的一个象征是鬼城——无法接近、荒凉冷清,里面住着一个出身贵族的青年,一个曼弗雷德[1]似的人物,寻求着内心罪恶感的救赎,但是对整个人类充满了轻蔑。对于追随易卜生的社会心理派作家而言,惯用的题材是被人误解的改革者,他们是人民公敌,他们想帮助别人,却因为自己的好意被别人钉上了十字架。艺术家在社会上处处碰壁是晚期浪漫派作家爱用的题材。所有这些象征对我们来说都显得陌生,

---

[1] 英国诗人拜伦的长诗《曼弗雷德》(1871)中的主人公。

甚至有点荒唐。我们的感情被更古老的情节触动着——姑娘们哀悼她死去的情人,男人们在战争中受伤、死亡,漂泊者思念着故乡,妓女听见《婚礼进行曲》或《摇篮曲》时感动得痛哭流涕……这些都是我们经常使用的一般性主题,但我们的感情,在当时来说,是受到我们思想的制约的。

在描述这些思想时我是冒风险的,因为这会显得太理智也太明确。从本质上来说,它们根本就不是思想,它们是态度,是感情,虽然执著但也很微妙,往往仅存在于萌芽状态。它们是重要的,因为它们有助于我们理解接下来将发生的事——因为,在一段模仿的时期结束后和一段转变的时期开始前,它们会在我们的文字里再次出现,因为我们在十七岁时的感受可以解释和评价我们后来的信仰。

十七岁时,我们幻灭、萎靡。在打篮球、初恋和思考人生——在温热的下午用巧克力汽水将它冲淡——中,我们开始质疑在家里和学校里学到的一切。宗教——我们对之讨论了很多,罗马天主教对抗不可知论,对抗路德教派,对抗基督教科学派,然后我们都变成了宗教冷淡主义者。道德,用贞操来加以限定,是对我们的身体所说的一个谎言。我们所受的教育是无用的,也是误导的,尤其是英国文学教育。我们被迫阅读的那些作家,特别是莎士比亚,是不符合我们大多数人的胃口的;他们作品的味道就像加了消毒剂的生水。

我们还太幼稚，无法理解后来被T.S.艾略特的追随者（在他们和教会和解之前）反复强调的现代社会的彻底绝望，但我们能分享它背后的那种情绪。在一段短暂的时期里，我们关注着人类的大命运。我们痛苦地承受着一种压抑的感觉。我们感觉这个世界被科技的法则掌控着，而我们对这个法则一点也不懂；我们的生活被清教主义的标准左右着，但这个标准不是我们自己的。我们感觉社会从整体上来说是相当安全的，也是毫无刺激的、中产阶级的，我们大部分人都来自这样的家庭。社会遵从非人的进步法则。城市年复一年无情地扩张，财富越积越多，街上的汽车也越来越多，现在的人也比以前更聪明，生活得更好——最后，我们将到达一个自动化的时代，一个由无聊的公民组成的令人无法忍受的乌托邦社会，没有犯罪，没有痛苦，也没有跌宕起伏的生活。当然，进步也有可能发生逆转。我们生活的那个时期也许可以说和五王执政时期的罗马很相似，随之而来的将是叛乱、灾祸，以及社会的大萧条。但社会的萧条和进步在心理上其实是对等的，因为它们全都是自动化的进程，我们既不能使之提前，也不能使之延后。社会是一种陌生的东西，我们自己的生活和写作从来也不能对它产生影响。它就像我们乘坐的一辆豪华列车，底下是光滑的铁轨，开往一个我们永远都不会为自己选择的目的地。

文学是我们的职业，它活在自己伟大历史的阴影里。感动了我们的那些象征，爱情、死亡、离别等伟大的主题，早已被用得弹尽粮绝。一切似乎都已被前辈们写过了，那我们应该到哪里去寻找新的主题呢？文学已消费了整个世界，将死于找不到任何新鲜题材。什么也没有留给我们——除了边缘化的体验和不正常的事情外，我们什么主题也没有，所以我们只有借助自己的巧舌如簧、聪明才智去炒别人的冷饭。什么也没有留下，除了无足轻重的小调……于是，我们谦卑地接受了，我们把扭捏作态的小文章发表在高中的校报上，文章的主题是邪恶战胜了美德，但必须写得小心，以防被校报监督人员看出来。

我们开始在一片文字的海洋里漂流，没有明确的目的地，也没有领航员。我们可以找谁来帮我们出主意呢？我们敬佩的少数作家和我们不是被时间就是被其他——如空间和语言——有效地隔开了。当时的美国作家中有那么几位出版过一本或两本好书。除了威廉·豪威尔斯，我们把他视为我们的一个敌人（如果我们真的要评价他的话），还有亨利·詹姆斯，我们不看他的书（他生活在流放中），他们中没有一个人称得上职业作家。似乎不存在和我们背景相同的作家。没有作家曾直接书写过我们的青春，我们没有可以单纯仿效的对象，一个也没有，甚至连在智慧上和成就上可以对之背叛的对象也没有。

然而，我们不知疲倦地阅读，一小时接一小时，我们满心绝望地寻找着引导。我们阅读英国作家，最初是吉卜林和史蒂文森，然后是梅瑞狄斯、哈代和吉辛。在《四季随笔》里，我们发现了一个我们完全赞同的观点。吉辛是这么写的："我从来也没有学会把自己视为是这个社会的一分子。对我来说，永远存在着两个实体——我自己和世界——而这两者间的一般关系是对立的。"

我们忘掉这个敌意的世界，执著于自己的追求。我们阅读康拉德，阅读王尔德和萧伯纳，这两位总是连在一起说的。从这两位剧作家那里——也或许从门肯[1]和内森那里，然后是《时尚圈子》的编辑们——我们获得了一种反话的意识，这成了我们评价后来遇到的一些作家的标准。如果他们是有反话意识的——如果他们颠倒了陈腔滥调，把美德造成的伤害表现出来，把流氓讴歌为英雄——那么我们就认为他们是"现代作家"，他们是值得我们尊敬的。我们认为，康格里夫[2]是一个现代作家。易卜生也是，但我们对他的象征主义有点反感，对他的社会内容也不感兴趣，我们有意识地阅读他，像是在尽义务。斯特林堡更刺激。我们还一头扎进施尼茨勒[3]的早期剧本，就好像我们在一座迷失之城里探险，我们希望自己能住在那里面。在公

---

[1] H.L. Mencken（1880—1956），美国记者，文艺评论家，代表作有《美国语言》。
[2] William Congreve（1670—1729），英国剧作家，代表作有《为爱而爱》和《如此世道》等。
[3] Arthur Schnitzler（1862—1931），奥地利作家。

共图书馆的绿台灯下阅读,我们想象着别的城市里的少年也像我们一样在废寝忘食地看"禁书",由此进入了一个由警句和susse Madl[1]组成的特殊世界,在那里恋情的发生是当然之事,在那里每个人都拥有反话意识。

对我们而言,这种反话意识可以转化为一种最简单的表述:有能力说出别人意想不到的话,有能力欺骗读者。比如,在一场雷雨中,有个孩子看着教室的窗外问道:"现在没有在下雨,对吗?"他希望得到的回答是"对的",但我们要回答说"不对"。通过这种做法,我们就能给出一个我们称之为"初次回旋"的回答。

"初次回旋"这套理论在匹兹堡的皮博迪高中里盛行一时,不过在战前的那段时间里,同样的事也许会发生在任何一座城市里。它一般是用奇数或偶数的游戏来解释的。你的手里握着偶数的豆子或玉米粒;你赢了;这样,你就可以再次取偶数。这只是最简单的类推法,根本不是什么回旋。不过,要是你对自己说:"我刚才拿偶数赢了,我的对手肯定会想我又要拿偶数了,因此这次我要拿奇数。"这样你就进入了初次回旋模式。如果你说:"因为我刚才拿偶数赢了,我的对手肯定会想这次我会用奇数来骗他,所以我这次还要拿偶数。"这样你就进入了二次回旋模式。这一过程似乎能无限扩展,而且,它可以运用于任

---

[1] 德语:甜蜜的姑娘。

何形式的艺术，只要更感兴趣的是糊弄听众，而不是自己说的话。我们没有任何特别的话要说，我们只想按自己的意志活着，我们只想做作家。

不过，回旋系列还是有现实的约束的。如果它发生在阅读奥斯卡·王尔德时，因为别的高中里的学生们从来没听说过这个名字，这将导致你在下个阶段轻视王尔德，因为你曾经崇拜他，因"初次回旋"的人还在崇拜他。你阅读施尼茨勒，你还没有理解他在说些什么就以为自己已经"超越了他"。我们用这种方式度过了一个文学狂热期——门肯、赫尼克、萨默塞特·毛姆、拉弗格（在我们学会法语后）——直到我们遇见了陀思妥耶夫斯基，他不适合我们的游戏，还有福楼拜，他的耐心使我们敬畏。

反话意识终结于没有任何可供吸收的材料留下来，到最后就只能把自己吞噬了。想要让别人吃惊的欲望，或者想要欺骗别人的欲望，常常会导致最终的自我欺骗——原来我们的行为举止完全像别人一样。这就是我们中的有些人在十八岁那个年龄段的状态。我们的穿着都一样，我们谈的话题都是姑娘、汽车和棒球联赛。情侣间的爱抚在当时还不盛行，当时人们称之为"发情"，只有长得特别丑的姑娘才会允许你这么做，因为她不得不给你点特别的诱惑。不过，当时有各种各样的舞会，我们都会去参加，我们都喜欢看篮球比赛，我们都参加一些普通的活动（在活动结束时总觉得依依不舍）。我们和别人一样，我们就是普通人——然而我们仍强烈地感觉自己作为见习作家还是不普通的，还偷偷地自豪：我们活在一个特殊的艺术世界里，我们属于一个阅读现代作家、欣赏反话意识的共济会组织。

那是在欧洲战争刚刚爆发的时候。在纽约，摩根财团忙于借贷。在华盛顿，总统在改变他的中立主张：政策已经定好，将有数百万的美国青年去往异乡，由政府提供生活费，让他们去做不负责任的英雄。在底特律，亨利·福特已经开始制造我不知道是每天多少千辆，或每年多少百万辆的汽车。在格林威治村，聚集了无数海外的艺术家，开始形成了一种崭新的生活标准。全国各地的年轻女性都热衷于阅读弗洛伊德，都想解放自己的心理压抑。爱因斯坦在柏林求学，普鲁斯特在巴黎写作，乔伊斯丢了在的里雅斯特做家庭教师的工作，来到了瑞士，在那里每天花十六小时创作《尤利西斯》。各地的社会党支持参战，并进入了国防内阁，但沙俄前线一片溃败。列宁在流放中寻求着共产主义革命的时机。决定我们这一代的历史的各种力量都已登场。与此同时，在波士顿、匹兹堡、纳什维尔和芝加哥，我们这些十七八岁的小伙子对正在发生的世界大事毫无所知。我们看书、跳舞、准备高考，在空闲时间里，我们谈论我们自己、我们自己和我们的生活、作为艺术家的自己、作为情人的自己，我们还讨论性高潮，以及我们觉得可供写作的新的题材。

3. 文艺的学徒

在整理旧文件时,我发现了一封没有和别的信件摆在一起的肯尼斯·伯克的来信。这封信大约写于我们从皮博迪中学毕业的十四个月后,然而它却比别的任何文件都更好地再现了我们读高中时的氛围。

"当然,"信的开头这样写道,"你在去哈佛的途中会在我们这儿逗留数日。我们没啥好干的——我既没有钱来招待你,也不是一个容易相处的人——除了散步、打网球、看书。没有什么会阻挠我们,我很乐意陪你去经历几次真正有冒险性质的散步。你知道,去一个只有上帝知道的地方,然后在晚饭时间回家。你可以把运动鞋带来,也许我们可以打几场网球。你的球技实在令人伤心,ça se voit[1],但那又怎么样呢?至于看书嘛,我可以借给你看几本合你口味的书,因为我几乎已成了那些见不得人的法国小说的权威。"

肯尼斯已经是个权威的评论家,尽管他讨厌教书,甚至还讨厌别人来教他。读了一年大学后,他回到了父母身边,他认为待在家里能够更好地学习写作技巧,也有更多的时间从事写作。伯克家搬去了新泽西州威霍肯,住在帕利塞兹丘陵上的一

---

[1] 法语:事实如此。

所公寓里,从那里可以俯瞰哈德逊河和曼哈顿。肯尼斯早晨在那里写作——写小说、诗歌、散文、寓言、剧本,所有的作品都很偏激,很光辉灿烂,很不成熟,所有的角色都矛盾重重。下午,吃完他母亲做的午饭后,他学习或者写像这样的信。除了偶尔打打网球外,写信几乎成了他唯一的社交生活。

不过,他也有一项值得吹嘘的计划。"顺便说句,你知道吗,我要去法国已不仅仅是个 Eintagsfliege[1] 了。它不仅是一件确定的事,而且成为了一种实际的推动力,已经影响到了我的行为的一个目标。我正在找一份工作,我要把挣来的工资存一部分下来,还有一部分我要用于买书和啤酒,最后的一部分用于买贝立兹的法语教材。J'ai une idée fixe. Dame！Mais oui.[2]"

当时的法国正处于战争时期,不过他没有考虑到这点。他知道的法国是一个和平的国家,是小说家和诗人的国度。"我不是去那里定居,像我原先设想的那样。那样就太无聊了。如果我去法国定居,我就会把积蓄全用光,然后我还没有工作,我肯定会饿肚子,不然就灰溜溜地回国。而且,我不该这样永远地丢弃了我的父母亲。我非常爱他们,你知道。而我爸,自从我发了脾气后,他对待我的方式真的非常得法。不,"在你去一个只有上帝知道的地方,然后在晚饭时间回家时,你们之间的对话就是这个样子的。"我不该在法国定居,我只是去那里访问

---

[1] 德语:心血来潮。
[2] 法语:我已经打定主意了,妈呀！这是真的。

一下。我应该多存点钱下来,这样我就可以去访问法国了。然后,如果我有幸在法国找到一份工作来延长我的访问,我就会接受。如果这份工作做不下去了,我有机会再找到一份工作,我仍然会接受,这样可以把我的访问再延长一点。只要我能挣到钱,我就会延长我的访问期,哪天我的钱都用光了,我的访问也就结束了。因为有了这样的安排,我是不可能失败的。我是在用灌了铅的骰子赌博,靠内部消息赌马。我抛弃了一贯的犹豫不决,迈出了决定性的一步。Nom d'un chien, comme je suis habile![1]

"我该停笔了,我亲爱的 M;今天下午天气太好了,很适合打网球。不过今晚,也许我会再次给你写信的,因为我多半是孤零零的一个,皎洁的月光会该死地诱惑我,une âme toute nue[2],在这样的夜里游荡在大街上。她会源源不断地供给我们甜美的悲伤,M,我喜欢和你一起看着她飘浮在寒冷的、昏睡的农庄上。我爱月亮,和 ma petite jolie[3] 的回忆,还有更不足道的肖邦,以及隔壁那个斜白眼的姑娘。这一切都没有为我的文学提供素材,马尔科姆,我的天啊,我不知道该怎么说好。"

在月光下的东街上散步是他最好的时光,也是他的青春绽放光华的时光。多年后,他在另一封信里是这么描述的:"当我

---

1 法语:天哪,看我多聪明啊!
2 法语:一个洁白的灵魂。
3 法语:我的小美人。

一本正经的时候(每个黄昏我都是一本正经的),我在帕利塞兹丘陵上散步,经过了亚历山大·汉密尔顿垂下他那历史性的、误导性的头颅的石像那里——我在街道的尽头停下脚步,再往前就什么也没有了。方向正对着四十二街,低头看向脊骨裸露在外的一半浸没在河水里的驳船(自从战后的繁荣时代将它改造为混凝土的码头,我相信那些银行家们已经成功地摆脱了公债问题),我静静地站在那里,头上没有戴帽子,一支忧郁的大军向我袭来。这是恩底弥翁[1]的公共厕所——必须如此,因为在瑟瑟的秋风里,诗人在这里站了好长时间。"

他就像巴尔扎克笔下的年轻人,爬上了蒙马特高地,俯瞰着他想要征服的城市,靠街上的灯光来辨别巴黎的街道。但他的野心是不同性质的,是痛苦的防卫,他的脑子里从来也没想到过要去征服什么,纽约也不是他选择的城市。然而,他将很快投入纽约的生活。下周——那是他在前几天晚上吃饭时打定的主意——他要去做一个银行收账人,但他不会因为勤奋和无私而得到晋升,不会在货币兑换处谋到一个职位。他估计顶多也就当个小职员罢了。以后他或许会去巴黎(但仅仅是去旅游),或许会住在一间阁楼里(但不会饿得很惨),或许会写剧本(但不会征服全世界,也不会有漂亮的女演员给他献花)。荣誉和戏剧是别人的事,是属于那些对这个世界没有什么不满的人的。活在自己的世界里,他只是希望能够保持住自己的正

---

[1] 希腊神话中的美少年。

直——如果不得不屈服,他就屈服,但也要让他的敌人付出胜利的代价。说谎或欺骗是迫不得已的手段,但他永远也不会写媚俗的文章。与此同时,他对自己失去的东西也会感到一丝伤感的遗憾——"俯瞰这座城市(夜晚的城市,河面上耀眼的灯火),诗人在沉思着纽约的罪孽,它的奢侈,它的残酷,纽约没有他也会照样繁华下去。他想到了在地点不详的树林里举办的秋季嘉年华,想到了温柔的、兴奋的、鼻尖冰凉的姑娘,想到了如露水一般纯洁的月亮,嬉闹的情侣们在丝绒般的月光下颤抖、拥抱。陶醉在济慈诗歌里用的(或许我应该说在《英诗金库》里用的)古希腊神祇们的语言里,他模模糊糊地想到了阿耳忒弥斯、点着煤油灯的中餐馆、舞台的后门、树林里的卵石路、狂饮、疯舞,还有他为银行收账的那份工作。"

街道上的冷气透过他潮湿的鞋底传了上来。午夜时分,他回了家,在卫生间台盆上的镜子前刷牙,端详着自己的脸,看有没有新长出来的痘痘,背诵着拉弗格的诗句,最后上床睡觉。他孤身一人,距离他的童年六百五十公里之遥。

4. 美国学院,1916

我常常觉得,也许可以把我们在中小学、大学、后来在部队里度过的时光视为是一种漫长的隔绝过程。回顾过去,我觉得我们受过的全部教育都在强迫我们摧毁扎在泥土里的根,去除我们地方性、区域性的特色,使我们在这个世界里成为无家可归的公民。

在学校里,除非我们碰巧是南方人,我们都会抛弃掉自己身上的乡土自豪感。我们学习古代史、美国史,但就我个人而言,我们从没学习过宾夕法尼亚西部史。我们学习了西伯利亚的河流名——鄂毕河、叶尼赛河、勒拿河、阿穆尔河——但没有学习俄亥俄河一共有多少条可通航的支流,它们中的大多数为什么现在已不通航了,以及匹兹堡为什么建在它的分岔处。我们在高中里有拉丁文、德语、化学课程,全都是很好的课程,在一堂名为市政学的课上,我们学到了《宪法修正案》的具体条款和最高法院的法官名录,但我们从来也没有学到一个总统是怎样当选的,一项法律是怎样通过国会颁布出来的。如果我们中有人后来会从事与政府部门相关的具体工作——那就是说,如果他想铺一条路,或者想压低征税金额,或者想解决朋友与警察之间的麻烦,或者想让某个亲眷担任公职——好吧,幸运的是,选区的政客是不用花很多时间就能让他明白该怎么做的。

至于我们学过的英语教材,如今我能记得的只有一种:《睡谷传奇》。这本书使我们产生了这样一种想法,美国的每一座山谷都具有像艾凡赫的城堡或亨利·埃斯蒙德[1]的伦敦那样的

---

[1] 英国作家萨克雷的历史小说《亨利·埃斯蒙德》(1852)中的主人公。

传奇色彩。我们觉得美国无法写出伟大的小说。我们觉得文学、艺术和学问在总体上是距离我们的日常生活十万八千里的东西。对我们这些喜欢自由阅读的人来说，这种感觉甚至更加强烈，因为我们喜欢的作家都是一些外国人。我们觉得智慧要归功于古希腊和文艺复兴时的艺术，它的光辉仅仅属于巴黎或维也纳，它的荣耀局限于模糊的古代。如果我们不顾一切去尝试写一些更为实际的事物，我们就会被迫使用一种并不真正属于自己的语言。我们必须付出莫大的努力，去消灭我们身上的所有方言或口音的痕迹，去使用一种"正确的"文字——即标准的美国式英语，它就像世界语一样无趣。有些教师自己也是通过勤学苦练才学会了我们那种公立学校的语言，然后把它作为一种老学究式的铁律，就好像他们是在教一门已经灭绝了的语言。

　　在大学里，这种隔绝的过程更加残酷无情。我们所受的教育不是让我们为了成为某座城市、某个州、某个国家的公民做好准备，也不是为了过平凡人的生活所需的投身某种产业或某种职业做好准备，恰恰相反，我们被劝说进入了一个其传统来自雅典、佛罗伦萨、巴黎、柏林和牛津的国际课堂。进入这种高度脱离现实的王国的人应该大脑和双手都是一张白纸，就像刚入伍的新兵。他的衣食全部由校方承担，教师们还为他提供了最好的文化教育。任何尚处在粗糙状态的事物都无法进入那个世界，任何东西都必须通过时间和空间、理论和研究来使其显得更为高雅，直到它失去了自己的特色、自己的生命，然后变形为死气沉沉的文化。人们认为理想的大学就应该是没有地方色彩，没有经济瓜葛的。一所大学，连同它的教职员工、学生、教室、操场，存在于某座城市仅仅出于偶然，它的真实存在其实是在学者们的精神世界里——不管怎么说，反正是这类东西，而当时的教师想要灌输给学生的也恰恰是这么一种思想。

就以我自己读哈佛为例好了。这所学校的设立目的是和当地的情况直接相关的，也和殖民者想要培养福音派传教士的目的相关。它在一代代人中发生着变化，也伴随着新英格兰文化的变化而改变。务农的收入，捕鱼的收入，做生意的收入，走私的收入，羊毛、棉花、制鞋和储蓄的收入，汇集成了献给它的巨额捐款。哈佛大学是和波士顿一起成长的，波士顿的成长史都刻在它的建筑物的脸上。我礼拜天有时候会在灯塔山、北区一带的老城区闲逛，欣赏那些建筑物的华丽大门，它们是用买卖茶叶获得的利润，按照最纯正的清教徒式样建造起来的。如今，在这些大门后面住着亚美尼亚人或犹太人，老北教堂在一个意大利人街区，就在银器匠保罗·瑞威尔的故居附近。后湾是从沼泽地拓荒而来，在南北战争之后的繁荣时期里（鞋类、衣类、铁路、政府发行的公债等行业大繁荣），这里建起了一幢幢豪宅。在坎布里奇的普雷多街上，有对公众开放的朗费罗故居，而我本该去参观布鲁克农场的。所有这一切，爱默生、门廊、工厂、工人和财富、选修制度、坡斯廉俱乐部,合起来形成了一种文明,但我对这种文明一窍不通。当时我在学习歌德的《诗与真》及伊丽莎白时代的戏剧,也许,在我早晨去上学的途中,我会经过一座天主教教堂,教堂门口站着两个爱尔兰小伙子,他们用不怎么友好的目光打量着我。为什么坎布里奇是一座爱尔兰城,几乎就像科克或利默里克?在波士顿全境,是什么原因造成了"文化人"和"大老粗"之间的敌视?萨默维尔的大街上为坎布里奇的文化人开发的房产(有一处是这样的),为什么要背对着大街,用一堵砖墙与人行道隔开,面朝着房子内的草坪,保姆们可以在那里陪有教养的小孩玩耍?我不知道。我正在匆匆赶去参加欧洲史的分组讨论会,不知道自己是否说得出历次德国农民战争的起始年代。

我并不是说应该鼓励我们去选一些更为"实际的"课程——簿记、饭店管理、污水处理,一所综合大学可以教的几百门课程。这些专门技术可以等到以后再说,等到我们选定了职业。我们所追求的,在我们读大二大三时,是更为广义的东西,是打开世界之门的一把钥匙,是完成一幅拼图所需的一张指引图。刚巧我们的授课老师也都热衷于给我们提供这样一把钥匙或一张指引图。他们都是高级知识分子,都很热心,都想完成自己神圣的使命。从根本上说,问题出在他们为我们描绘出来的那个世界是一个属于学者的特殊世界——没有时间,没有地点,人为的,不完整的,和那个创造财富的现实世界只存在着模糊的联系。现实世界是大学获得了捐款，市政府的负责人都是一些粗人。

我们甚至和我们在其中努力学习、迎头赶上的大学世界之间还有一段距离。教授们教的那些缜密的方法和崇高的原则仅仅适用于我们的一部分生活。我们只能尽已所能地去填补鸿沟，一般的方法是接受那些周围的人心照不宣的原则。实际上，大学里的标准并不是教师们设立的，而是学生中的领袖，尤其是那些从半英国式的预备学校里出来的富家子弟，而大学体制的运行似乎正是为了他们的利益。其余的学生，从公立高中出来的学生，冒着失去我们自己的文化的风险，在这个令人困惑的新世界里晕头转向，而我们所能获得的却没有一件是实际的东西。

青年作家尤其容易把自己的经验视为无足轻重，不值得用他们学到的英语文学大师们的诗歌或散文的写作手法来费事地记录下来。布鲁克林来的一个犹太青年可以凭借文学才华获得奖学金。在他的身后，有一代又一代的拉比，精通诗歌体的《摩西五经》和《塔木德经》，它们代表了如今依然存活着的最古老的西方文明。在他身后，还有一个跌宕起伏的童年的记忆：布朗斯维尔大街上的黑帮，哈西德派犹太会堂里的圣诗合唱，父母亲为了摆脱贫困所做的奋斗，也许还包括他的一个表兄努力建设工会，而他的表叔则坚决反对——这一切都是犹太人区里的情绪、气味和噪声。在他的前面，是和另一种伟大文化的接触机会，是可以用来学习、写作、认识自我的四年的悠闲时光。但他在这四年里写出来的东西却是关于济慈写的那些十四行诗，关于他从没去过的英国教堂，关于他从没听见过的夜莺的歌声。

我还记得一个和我来自同一座城市的小伙子。他是一个异教徒，毕业于中央高中，那所高中的校舍是位于商业区边缘的一组古色古香的建筑。在它的东南面有一个犹太人居住区，北面越过铁路，就是中央区。那里住着炼钢工人、下三烂的政客，小酒馆云集。东面有一座山，黑人早就在那一带定居了，沿着低矮的山坡有一个小规模的红灯区，我们这些小青年经常在午饭时间溜达到那里。一部分学生来自那里各色各样的贫民窟，但主要来自松鼠丘和东利伯蒂一带的居住区。他们在以彻底和严格著称的教师们的指导下学习那些早已过时了的课程；他们本有足够的机会把四年里严格的、古典的纪律和对城市道德、社会、政治等方方面面的考察结合起来。

这位特别的同学在班级里很突出，他是校报的编辑，辩论队的队长。他的名声甚至传播到了别的高中，大家都说他总有一天会成名的。他比我早两三年进哈佛，在大学里成了一个很重要的人物。当我为《哈佛深红》[1]服务时（出于偶然，并非刻意为之），我被派去报道一次活动，而那次活动的发言人

---

[1] 哈佛大学的校报名。

恰恰是他。也许他会对来自同一城市的小伙子感兴趣，而这个小伙子和他一样参加辩论队、为校报写作，也拿到过奖学金。我急急忙忙赶去他位于奥本山大街的住所。他穿着一套裁剪得体的衣服，这是我对他的第一印象，裁剪得真的很好，这样的裁剪使得穿着它的人显得不那么惹眼。他大大咧咧地看着我——我穿着从百货店买来的西服——用浓重的牛津腔和我说话，这使得我们之间的距离就像我们的穿着一样。我没有搞到任何新闻就走了，在他面前我自惭形秽。我写的文章也没能发表。

多年后我再次见到他，当时我正为纽约的一份报纸写书评。他走进我的办公室，看上去一副英国派头，就像个小老板。有个好心的记者告诉我说他是一个二流的戏剧评论家，永远也不可能做到一流。"他做人应该更明智一些，"那位记者说，"干这一行，他的文化水平过高了。"

在大学里，我们从来也没有认识到文化是形势的产物——一个工匠了解他使用的工具，对他用的材料有感情，也许就能称为是一个有文化的人；一个种田养猪的农民，在篱笆墙边放下锄头，开始思考起生与死及明年收成的问题，就算他从不看报也可以被称为是文化人。从根本上来说，我们受到的教育是让我们把文化视为一种装饰、一枚区分阶级的徽章——就像牛津口音或英国服装。

我们在其中度过四年的文化销售处和试衣间，不是开在底楼的商店，不是面向大街上的芸芸众生的。事实上，它们存在于高楼的顶层，俯瞰着大街上的广角远景、乔治王时代的家宅、希腊教堂式样的银行——建筑物外的人们看上去像蚊蝇——更远处，是模模糊糊的田野、矿山、工厂，它们都在默默无闻地为我们服务。我们从来不正眼瞧它们。我们高高在上，裁缝将我们一个个都改造成了文化人。我们快乐地运动，虚心地学习，酣甜地熟睡，抱怨着每天的饭食。我们无事可干，除了每半年交一次学费，但就连那个也是由父母为我们解决的。

大学生，尤其是在东部的大型大学里的，生活在他们自己的安乐窝里。除了大富豪或某些没有小孩的家庭主妇，他们是可以自由享受悠闲时光的唯一一种美国阶层。他们中也总有一些人靠做锅炉工、饭店侍者、橄榄球开球手而挣到食宿费和学费，可我接下来要讲的事不是关于他们的。其他人——在大多数时间里，他们是一所大型大学里的统治集团，他们为别的学生定下了基调——不用自己努力就能得到大家的支持。他们只要写几封信去要钱，也许他们为了获得奖学金比别人学习更刻苦些，但通常他们不会静下心来想一想自己的经济来源。与此同时，大学校长清楚地知道要维持这所巨大的教育工厂所需的现金来源在哪里，他知道股票市场的崩盘可能会导致捐款来源的中断，报纸上登出某位教授成了布尔什维克的消息可能会导致捐款的锐减，他知道去寻求校董或州议员的资金支持时该怎

040

么对他们说。图书馆的清洁女工、宿舍服务员和管理员，他们都知道怎么挣钱糊口；但是大学生和教授们却对经济影响力一无所知。他们从来不把社会视为现实之物，把它视为是食物、橄榄球场和教授们的薪水的来源。

大学本身形成了一个以自我为标准的临时社会。在我读哈佛的时代，灌输给学生们的美德是良好的品位、良好的礼仪、干净、纯洁、绅士风度（或者叫文质彬彬）、隐忍，还有运动时的竞争精神，这些美德尤其得到有闲阶级的重视。当学生们没有达到那种有闲阶级的标准时，就会有人说："他话说得太多了。"或者是更露骨的："他需要洗个澡。"即便是后湾豪门里出来的小伙子也可能因为对啦啦队姑娘过度殷勤而被拒绝加入俱乐部。多年后，在新人文主义的争议中，我读了几本欧文·白璧德教授写的书，白璧德教授是哈佛的创始人，读他的书让我重温了大学课堂上的氛围。白璧德和他的弟子们喜欢谈论平和、平衡，对古代圣贤的仿效，稳重得体，隐忍克制。这些仍是有闲阶层的理想，而且我认为它们不过是用更为高大上的语言来复述大学生的标准而已。事实是新人文主义产生于东部大学的生活，它就是在那里如屋顶花园一般蓬勃发展起来的。

装饰了这座文化花园的不仅仅只有新人文主义。比如，还有向来没什么具体行动的校园里的自由主义。菲利普斯·布鲁克斯内务协会和校园里的基督教青年会的传教态度：深入底层,帮助学生们往上爬,但不能爬到和他们相同的高度。之后是"生活是一座马戏团"的嘲讽态度,这种态度因《美国信使》杂志的宣传而盛行一时:一切都在腐败,人人都是傻瓜,我们只要喝醉了酒嘲笑一切就可以了。在我读大学的时代,还有一种唯美主义也非常流行。1916年的哈佛唯美主义者是想在马萨诸塞州的坎布里奇创造出1890年代的牛津大学的那种感觉。他们看《黄皮书》,看法文版的卡萨诺瓦的《回忆录》和《危险的关系》,看佩特罗尼乌斯的拉丁文原著。他们汇聚在各自的宿舍里喝茶,或者在《哈佛月刊》的办公室里喝潘趣酒。他们喝酒,除了喝清淡的潘趣酒以外,还喝上面点缀着樱桃的大杯纯杜松子酒。他们谈论佩特[1]的和谐性、奥博利·比亚兹莱的节奏感,然后越说越响,说起了教堂的色情感觉和卖淫在本质上所具有的合理性。他们在卧室里挂耶稣受难像,还收藏上周末去老霍华德剧院看脱衣舞演出的票根。他们也写作,其中有十多个人是早熟的颓废派诗人,每个都将安提诺乌斯[2]奉若神明,都用哀伤的笔调描写威尼斯潟湖,都写十四行诗送给歌舞女郎,都把她们叫作"上帝的彩色诗歌"。尽管开始时都差不多,但其中有些人最终成了著名作家。

他们显然和人文主义者不同,人文主义者从来不写诗,然

---

[1] Walter Pater(1839—1894),英国作家、评论家,主张"为艺术而艺术"的代表人物。

[2] 在荷马史诗《奥德赛》中,安提诺乌斯是帕涅罗帕的众多求婚者中最无耻的一个。

而,就他们的见解而言,他们只是上下颠倒了的人文主义者。对人文主义的每一项美德,他们都有一个反命题。因此,他们用狂喜取代平和,他们欣赏无节制,反对平衡感、黄金比例,他们活在当下,重视生活里的每一次冲动,不仿效过去的伟人。他们不讲礼仪做法,温柔地反抗着中产阶级的标准,这使得他们对肮脏下流的事物产生了一种感伤的看法。他们不要隐忍克制,相信自我表现。不过,人文主义者和唯美主义者都是同一环境下的产物,而唯美主义者只是将社会的生产力视为是诗歌和知识的对立面。尽管这两者就个人的救赎或堕落、成功或失败有各自不同的解决方案,但他们都在一个陌生的世界里,都被同样的问题困扰着。

不论我们在学校里接受了怎样的教条,不论我们对文化和自我实现怀揣怎样的幻想,同样隔绝的过程在我们每个人身上持续着。我们就像在夏季的丰饶土壤里生根发芽的一株株风滚草,我们的根慢慢风干,变得脆弱,我们的叶子铺展开来。一般来说,在我们离开大学后,隔绝的进程就会停止。在校园外的现实世界里,我们会被迫去寻找可以赖以为生的新的根须。但我们命里注定不可能有一般的大学毕业生那样的命运,我们的隔绝过程非但不会停止,反而会更加剧烈。战争很快就会降临到我们头上,风暴很快就会向我们袭来,在广袤的大地上把我们吹得翻滚飘零。

5. 救护队

在1916年到1917年的冬天,我们的教授不再谈论文人的国际共和国,而开始大谈爱国主义。我们自己也准备好把文化的制服换成部队的制服,但是这些变化并不像它们看上去来得那么猛烈。加在我们头上的爱国主义不是加在法国农民身上的那种,他们的爱国主义是为了保护自己的田地不被侵略者糟蹋,而灌输给我们的是一种抽象的爱国主义,它和全世界的民主主义、小国家的自我决定权有关,但显然和我们在家乡的日常生活无关,和更好的学校、更少的税收、给工厂工人(还有大学教授们)更高的工资、往埃尔克河里投入鳟鱼苗等无关。而我们穿的制服,在大多数情况下,都不是我们本国的军装。

战争爆发时,大学里的青年作家们被加入外国部队里的救护队这么一种想法给吸引住了——美军救护队或诺顿·哈杰斯救护队,这两个机构都在法国,其开销费用全部由法国部队支付,再或者是在意大利前线的红十字救护组织支付。这些就是保证可以把我们立即送往海外的组织。我们都渴望参加战斗,就像多斯·帕索斯作品里某个角色说的:"在所有的幻想都破灭之前。"

到了法国后,我们发现救护车司机的紧缺已有所缓解。我们被迫,也有不少人是同意的,加入了法国军事运输队,这工作和救护队没有很大的区别：驾驶运军火的卡车可以使我们保持住绅士志愿兵这一身份。我们在街角的啤酒亭里喝酒庆祝这份新工作。两周后，在我们去战线后方的训练营途中，我们经过了一片绿色的麦田，看见了一座飞行员的坟墓，上面写着"mort pour la patrie"[1]四个大字，木头的十字架上缠绕着山谷里初绽的百合。大炮在我们以北数公里处轰鸣。在这里，死亡潜伏在花丛中，危险潜伏在春色里，我们喝着感伤的美酒，酒味既没有因反话而发酸，也还没有变得寡淡，死亡是真实的，危险近在咫尺。

我们抵达前线后才发现，我们大概是到了一支最具有文学品位的部队。我参加的总共有三十六个人的那支队伍就是这样的。我从没参加过我们T.M.U.526部队的聚会，如果有这样的聚会的话，但我好几次遇见了我以前的几个战友。一个是为书籍出版商撰写广告的广告写稿人，一个是建筑师，一个是成功的大学讲师、还出版了他的处女作，一个是编辑，还有一个是不成功的剧作家。战争本身消灭了别的职业。一个成绩突出的罗氏奖学金研究生在战斗中牺牲了。我们大家都相信部队里前途最远大的人是一个十七岁的小伙子，他是一个诗人，他主动申请调往一支外国部队，后来死于飞机失事。然而，T.M.U.526部队在任何方面都没有什么特殊性。我在别的部队（那里的青

---

[1] 法语：为国捐躯。

年作家的比例更高）里的朋友常常觉得我很可怜，因为我不得不和一帮庸人为伍。

给1917年时做过救护车或军用卡车司机的作家列一份清单将是一件很有趣的事。多斯·帕索斯，海明威，朱利安·格林，威廉·西布鲁克，E.E.卡明斯，斯莱特·布朗，哈里·克罗斯比，约翰·霍华德·劳森，西德尼·霍华德，路易斯·布隆菲尔德，罗伯特·希利尔，达希尔·哈米特……你简直可以说对这一代的作家而言，救护车部队和法国军事运输部队就是大学的补习课程。但是，这些课程都教了我们什么呢？

这些课程把我们送往外国，我们中的大多数人还是第一次出国；教我们如何恋爱，用一种外国的语言战战兢兢地恋爱；用政府的经费供我们吃供我们住，但那个政府其实跟我们一点关系都没有；教会了我们比以前更不负责任，因为生计不成问题，我们几乎不需要做任何选择，就让未来自己照顾自己好了，我们心里都相信未来会有新的冒险在那里等着我们；教会了我们勇气、奢侈、宿命，这些就是处在战争里的人应有的美德；教会了我们把一般市民奉为美德的节俭、谨慎、清醒视为堕落；教会了我们畏惧无聊甚于死亡。所有这些课程都可能在某支部队里学到，但救护车部队有自己的课程；它在我们身上植入了一种可谓旁观者的态度的东西。

……有时候一连三天，会有一队士兵和大炮的队伍开过我们部队驻扎的那个村庄。穿着深蓝军装的步兵懒洋洋地走过去，水壶和头盔在屁股上荡来荡去。塞内加尔人的一个团，蓝黑的脸，高大的个子，粉红的眼珠，雪白的牙齿。然后是一队开着一挡或两挡的军用卡车，与行军的士兵保持一定距离。在它们后面，一匹匹栗色大马拉着一列望不到头的75毫米炮，头发金黄的佛兰芒炮手坐在弹药箱上。然后是一列辎重队。然后是穿淡蓝色军装的普罗旺斯步兵团，共有三千人，个个脸色阴沉。然后是随军炊事车和堆着烂稻草颜色的面包的大车。安南人[1]，面黄肌瘦的小矮子，表情像耍性子的小孩，在用石头敲出来的战壕边放哨。来自三个国家的飞机在空中保持警戒，我们自己则是旁观者。我们似乎永远也不可能成为这一切的一分子。我们有幸观赏到一幕各民族大游行的壮观场面，就像摩洛哥马戏团在7月4日国庆节时特意为我们安排的一场马戏表演，当时我们全都在一张长桌前坐下来，举起温热的香槟酒致敬 la France héroïque[2] 和 nos amis américains[3]。早晨我们继续做我们的工作，把一门门迫击炮从铁路终点站运到就在贵妇小径后面的弹药库——那也是一个很壮观的场面。

那年的初夏时节，一场大戏正在幕后上演。沙俄人正在进行"二月革命"，法国人和英国人在开展四月进攻战，在德国人

---

1 即越南人。

2 法语：英雄的法国。

3 法语：我们的美国朋友。

安全地撤回到他们坚固的堡垒后，这场进攻战成了一个笑柄。在凡尔登和法兰西岛一带的部队里，到处都是发牢骚的声音。太多的士兵在战斗中牺牲了。曾经驻扎在我们那个村庄的步兵营——那些黧黑的、粗壮的士兵，曾问我们这场仗要打到什么时候，曾问我们要一些汽油加到他们的打火机里，曾和我们一起喝醉酒，并告诉我们在上一次进攻中共损失了多少战友——在接下来的一个礼拜里哗变了。从法国南部来的一支分队拒绝进入战壕。到处都是纷争，问题是我们的部队是否应该学沙俄人的样子，还是耐心地坚持战斗直到美国的援军到来，大家都说援兵一到就能结束战争。我们自己，代表美国奔赴前线，起的作用就是缓解这种纷争，象征了最初的胜利，但我们都没有意识到自己是因为政治目的而被派上用场的。我们被照顾得很好，我们只知道这个。我们是在欣赏一场华丽的表演。

我记得一个下着蒙蒙细雨的午后，我们的车队载着155毫米的炮弹嘎吱嘎吱地开进了炮兵营。士兵们出来卸货，他们是一些脏兮兮的地方自卫队的老兵，头上顶着黄麻袋。我们疲惫地看着他们，我们从凌晨四点开始一直在开开停停。一枚炮弹突然在兵营的北面爆炸了。自卫队士兵全都像土拨鼠一样纷纷逃进了地洞，我们也在一道土堤下藏身。炮击仍在继续，弹片混合着高性能炸药有规律地每隔两分钟就会在大路上开花。有个人发现了这种规律，就在每次爆炸后立即冲到道路中央，捡拾温热的钢铁碎片，然后在下一次爆炸前安全地跑回隐蔽点。

我们随即效仿他，大家都想争取战利品。如果德国人稍微改变一下炮击的频率，我们整个炮兵营就完蛋了，我们自己也一样，但我们都知道他们是不会改变的，我们的生命是有保障的。我们是旁观者，在收集着死亡的纪念品，就像参加婚礼的宾客们拿走一块蛋糕或一枝皱巴巴的鲜花。

我记得七月里的一个黄昏，我们把车停在一座一半被炸毁的城堡的花园里，到处都是德国人在撤退到三公里以北的更坚固的要塞前挖下的歪歪扭扭的战壕。炮弹在头顶上呼啸，但不会造成任何伤害，德国人和法国人在相互炮击，在各自的防线的五公里后面，就像布拉什顿帮向车库帮扔石头[1]。这儿，在两军炮阵之间的空荡荡的庭院里，我们感觉就像置身于一个货车调度场之下，沉重的一节节列车在我们的头顶上来来去去。我们漠然地看着那片湖面，此时已经没有了天鹅，那尊威严的雕像已被机关枪扫得支离破碎。我们低声地交谈着——关于马拉美、俄罗斯芭蕾、两份大学杂志各自的特色。在城堡的台阶上，沐浴着最后一缕模糊的残阳，一个来自哈佛的红脸小伙子在通过一本法文的教材学习俄语。另外四个年轻绅士在一张铺开的毯子上掷骰子。一支法国的炮兵团驻扎在附近的山坡上，正在用75毫米口径的快速迫击炮拉起一张火力网。闪亮的炮火如在树林间穿梭的萤火虫。我们敬佩地谈论着拉斐特飞行队，埋怨

---

[1] 美国的两个黑帮组织。

地说着我们自己在部队里的服役。

然而，就我们自己的情况来说，我们的服役可说是相当理想的。服役生活给我们提供了很好的食物、适宜的职业、去巴黎度假，还有能让我们住进任何一家最好的旅馆的戎装。它还让我们欣赏到了一辈子只能欣赏一次的西部前线的奇观。因为隶属于法国部队，我们免受当时的美国部队里强加于新任少尉或三等兵身上的那种既严格又愚蠢的纪律约束。我们面临着刻苦磨炼，但并不超出年轻人可以承受的范围；我们面临着危险，但也并非危险之至，任何一支部队里每年都很少有超过两三起的严重伤亡——这也成了我们抱怨的对象。我们不想做混日子的懒汉，也不想做 embusqués[1]。战争使我们这样的年轻人渴望一种抽象的冒险，不是为了什么正义的事业，而是渴望冒险本身。如果说后来他们相信了正义的事业，那也是部分因为我们认识到正义事业能使我们遭遇危险。危险就意味着不会无聊，它能激起激情，它是一种融合了其他各种色彩后显得更为明亮的色彩。有时候，我们在法国会受到那种我明天或下周也许会死的想法的沉重折磨。树木碧绿，不像是普通的树木，而像那种在风暴来临前静止的树木。天空特别湛蓝，简直妙不可言，青草闻上去有一股生命的味道，在二十岁的年纪里对死亡和爱情的想象混合为一种热切的、朝不保夕的喜悦。这些也许就是战争

---

[1] 法语：远离火线的士兵。

给青年作家们上的最重要的一课。它使得以前似乎被禁止的一些主题又复活了，这些主题曾经过了无数人的手而被污染、被剥夺了意义：危险使得爱情、冒险、死亡的主题再次成为可能。我的大多数朋友都做好准备要去更危险的部队——任何部队——只要那里有更多的致命危险。

几个月后，他们各奔前程了：救护车队和军用车队都被美国远征军接手了，他们中很少一部分人还被重新编制。他们进了拉斐特飞行队、法国或加拿大的野战队、坦克部队、英国跳伞部队、法国外籍军团、皇家空军。有极少一部分人申请去了美国陆军部队，为了一个自相矛盾的理由去做一件简单的事情。偏远部队里也有我的朋友：有个人在比利时开飞机，另一个去了塞尔维亚，还有几个去了意大利前线，约翰·多斯·帕索斯在那里开救护车。厄内斯特·海明威也是意大利前线的一名救护车司机，直到七月里的某个夜晚，奥地利的一枚迫击炮弹击中了位于前线后方的一个瞭望哨，当时海明威刚巧在那里参观，就像一个观众有幸被邀请到后台和演员们攀谈。E.E.卡明斯可没有这种选择的机会，因为他在诺顿·哈杰斯救护队里微微地违反了一下纪律，当时他和一个来自哥伦比亚大学的小伙子交上了朋友，而那个小伙子给艾玛·古德曼写了一封告发信，于是他就被送进了一座法国的军事监狱。他在那里的冒险经历后来被写进了《巨大的房间》一书……可即使在有坏血病威胁的监狱里，或受伤躺在医院里，或在战壕上空驾驶战斗机，这些年轻的美国人依然保持了一种局外人的奇怪态度。作为友好的旁观者，尽管他们随时都有可能阵亡，但仍不能算是真正投入了战争。

在他们身后的某个地方，有另外一个国家，有谷仓、玉米地、铁杉树林，一条小河载着桦木稀里哗啦地流过，流进里面有大鳟鱼的小溪。在某个地方，在某个远得不可思议的地方，有他们度过童年的故乡，他们曾是那里的生活和风景的一部分，虽然从来没人注意过那片风景。

这种旁观者的态度，这种对待年轻的美国人为此冒着生命危险的这份事业的冷漠态度，反映在以前做过救护车司机的作家们的许多作品里。多斯·帕索斯的《1919》里的五个主要人物——他把他们称为"石榴汁卫士"——迪克·萨维奇（哈佛的唯美主义者）、弗莱德·萨默斯、艾德·斯凯勒、史蒂夫·华纳（另一个哈佛生，但不属于同一学院），还有里普利（哥伦比亚大学的新生），一开始都是在诺顿·哈杰斯救护车队服役的，后来美国部队接手了，他们全都去了南面的意大利前线。战争最后一年的二月，史蒂夫·华纳在报纸上看到了阿比西尼亚[1]的泰图女王去世的消息，于是石榴汁卫士们全体为她过了一个守灵夜。

1　埃塞俄比亚的旧称。

他们喝光了所有的朗姆酒,还高唱挽歌,直到部队里的其他人全都以为他们疯了。他们坐在月光下敞开的窗口旁的暗处,身子裹在毛毯里,喝着温热的餐后甜酒。有几架奥地利的飞机在头顶上嗡嗡作响,又突然关掉了引擎,就在他们的前方扔下了几枚炸弹。防空炮火响了一段时间,榴霰弹在月色朦胧的天空里闪光,但他们都醉得一塌糊涂,谁也没有注意到。一枚炸弹直接掉进了布伦塔河,另外三枚闪着红光落在窗前的空地上,同时以三声巨响震撼了整幢别墅。天花板上的石膏吊顶掉下来了。他们还能听见房顶上的瓦片纷纷坠落的声音。

"天哪,现在几乎已到了说晚安的时间。"萨默斯说。史蒂夫唱了起来:"我的阳光和生命从那扇窗户里飞了出去。"但其他人用走调的 Deutschland, Deutschland über Alles[1] 的歌声盖住了他的声音。他们突然间都觉得自己真的喝醉了……

"伙计们,"弗莱德·萨默斯还在滔滔不绝,"这里不是战场,而是一座他妈的疯人院……是他妈的库克旅游团。"对我们中的许多人来说,一直到最后它都是一场游览西欧的他妈的疯

---

[1] 德语:《德国,德国高于一切》。

狂的走马观花，但对那些在部队里待了更长时间的人来说，它不仅于此。

厄内斯特·海明威的《永别了，武器》里的主人公，是在意大利救护车队里担任中尉的美国人。他喜欢意大利人，至少在卡波雷托战役发生前是这样；他蔑视奥地利人，对德国人是既害怕又崇拜，我们几乎不知道他有任何政见。当一个朋友对他说："今年夏天发生的事不会白白发生的。"他没有任何反应。

我总是对神圣、荣耀、牺牲这一类词感到尴尬，我觉得这样的表达是徒劳的。我们能听见这些词，有时站在雨里，几乎在听力范围以外，因此我们听见的就只有咆哮的声音。我们也看见过这些词，在公告牌上贴出来的一份份告示上，而如今在很长一段时间里，我没有看见任何神圣的东西，以前曾经荣耀的事已经失去了荣耀，牺牲就像芝加哥的屠宰场，那么多的肉已经腐烂，除了掩埋别无他用……荣耀、名誉、勇气，或者神圣都是一些抽象的字眼，都是下流的把戏，我们只知道村庄的具体名字，路上的门牌号码，河流的名字，部队的编号，以及今天是几几年几月几号。吉诺是一个爱国者，尽管他有时说出来的话令我们精神分裂，但他仍是一个好孩子，而且我知道他是一个爱国者。他生来就是爱国者。他和佩杜齐一起坐车走了……

两天后,德国人突破了卡波雷托防线。

人们排着长长的队伍从一条河走到另一条河,从伊松佐河对岸的山脉出发沿着雨中的泥泞小道,撤退到塔利亚门托河平原。这是美国文学中为数不多的著名的战争故事之一,只有《英勇的红色勋章》和安布罗斯·比尔斯的一些短篇小说能与之媲美。海明威描写的不是一支军队,而是在撤退中的每一个人,长枪顶着病恹恹的农场里的马的脑袋,弹药卡车的水箱盖离载着桌子、椅子、缝纫机和农具的大车的后挡板只有两三厘米的距离,在它们后面的救护队、山炮部队、牛羊、军用卡车,全部往南走。一群群提心吊胆的农民,一眼望不到头的穿着灰军装的步兵在雨中穿过了一辆接一辆的抛锚卡车。弗雷德里克·亨利中尉也在撤退的队伍里,指挥着三辆救护车和六个人,在泥泞的小道上丢弃了汽车,由于死亡和开小差,跟随他的人也越来越少。他击毙了一个企图逃跑的意大利上士,尽管他在骨子里从没有真正参与过战争。他曾在罗马学习建筑,为了体验战争自愿报名入伍,在部队里待了两年,在此期间他因负伤而获得了勋章。如今,他厌倦了这所有的一切,只想逃离战争。

在他往南逃的路上,同样往南的德国人从他旁边经过,和他走在平行的道上,他们的头盔从墙头露出来。受惊的意大利人朝他开枪。雨不停地下,整个的经历、欧洲、意大利、战争,都成了一场噩梦。而他自己呢,则像一个和噩梦里的魔鬼待在一起的无助的人。只有在梦境里,他才会觉得一切都是真实的——爱情是真实的，童年的记忆是真实的。"干草的气味很好闻。躺在谷仓里的干草堆上，这一切和现在隔得多么遥远啊。我们躺在干草堆上，说着话，用气枪打着在谷仓高高的三角墙上歇息的麻雀。那时的谷仓现在已经没有了，一年后他们还砍秃了铁杉林，原先是树林的那块地方现在只有树桩、干枯的树梢和树枝，以及野草。你回不去了。"童年的家乡已经一去不复返，你和它之间已经没有任何联系了。

我相信，这就是战争对我们最终的影响。这是在如"迷惘的一代"这种做作的语汇背后的真实感情。大中小学使我们在精神上断了根，如今我们又在物质上断了根。成百上千的我们，成千上万的我们，脱离了我们自己的土壤，就像被一台挖土机铲起来，然后被抛在陌生的人群中。如今，我们所有的根都已经断掉，甚至包括我们古老的盎格鲁-撒克逊文学传统，甚至包括我们的社会阶层所普遍具有的那种沉着和节俭的气质。陌生人为我们提供食宿，提供衣物，陌生人指挥我们。我们染上了不负责任的毛病——还有爱旅行、追求刺激的毛病，它使得我们过去的生活显得不堪忍受。然后，就像开始一样突然，战争结束了。

刚听到停战的消息时，我们感到了一种深深的宽慰，简直难以形容，我们都去喝了个酩酊大醉。我们熬过来了，我们还活着，明天不可能再有人牺牲了。我们为之战斗的综合型祖国——法国、意大利、同盟国，我们的英国故乡、民主、小国的自主权——赢得了胜利。我们在大街上跳舞，拥抱老妈妈和漂亮姑娘，在小酒吧里和士兵们起誓我们的兄弟情谊，我们勾着胳膊喝酒，我们拿上香槟穿梭在大街小巷，然后在随便哪个地方入睡。第二天，我们在宿醉中醒来后，不知道做什么好，于是我们又去喝酒。但是，随着时间的流逝，那种陶醉，那种喜悦的泪水，也渐渐褪却了。而我们的那个综合型祖国似乎也分裂成了大吵大闹的政客、石油大王、钢铁巨头。我们自己的国家里通过了禁酒令，就像颁发了一张我们和祖国之间的离婚判决书，它再也不是我们的祖国了。但是，我们除了回国外，没别的地方好去。我们回到了纽约，更确切地说，是回到了一个和我们没有任何关联的地方，在那里你遇见的每一个人都来自另一个城镇，而且都希望把自己的故乡快点忘掉。那里的每个人似乎都没爹没娘，都是从石头缝里蹦出来的，都没有比昨晚的派对更远的过去，也没有比今晚的派对或明天要写的一本幻灭的书更远的未来。

第二章

波希米亚区的战争

1. 漫长的休假

经过了大学和战争，我们中的大部分人都漂泊到了曼哈顿，到了第十四街以南的那些曲里拐弯的区域，在那里你可以每周花两三块钱租下一个带装修的一室户，或者以每月三十块钱的房费租下一栋危房的顶楼。我们来到格林威治村，但从来没想过要做村民。我们去那里仅仅因为那里的开销很便宜，因为我们的许多朋友已经去了那里（从他们写的信来看，那是一个很有魅力的地方），因为对一个青年作家来说，纽约似乎是可能出版他们的作品的唯一一座城市。也有一些人在战后仍留在欧洲，还有一些人直接带着大学文凭去了巴黎：他们都是有钱人。但其余的人都属于喜欢艺术的无产阶级，所以我们都去了格林威治，因为那里是穷人的天下。

我在几年前这么写道："我们分为两派人：一派是在地板上刷黑漆的（他们可说是最后的唯美主义者），另一派是根本不在地板上刷油漆的。我们放在壁炉架上的大学课本和《朱尔斯·拉弗格全集》已经布满灰尘，旁边还放着几只盛满了烟蒂的烟灰缸。外面的街道就像格兰·古尔曼早期的绘画作品：19世纪初叶的那种低矮的红砖房屋，凌乱不堪的门廊，覆盖着一层脏兮兮的雪的人行道，在这幅画面的前景里，有一个老妇正弯腰背着一袋破布。"

黑雪融化了，二月的狂风刮到了三月。这场战争似乎从来也没有发生过，或者说是一场别人的战争。我们准备继续从高中时就开始了的工作，把自己锻炼成作家，选择作家来进行模仿，确定自己想要表达的意思，并说服杂志让我们说出想说的意思。我们必须挣钱糊口，要考虑找工作的事，因为战争已经结束。但是除了我们很少提起的回忆外，战争留给我们的只是一个极不确定的未来和对寻欢作乐的强烈爱好。我们就像因受伤而回国修养的士兵，只剩下了最后的几天，此时的每一刻都像是死里逃生。我们虽然身无分文，但对此满不在乎：我们跟着嘎吱嘎吱的旧唱片跳舞——《一年前你叫我甜妞》《你好，接线员，请给我接无人岛》——我们有了性爱的初次体验，我们一会儿大吵大闹，一会儿又嘻嘻哈哈，我们说的笑话就像大海一般无边无际，而且没有任何意义。我们依然兴高采烈地胡吃海喝，有一种神奇的力量在操纵着我们，尽管我们已经脱去了军装。我们走在格林威治大道上，在库什曼面包房外停下脚步，嗅一嗅热面包的芳香。春天的早晨，每一只垃圾桶上都盖了一层碧绿的菠菜叶。

现在已是四月，漫长的假期仍在继续……早晨十点，你在出租屋的脏被窝里醒来。阳光从绿色的百叶窗的缝隙里透进来。梳妆台上放着五十美分，那是向昨天夜里最后一个下楼去唱歌的客人借的：即便按战时的物价，这点钱也足够买双份早餐——鸡蛋、黄油、一条面包，一杯柚子汁。等你喝完第二杯咖啡，就会有一个客人前来，然后是再来一个。你可以问他借五十五美分买一瓶最便宜的雪利酒。有人会建议过河去斯塔滕岛上玩玩。晚饭不成问题，因为晚上总有节目的。每周五晚上在韦伯斯特音乐厅有舞会，去那里的全都是上城的那些烂人，他们去那里看格林威治村民狂欢，请他们喝酒，而得到的回报却是对他们的嘲讽。周六晚，大家都在卢克·奥康纳的沙龙里聚会，那里叫作"打工女郎之家"。周日夜晚总有牌局，大家一边侃大山一边开玩笑，同时用假想的赌注打牌。当时，所有的一切都能成为没话找话的借口。派对从来也不会停止，如果持续到第二天早晨，那么很可能会以"集体睡觉"来收场。女主人会拉下床垫，并排放在地上，然后摊开厚毛毯，把它们平铺在床垫上，这样十来个人就可以将就地睡在一起了，只要晚上没人打呼噜就好。有天晚上，你睡熟后，发出了惊雷般的呼噜声，你被自己吵醒了，听见你的小伙伴在睡意蒙眬地骂那个打呼噜的家伙，于是你也假惺惺地帮着他骂上几句。不过，在上床睡觉前，你总会问别人借五十美分买早饭。有八小时的先见之明就足够了。等咖啡壶空掉后，总会有兜里的钱足够买一瓶雪利酒的贵客前来。

但这样的生活是不可能永远持续的。在四月底的某个细雨蒙蒙的清晨，你醒来意识到自己是个已婚人士（你妻子，也许正在遭受着干咳的罪，担心这样咳下去会得肺结核）。就算家里有钱汇过来，也一定不会很多。也或者刚巧你得的流感初愈，流感对你那一年的生活产生了很大的影响：它使你身体虚弱，头脑清醒，使你被人性和自我折磨得死去活来。你摇摇晃晃地从医院里出来后，坐在酒馆后面的一个包间里，白木的桌子上有一股泼翻啤酒后留下的酸味，思考着自己渺茫的前途。你一直靠借钱过日子，连时间和房子也都是借来的。三个月过去了，愿意借钱给你的人和你开口问人借钱的勇气都已消失。现在，已经没有部队会像你那既可恨又可爱的父母那样为你提供吃提供穿。不论下一顿饭出自哪里，你都必须自己买单。

在接下来的几个礼拜里，你也没有真正混到饿肚子的地步，总能找到挣几个小钱的方法。你每周去一次《日暑》杂志的编辑部，这是一本双周刊，就像《国家》杂志。有位编辑是你老婆的朋友，他会给你五六本蹩脚的小说，让你给每部小说写五十到一百字的评论。评论发表后每篇可得一块钱，但这也许发生在数周后，也可能甚至发生在数月后，而在此期间你都必须吃饭呀。于是，你会带上这些书，坐到联合广场的一张长椅上，匆匆地把它们浏览一遍，同时做好笔记——在两到三个小时内你就可以把一切都搞定，然后你把那些书抱到第四大道上的一家旧书店，店老板会以每本三十五美分的低价买下这批书。你会觉得他出的钱已经超过了这些书本身的价值。口袋里有了二十一美分，你就可以买面包、黄油、羊排、公牛牌香烟，还可以买一袋煤。然后，你就可以在家里的壁炉里烤你的羊排了，因为女房东忘了付煤气费，就像你忘了付给她房钱一样。你们是好朋友，在开派对的时候她也会受到邀请。第二天早晨，你会写书评，然后开始设法多搞几块钱。

你开始觉得一天吃一顿饭就是每个人的足够需要，你搞不懂为什么别人一天要吃好几顿饭。六月底的一天，你坐在谢里丹广场上，构思一首诗。"小伙子，别待在这儿。"一个警察对你说，于是，你忘记了你的诗。你朝着远处的伍尔沃斯大楼往南走，一边在脑子里想象着一场纽约革命。那年夏天，空气里弥漫着革命的味道。西雅图的大罢工已经失败，但是钢铁产业的大罢工已经准备好了，还有煤矿罢工，还有铁路工人要求国有化——这些都算是革命，但你想象的是另一种革命，那种以人们在大街上翩翩起舞、每个街角都打开了一桶桶的苹果酒、每只酒桶的旁边都放着刚烤好的火腿肉（你切下一块时会有肉汁淌下来的那种）作为起点的革命。然后——不过那要等到你吃完最后一块火腿，喝完一大杯苹果酒，用苹果派填满肚皮之后——你会开始做把警察吊在路灯柱上的活儿，或者更好的做法是吊在高架铁路的枕木上，每个警察旁边再吊一个卫理公会的教士，每个教士旁边再吊一个娘娘腔的诗人。至于编辑嘛，可以用印刷厂的油墨把他们毒死，他们会死得很惨，把油墨呕吐在白纸上。你憎恨编辑、写娘娘腔诗歌的诗人、警察、教士，你憎恨城市的街道……然后，在突然之间，街道变黑了。你甚至没有时间感觉到头晕。人行道升起来，直接撞上了你的眉心。

没人会来救你，甚至没人会注意到你昏倒在地。你跟跟跄跄地爬起来，蹒跚地走向一辆街头售货车，用你仅剩的十美分买一条面包和一杯咖啡。革命推迟了（因为我饿了，警官，我实在太饿了），战争已经结束（听着，士兵，你现在已经退伍了，你回来种田了，你会发财的，你这个狗娘养的）。现在，战争已经结束，你那悠长的假期也已经结束。是时候找一份工作了。

2. 格林威治村的思想

在那些日子里，一队又一队的士兵在霍博肯登陆，穿着全套军装在第五大道上游行，而美国人正在西伯利亚和布尔什维克交战，保卫着莱茵河——在休战后依然好战的日子里，在格林威治村和《星期六晚邮报》之间也在进行着一场私下里的战争。

别的杂志也在为同样的事战斗，但《晚邮报》最固执，也最有实力，可以被视为是侵略国的代表。它登载了格林威治村的事，登载了反对它的社论和文章，登载了严肃或轻佻的系列文章，以一种非难或警告的态度攻击格林威治村的习俗，登载了专门为他们供稿的作家写的幽默文章，还有漫画，画上的格林威治村民男的都是长发披肩，女的都是一头短发，还都戴着奇奇怪怪的角质边框眼镜——总而言之，在钢铁产业大罢工或帕尔默袭击之前的一连串以谩骂开始的战斗，一直贯穿了整个爵士时代、经济繁荣期和大萧条时期。谩骂的内容总是大同小异：格林威治村是一个娘娘腔的聚集地，住在那里的都是傻子和骗子。骗子用立体主义和无韵诗的幌子来兜售莫斯科的异端邪说。傻子最后会治好愚蠢的毛病，他们会忘掉这套艺术的鬼把戏，回到在南湾、印第安纳的家庭生活，去推销汽车，每天晚上穿着拖鞋坐在沙发上，孩子们头上戴着用《星期六晚邮报》的广告页做的纸帽子在他们的脚边玩闹。格林威治村正在死亡，已经死掉了，尸臭冲向高空，冲向费城……

格林威治村的村民们没有直接回应这场攻击，他们组织了一场自己的运动，来抵制似乎以《晚邮报》为最高权威的文化。他们进行了尸检，为美国文明写讣告，他们动摇了在这个国家的脚趾上的那层标准化的尘土。显然，这是一种象征性的对抗：一方是美国中产阶级的大扩音器，另一方是美国的艺术及生活艺术化的拥护者。这儿，在它的终极阶段，是一场波希米亚和布尔乔亚之间，诗人和财主之间——维庸和奥尔良主教、济慈和季刊评论员，鲁道夫、咪咪[1]和房东之间——永恒的战争。但

---

[1] 鲁道夫和咪咪是意大利作曲家普契尼的歌剧《波希米亚人》里的人物。这出歌剧是根据亨利·缪尔热的小说《波希米亚人的生活场景》改编的。

也许，如果我们评价一下这段斗争的历史，我们就会发现其实它不是表面上看来的那回事，这种敌意也没有离我们多么遥远。

两个世纪前的亚历山大·蒲柏，作为财主和体面的一方参加了一场反对贫民艺术的相似的运动。在写《愚人志》和《致阿布斯诺博士书》时，他把所有的敌人归并在一起——小气的烟纸店老板、搞同性恋的爵士、头发像乱稻草的老学究；但他把最深思熟虑的抨击给了住在寒士街阁楼里的人们，一辈子都在躲避税务官的剧作家，"被从破碎的窗户里吹进来的和风诱入梦乡的"史诗作者。他指责这些人喜欢造谣、反应迟钝、偷盗、谄媚、忘恩负义，简直是对人类和缪斯的侮辱。他没有加在他们身上的唯一罪名大概只有矫揉造作了。他们不是在假装贫穷。他那个时代里穿破衣烂衫的弥尔顿们几乎都不是有钱人家的孩子，他们不能回到诺丁汉或布里斯托尔的老家，靠出租马车过上舒适的生活。如果他们"靠写一篇波斯故事来挣半克朗"，这通常只是因为他们没有别的手段来赚半克朗，来让自己逃避被关进欠债人监狱的灾难。蒲柏攻击他们的实质，仅仅因为他们都是穷人，他们属于一个比他地位低的阶层，他们没有任何财产可以继承，他们没有绅士们住的大宅，也没有绅士们的那种文明礼貌，或者是对明天的晚餐没有任何担忧的绅士们的那份从容：

然而吉尔顿在那时拿出了一支旧鹅毛笔；
我希望他能吃上晚饭，而且能吃饱。
然而丹尼斯在那时又恨又恼地咆哮起来；
我从来不理会他，我又没有欠债。

蒲柏是个比他的对手聪明得多的诗人，但他用来对抗他们的力量却不仅靠智慧和诗歌。在他背后，积聚着一股巨大的力量，那就是18世纪的贵族对于想要闯入文艺世界的贱民们的普遍偏见。他是在进行一场文学的阶级斗争，在斗争中活下来的人全都身负重伤。对于无数爬格子的穷光蛋来说，这场斗争意味着是挨饿还是吃烤羊肉（他曾在一家烧烤店的橱窗外对着它垂涎三尺），他在心里对自己发誓说，只要他的赞助人能给他一个几尼，他就一定要去吃那个烤羊肉。《愚人志》出版后，赞助人收紧了钱袋。蒲柏使寒士街遭到了沉重的打击，却没能使波希米亚人损失分毫。这一点很重要，理由非常简单，因为在乔治国王和安妮王后的伦敦，还没有波希米亚人可供蒲柏去攻击。

寒士街就像写作这门手艺一样历史悠久——在亚历山大里亚、在罗马，它已经是一个挤满了人的区域；波希米亚思潮比浪漫主义思潮的历史更年轻。寒士街在任何国家任何文化的中心城市里遍地开花，它欢迎每一个用铅笔或毛笔挣一份如走钢丝一般的生活的文艺人。波希米亚主义是对产业资本主义的一些主要特征的反抗，它只能存在于资本主义社会。寒士街是无产阶级知识分子不得已而采取的一种生活方式，波希米亚主义对各个经济阶层的公民都有巨大的吸引力，波希米亚人里有不少百万富翁，但他们都喜欢模仿那种身无分文的艺术家的生活习惯。波希米亚主义就是浪漫化的、教义化的寒士街，而且对这点具有自我意识；它是公开展览的寒士街。

波希米亚主义起源于法国，而不是英国，大致上的诞生时间为1830年。因此，它是和拿破仑战争后的法国工业同时崛起的。法国的浪漫派诗人感觉自己受到了压制——也许应该归咎于那位伟大的帝王，缪塞就是这么认为的，他的阴影笼罩着他们整个的童年。也许应归咎于科学，或者是工业革命，也或者仅仅因为淘金热，因为人们加在他们身上的陈腐的道德观和愚蠢的政见；不管怎么说，他们都必须脱离中产阶级社会。他们中有些人成了革命党，有些人在纯粹的艺术中寻找庇护，但大多数人在追求一个能让他们自由生活的现实世界，在这个世界里他们能坚持自己的贵族理想，同时又能生活在木匠和女工们中间。第一批波希米亚人，那个世界里的第一批居民，是泰奥菲尔·戈蒂耶和热拉尔·德·内瓦尔的朋友，他们是出身良好的青年人，是一群有钱按自己喜欢的方式生活的少爷和公主，但他们的传奇故事在二十多年后被一个名叫亨利·缪尔热的平庸的穷作家传播到了海外，缪尔热的父亲是一个移民巴黎的德国人。

缪尔热放弃了接受正规教育的所有希望，小学毕业后，他觉得自己不想子承父业做裁缝，就开始写一些蹩脚的诗歌，画一些不像样的画，与此同时靠自己的智慧来维持生活。不久，他加入了一个叫作"饮水人"的组织，因为他几乎已经无力负担一瓶饮料了。十来个天赋不高、野心却高得吓人的小伙子，住在牛棚顶上的茅舍或阁楼里，在饥饿的鞭策下努力工作，用区区几个法郎换取一段小小的享乐。有一年冬天，他们第一次拥有了火炉，就是在楼板上挖出来的一个洞，牛棚里的牲畜的体温会通过这个洞传到他们的房间里。他们遭受着穷艺术家的职业病——肺结核、伤寒、肺炎——的折磨。他们全都因营养不良而病恹恹的。约瑟夫·德布洛斯死于1844年冬，他是一个出色的雕塑家，也许是这群人里唯一的一个天才。他的葬礼已是饮水人组织在连续六周里的第三次，为了买一个放在坟头的木十字架他们掏空了口袋。当最后一铲泥土填进去后，挖墓人站在那里等着他们给小费，可这群人身上连一个苏都没有了。

"没关系，"挖墓人审视了一下这批送葬人，大方地说，"下次再给好了。"

春天到了，他们的情绪随着气温一起上扬。一天晚上，他的朋友们用水彩颜料绘制作战地图，缪尔热出人意料地给他们讲起了故事。他们足足听了两个小时，不时发出咯咯的浅笑或捧腹大笑，直到有个人在笑得人仰马翻的间隙里严肃地建议他放弃写诗，改写小说。几天后，他采纳了这个朋友的建议，写起了朋友们的生活，这是他唯一真正了解的生活。就他个人来说，他恨这种饥寒交迫的生活，只要有办法就想尽快摆脱这种生活，但在写作上，他却想尽量把它写得迷人一点以吸引读者们的眼球。

通过《波希米亚人的生活场景》一书，他取得了空前的成功，远超他自己的奢望。他的成功不仅在于写出了一本畅销书，一本被翻译成二十国语言、被成功地改编为一出歌剧、让它的作者可以过上舒适的资产阶级生活的畅销书，还在于改变了公众对这一人群的看法。寒士街，吃不上晚饭的吉尔顿拿出一支旧鹅毛笔的寒士街，遭人唾弃的寒士街，学徒、失败的人以及亨利·缪尔热寄居在那里的寒士街，变形为光辉璀璨的波希米亚居住区。这种不情不愿的权宜之计变成了一种永恒的生活方式，变成了一种充满仪式感和具有标志性服装的异类文化，变成了不仅被或年轻或年迈或富有或贫穷的艺术家们所热捧的，而且在多年后被设计师、造型师、报纸杂志的编辑、室内装潢师、色狼、男同性恋、赞助艺术的百万富翁、施虐狂、打牌骗子手、无政府主义者、靠离婚后的赡养费生活的女人、疲惫的改革家、教育贩子、经济学家、瘾君子、醉醺醺的剧作家、裸体主义者、饭馆老板、股票经纪人和渴望表现自我的牙医所热捧的一种信条。

甚至在缪尔热仍健在的时候，波希米亚文化就已经从法国渗透到了别的欧洲国家。占领了巴黎的整整一个区后——其实是三个区，因为它从米歇尔大道延伸到蒙马特，再延伸到蒙帕纳斯——它又在慕尼黑、柏林、伦敦、圣彼得堡建立了新的聚居区。在19世纪50年代末，它的势头来到了纽约，在下百老汇人行道底下的查理·普法夫的大啤酒馆里设立了总部。1894年的"翠尔比"[1]热再次催生了几十个波希米亚团体和杂志。在纽约，一位作家解释说真正的波希米亚人也许存在于百万富翁的餐桌前。在费城，住在市场街南面的一对新婚夫妇用这样的话来招待来宾："大家千万别客气，你知道，我们是彻底的波希米亚人。"在整个的西方世界，波希米亚主义和传统社会之间正进行着一场旷日持久的战争，但是在年复一年的战争中，敌对阵营里的改变信仰者也越来越多了。

当美国杂志界在1919年发起反攻时，一个有趣的现象产生了。纽约的波希米亚人，格林威治村民，与《星期六晚邮报》的读者完全来自同一社会阶层。他们的政见模糊不清，对福特汽车或通用电气不构成任何威胁：战争摧毁了他们在政治上的行动力。他们只想往上爬，让无产阶级见鬼去吧。他们的经济标准就是美国小商人式的。

工艺品商店的模式刚刚起步。他们本来是为了逃避迪比克和丹佛那种被商业控制的文明所带来的压抑影响而来到格林威治的，但现在有许多村民已经开始做起了生意，而且有更多的村民也正准备加入进去。他们可以开茶馆、古玩店、书店，是

---

[1] 英国作家乔治·杜穆里埃的小说《翠尔比》中的女主人公。

的，也可以开棋牌室、舞厅、夜总会和不动产中介店。通过雇佣商店店员，他们成了劳动力的剥削阶级。如果成功，他们会把一家小饭店拓展为连锁饭店，这些饭店的环境全都自由轻松、令人愉快，但都按照商业操作的最高标准来运营。有些人出租房屋，把房间改造成工作室式样，对新来的租客收取三倍到四倍的房费。有些人坚持绘画或写作的老本行，慢慢地建立起地位，最后他们的小说或插图会被《科利尔》杂志或《星期六晚邮报》接受。还有一种情况，我相信，编辑们会怂恿格林威治村的作家写一些嘲讽村民的小说，而有些作家会欣然接受他们的建议。当然，在他们喝得有点飘飘然的时候，也会抱怨这是在搬起石头砸自己的脚。但他们还有别的什么手段来维持他们的生活标准呢？他们的意思是，如果他们不为《星期六晚邮报》供稿，他们就不可能有《名利场》杂志的读者那样的生活。

在接下来的十年经济繁荣期里，许多人的情况就是这样的。如果他们写的书获得了成功，如果他们获得了一份丰厚的商业广告合同，他们会在康涅狄格购置房产，房子最好不要离海湾太远。他们雇佣管家，把孩子送到圣某某学院去念书；他们收藏高橱矮柜、老式大床；他们参加当地的狩猎活动，为了赢得一袋茴香，他们穿着红风衣骑马越过新英格兰的石篱笆和酒红色的漆树林。在这样的寻欢作乐中，他们仍在哀叹美国的生活标准，而杂志上仍在持续着对格林威治村的攻讦。你开始怀疑有些村民，甚至是那些仍住在下十四街的人，他们并不反对这种引人注目的名声，这种名声把游客引进私人老巢，把顾客引进老古玩店从而抬高了房价，他们中的一些人已开始干起地产投机来了。整个事情就像一场虚假的战争。然而在骨子里，这是一场真正的思想斗争，不久这场斗争就会在整个国家的习俗中体现出来。

格林威治村不仅仅是一个地点、一种氛围、一种生活方式，就像每一个波希米亚社区那样，它还是一种教义。自戈蒂耶和缪尔热的时代以来，这种教义就在精神层面上保持了一致，但在某些细节上发生了变化。在1920年，它成为一种大致可归纳为以下几点的思想体系：

1. 由儿童来拯救世界的思想。——每个人在刚生下来时都有特别的潜能，然后一个标准的社会和机械的教育方式会慢慢地磨折它、摧毁它。如果能建设一种新的教育体制，这种教育能够鼓励孩子们发挥他们的个性，能够让孩子们像花朵一般自由绽放，那么这个世界就会被新生的、自由的一代人所拯救。
2. 自我表现的思想。——每个男人、每个女人的生活目标都是为了表现自我，通过创造性的工作，在优美的环境中优美地生活来实现自己完整的个性。
3. 异教思想。——我们的身体就是一座教堂，里面没有一件东西是不洁的。我们要用爱的仪式来祭拜这所圣殿。

4. 活在当下的思想。——收集只有在我们年迈时才会欣赏的财宝是一件愚蠢的事，因为到时我们已经没有了欣赏的能力。机会来时就得抓住，然后牢牢地控制住，哪怕以牺牲未来为代价。生活过得最好要奢侈一点，六月的玫瑰花最好多采撷几朵，"把蜡烛的两头都点上……你看那光辉多漂亮"。

5. 自由的思想。——阻止人们自我表现、妨碍人们充分享受当下的任一条法律、传统或艺术规则都应该被打破、废除。清教主义是我们的死敌。反对清教主义的十字军是能够把追求自由的人们联合起来的唯一真正的十字军。

6. 女性平等的思想。——女性应该在经济和道德层面上与男性平等。她们应该拥有同样的工作环境、工作报酬，拥有同样的喝酒、抽烟、寻找情人和蹬掉情人的自由。

7. 心理平衡的思想。——我们不快乐，因为别人对我们的评价不公正。别人对我们的评价不公正，因为我们受到了压制。如果我们的个性不再被压制，通过对一个弗洛伊德主义的心理学家敞开心扉，那么我们就能在任何环境里保持平衡，而且可以乐在其中。（但弗洛伊德主义只是调整心理的方法之一。我们的问题也许出在内分泌失调，通过一个小手术或仅仅每天服用一剂甲状腺素，我们也许就能完全改变个性。我们还可以通过古尔杰耶夫[1]教我们的某种心理—生理原则来取得心理平衡。所有这些方法的含义都是相同的：环境本身无需改变。这就解释了为什么有那么多激进分子最后都相信了心理分析、腺组织理论或古尔杰耶夫，放弃了他们原本的政治激进主义。）

8. 换个地方的思想。——"欧洲人做事情的方式更好。"英国人和德国人有古老的文化智慧。拉丁民族令人尊敬地保持了异教的传统。通过自我隔离，通过移居巴黎、卡普里或法国南部，艺术家们可以打碎清教主义的枷锁，自由地畅饮、生活，充满了创作的灵感。

所有这些，从《星期六晚邮报》代表的做生意的基督教的道德立场来看，都是堕落的思想。这种旧的道德观对大多数人来说都很熟悉，但是它有一个主要的特征尚未引起人们足够的重视。从本质上讲，它是一种生产的道德观。它认为的伟大美德是勤奋、有洞察力、节约、个人的主动性。工人要更勤奋，这样才能为老板生产更多的产品。他应该把眼光看向未来，这样他就会把钱攒起来，将来自己做老板。然后，他应该发挥主观能动性，建设自己的新工厂，让别的工人们在那里为他勤奋地工作，直到轮到他们做老板。

---

[1] 原注：乔治·伊万诺维奇·古尔杰耶夫（1877—1949），生活在法国的俄罗斯人，自创了一种主要来自瑜伽的神秘治疗法。他的主要门徒有《新英语周刊》的编辑A.E.奥拉奇。1924年春，奥拉奇在纽约的时候，争取到了许多信徒，其中主要都是一些很早就住在格林威治村的人。

在这一进程中,许多人都遭受了贫困的生活:大多数工人的生活质量都很低下,因为繁重的体力劳动而搞坏了身体;就连老板自己也不会过什么奢侈的生活,尽管他们能轻松地追求它,而是把钱再投资到生意上。不过,话说回来,我们的身体不是用来胡吃海喝的,它只是我们暂时的居所,我们应该通过自我克制来换取天堂里的荣耀。而在人间,我们的义务就是积累更多的财富,制造更多的商品,至于这些商品的最终用途则无需我们担心。无论如何,这些商品都会被吸收消化的,毕竟,西方有新开辟的市场,海外有新建立的国家,攒钱提高自己地位的工人们的购买力也在增加。

这就是刚刚起步的资本主义的道德标准,而且它还特别行之有效,只要一个地区的土地和人口比它的工厂增速更快就可以了。但是战后,形势变了。我们的工业以前因为有巨大的需求而获得了长足的发展,可现在这种需求突然停止了。为了让工业的齿轮继续转动,必须建立新的国内市场。光有勤奋和节俭已经不够了。必须有一种新的道德观来激励人们购买,一种消费的道德观。

刚巧,格林威治村的许多思想被证实在改变了的环境中行之有效。比如,自我表现和异教主义刺激了各类商品的需求——现代家具、沙滩睡衣、化妆品、彩色的卫生间搭配彩色的卫生纸。活在当下就意味着买汽车、买收音机、买房子,现在先享受起来,付款等到明天再说。女性平等使原先只有男性使用的一些商品的消费量倍增——比如香烟。就连换个地方的想法也能刺激到这个国家的经济，艺术家们因这种想法而流放海外。艺术的流放也是贸易的传教团，在不知不觉中，他们提高了国外市场对自来水笔、长筒丝袜、葡萄柚和便携式打字机的需求。艺术家们引来了一大批蠢蠢欲动的游客，这样就让轮船公司和旅行社赚了个钵满盆满。一切都适合于做生意。

我的意思并不是说格林威治村是道德革命的发源地，这种道德革命影响了我们战后整整十年的生活，我的意思也不是说大工业故意要把这个国家打造成一个追求奢侈、寻欢作乐、不考虑未来的国度。

新的道德标准是适应形势而来的，它和格林威治村没有任何关系。实际上，它也不是什么新生事物。甚至在清教主义全盛的时代，也总有一股淫逸的潜流存在。美国人喜欢铺张浪费的性格是欢迎这股潜流的，只不过地狱烈火的说教和建设新美国的艰苦抑制了它。老波士顿、普罗维登斯、康涅狄格的郊区，全都有下流社会。清教主义在美国如此强势的原因也许就在于要一举击败顽敌，它就不得不强势。但是在战前的二十年里，随着国家变得越来越富有，这种思想已经江河日下了，而战争本身就是清教主义的危机和失败。

所有的道德标准在摧枯拉朽的战争环境里都不堪一击。不仅仅是和我同龄的小伙子，在部队里服役的小青年，最终改变了信仰，他们的兄弟姐妹也以各自不同的方式受到了影响。父亲不在了，也许母亲在为伤员包扎，或者和孤独的军官一起参加茶舞会，这样的话，男孩和女孩就能随心所欲了。他们可以第一次不带上监护人就去参加舞会，可以开自家的汽车，可以把车停在路边谈情说爱，然后到半夜里才回家，喝得醉醺醺的，门廊里也没有人会跑出来责骂他们。他们充分利用了这种偷来的自由——是啊，我们也许可以这么说：这场道德革命始于中产阶级的孩子们的叛逆。

但所有一切都共谋促进这场革命。禁酒令来了，给这种新的习惯披上了一层非法的迷人色彩；经济的富足使人们有能力去寻欢作乐。弗洛伊德心理学也为追求享乐提供了哲学依据，使得压制享乐变成了一种背时代潮流而动的思想。再后来，黄色杂志和黄色电影，甚至教堂的讲坛，也开始宣传起了这场正在发生的静悄悄的革命，于是，这场革命没费多大力气就取得了胜利。而这所有的一切，都和格林威治村无关。即便是格林威治村根本不存在，这场革命也依然会发生，但是——这一点很重要——它的发展轨迹会发生变化。格林威治村，在革命方面具有悠久的历史，它把一种形式附加在这场运动上，创造了它的风尚，给作家和画家提供了素材，让他们尽情地把它表现出来。而对于美国商界来说，尽管它事先并没有计划，但它还是以最快的速度利用了形势，开发出香烟和化妆品的新市场，并且清醒地意识到，要在杂志或电影里做广告，兜售性感是最有效的手段。

在商业的配合下,格林威治村的标准延伸到了整个国家。东部和西部的妙龄女郎都开始剪短发,先留长再剪短。她们经历了那个在舞会前把胸衣寄放在衣帽间和不穿胸衣的时代。在她们谈到自己的小情侣时,也没有了过去的那种忸怩。在黑色和橙色相间的茶室里吃午饭时,她们会一边抽烟一边说着担心自己怀孕了、要怎么怎么避孕之类的话题,就像格林威治村的翻版。四十岁的中年人也受到了青年一代的影响,他们花钱大手大脚起来,杜松子酒也比以前喝得多了,互相交换老婆享受性爱,喜欢抱怨他们得了神经官能症。房间装修得像是工作室。速记员去参加派对,学着老板、老板的女朋友,以及女朋友的丈夫的做派。所谓的"派对",是指男人和女人聚在一起喝杜松子鸡尾酒,打情骂俏,在留声机或收音机的音乐里翩翩起舞,聊聊不在场的朋友们的八卦,这实际上已经成为了美国流行文化最主要的构成部分。没有人会去在意派对在美国的历史其实非常短。派对从1830年由法国浪漫派创造的"狂欢"一词发展而来,不过它最初也是由格林威治的村民引进到这个国家里来的——在它被科科摩的推销员和更年轻的堪萨斯城乡村俱乐部会员采纳之前。

无论你在哪里实践格林威治村的思想,你都是在推广格林威治思想。就连《星期六晚邮报》也会受到它们的影响。早在废除禁酒令之前,《晚邮报》就已经在动摇自身的基础。在《晚邮报》登载的小说里，有涉及饮酒、性交和出轨的内容；插图里有女性抽烟的画面。在它的广告栏里，有接二连三的异教产品——化妆品、草纸、香烟——但它仍然坚持对格林威治村和波希米亚式的堕落生活的猛烈批评。它甚至使人们产生了一种新的幻觉：这场漫长的批判斗争已经取得了胜利。它不止一次宣布格林威治村已经死了，已经被埋葬了。"伤心的事实是，"它在1931年秋如是说道，"格林威治村彻底失败了。"也许这是真的，格林威治村维持不下去了——关于这个我们无法确定，因为艺术家们的信仰和生活方式是很难消灭的。不管怎么说，如果格林威治村真的濒临死亡，那也是成功的死亡。它濒临死亡是因为它盛极一时，有那么多的人坚决要住在那里。它濒临死亡是因为女性在布朗克斯的大街上抽烟，在奥马哈喝杜松子鸡尾酒，在西雅图和米德尔顿参加精彩纷呈的派对——换句话说，因为美国的商业和美国整个的中产阶级都在按照格林威治村的方式行事。

3. 青年社团

但是，在我们刚开始在那里生活时，格林威治村正经历着一场危机。人们都在谈论着1916年的好时光。他们似乎再也回不去了。

在美国参战前,格林威治村有两股潮流,其中之一现在已经没有了。格林威治村里有两种类型的反抗,个人的和社会的——或者说是审美的和政治的,或者说是反抗清教主义的和反抗资本主义的——我们也许可以简单地称之为波希米亚主义和激进主义。不管怎么说,这两股潮流在战前的日子里是很难区别的。波希米亚主义者也读马克思,所有的激进分子身上都有一点波希米亚的味道:这两股潮流似乎是在为同一事业而奋斗。社会主义、自由恋爱、无政府主义、工团主义、自由体诗——大众们把这些信条都归于一类,实践起来有生命危险的那一类。比尔·海伍德,独眼巨人,IWW[1] 里的独眼巨人,定期参加梅布尔·道奇的周三夜狂欢,参加者中还有五花八门的诗人和立体派画家,他们全都听他慢吞吞的演讲,也许还会幻想自己正置身于科达伦的混战[2] 中。在1915年的面包暴动时,工会党在第十大街上的玛丽·沃尔斯的书房里设置了司令部;格林威治村人也许会在联合广场被警察打破头,然后缠好血淋淋的绷带去自由党俱乐部朗诵史文朋的诗。自由党俱乐部是格林威治村的社交中心,就像同时代表了这两股潮流的《群众》杂志是它的智识中心一样。

---

1 Industrial Workers of the World,世界产业工人工会的缩写。
2 科达伦是位于美国爱达荷州北部的一座城市,在19世纪末20世纪初曾爆发矿工暴动。

但是战争,尤其是征兵法,分裂了这两股潮流。突然间,人们不得不决定自己要加入哪一股反抗:如果他们只是反抗清教主义,那么他们还能在威尔逊先生[1]的世界里平平安安地活下去。如果反抗政治的话,他们就没有立足之地了。他们中有些人屈服了,参加了民主党的十字军,在阿尔汉格尔[2]对抗布尔什维克党,或者是自愿协助情报局监视他们以前的同伙,然后向副局长办公室递交书面报告。还有些人为了逃避兵役而逃往墨西哥,在那里和许多以前的唯美主义者会合,然后一下子发现原来自己也是政治反抗者。还有些人依然坚持自己的看法,他们被关进了莱文沃斯监狱。无论他们选择哪条路,1917年的激进分子几乎全军覆灭了。波希米亚潮流在格林威治村取得了胜利,人们的话题也从革命转为心理分析。《群众》杂志被查禁后,改用《解放者》的名字复刊,但没过多久就让位给了诸如《花花公子》《异教徒》(这些名字很好地反映了他们的思想)和《小评论》之类的杂志。

战后,格林威治村里挤满了原先的那批人。他们中有制造枪弹发财的前无政府主义者,准备开张地下酒吧的前工会党人,离婚或丧偶的前贵族妇女,因在白宫前示威而遭逮捕的前妇女参政论者,刚从莱文沃斯监狱放出来的有良心的前反对派,寻

---

[1] Thomas Woodrow Wilson(1856—1924),美国第28任总统。

[2] 俄罗斯西北部一城市。

欢作乐的前飞行员或士兵，前贫民区工作者，前德国间谍，前罢工领袖、诗人、社会主义报刊的编辑。但是，1914年到1917年间在格林威治村工作并赋予了它全新特色的著名外国艺术家却和活跃的工会领袖们一起消失了。现在，大家似乎都闲来无事，只能对当下的腐败堕落发发牢骚。一时间，格林威治村里的年轻人集体蒸发了。

不过，在接下来的一连数周里，年轻人陆陆续续地回来了，在大学举行毕业典礼，或者士兵复员退伍之后。这批人的出现带来的最初的后果之一就是自由党俱乐部的最终解散。

俱乐部的会员要么退会了，要么不付会员费。为了清偿债务，俱乐部表决通过了开一场舞会——不是韦伯斯特大厅那种的普通舞会，而是在上城的科莫多儿旅馆举办的一场大型舞会，外加盛装大游行，出售几千张门票，不送赠券。但最后，门票当然都是免费送掉的。格林威治村的每个村民都期待着收到各项活动的邀请，仅仅因为他们有居住权，自由党俱乐部在大众的要求以及砸毁大门、发起骚扰的威胁下只得屈服了。

我们把一张免费的门票送给了刚从拉德克里夫毕业的一个姑娘。

在格林威治村的历史上，在科莫多儿开的舞会是史无前例的：那么多的年轻人，那么热烈的气氛，那么多人不像以前那样默默地喝酒，而是拼命想要把自己灌醉了，想要找乐子。午夜后，在舞厅的各个角落里都有小小的骚动。劳伦斯·维尔觉得这些人太过分了，于是用最客气的言辞对他们说了自己的意见，但是有些人不喜欢别人说他们得意忘形——四个侦探一起动手才把他扔了出去，一大把沾着血迹的黄头发也被他们揪了下来。我注意到人们都聚集在那个拉德克里夫毕业的小姑娘身边，对她大献殷勤，之后我又看到人们纷纷躲避她。原来那姑娘有个习惯，喜欢咬人家的手臂，并且大喊大叫。有一次，她咬了一个素不相识的皮埃罗[1]，然后尖叫着往后退，把一只中国大花瓶撞碎在地。

那晚以后，我们就再也没有见过她。后来，我听说她认识了一个在编辑室里工作的男人，那人还向人打听哪里可以堕胎。再以后，她写信来说她已结婚，而且有了一个小孩。很多人的情形都像这样，他们来到格林威治村，在一场舞会或聚会中崭露头角，每个人都或喜欢或讨厌他们，每个人都会说起他们的事；然后突然间，他们又消失了，搬去了弗拉特布什、皇后区或基奥卡克，去那些地方工作或照看小孩。但是，那只花瓶就是自由党俱乐部的末日，他们赔了很多钱，而门票又是免费的。科莫多儿的舞会取得了很大的成功，但同时也花光了所有的积蓄。之后，村子里的社交中心就成了两家酒馆：在西四街和第六大道的拐角处的"地狱之洞"、在格林威治大道和克利斯朵夫街的交汇处的"打工女郎之家"。地狱之洞是个脏兮兮、臭烘烘

---

[1] 指戴小丑面具的人。

的地方，房主在地窖里养了一头猪，用免费午餐柜台上的残羹剩饭喂它。里间有几个小伙子，都是些下三烂的赌鬼，一帮小蟊贼，但这家酒馆还是得到了普罗温斯顿剧院的演员和剧作家们的光顾，这家剧院就在酒馆附近。有时候，这两类人会混在一起。那帮混混都很佩服多萝西·戴伊，因为她能把他们喝到台子底下去。但他们和尤金·奥尼尔在一起的时候感觉更轻松自在，因为他会倾听他们的烦恼，而且从来不加以批评。他们也可怜他，因为他瘦骨伶仃，而且穿着破衣烂衫。他们中的有个人曾对他说："金，你随便去一家商店，选一件外套，然后只要把尺码告诉我，我去为你把它偷来。"地狱之洞在禁酒令开始的头两三年里继续经营，但之后就关闭了，我不知道那帮混混后来是到哪里去碰头。演员和剧作家去了打工女郎之家，那里大门是关着的，但在克利斯朵夫街上开了一扇侧门，走进里面的房间，有卢克·奥康纳在那里供应老牌威士忌和最好的黑啤、白啤，都是他从野鸡酿酒厂里搞来的。

就是在打工女郎之家，我第一次意识到了两代人之间的区别。这里有两种人：在1917年前就住在格林威治村的人和刚从法国或大学里来到这儿的人。也是第一次，我开始用"我们"和"他们"这种方式来思考问题。

"他们"是穿奇装异服的人：这是他们给你最主要的印象。女人穿着地方色彩的制服，后来在各类杂志上都出现了这种形象的漫画：头发剪成荷兰短发式样，手里拿着帽子，一件色彩艳丽的罩衣（通常是绣花的俄罗斯亚麻布），一条比现今的流行式样短得多的裙子，灰色的棉布长筒袜，足蹬凉鞋。脚后跟紧贴地面，小肚子微微凸出——因为她们已不穿胸衣，而且减肥尚未成为一种风尚——她们看上去有一种难以比拟的结实感。如果她们六个人结队向你走来，那场面可够吓人的。但是，这种制服也没有统一性。有些女人喜欢穿定制的紧身西服，领子是巴斯特·布朗式样的；有个女人喜欢戴牛仔帽，随便什么场合都戴；还有个姑娘喜欢穿马靴，挥马鞭，好像她在骑马跃过第六大道，然后给马喂水喝，并把它拴在高架铁道的一根立柱上，我管她叫"驾……驾……"。男人从原则上说总是更传统，但都爱穿粗花呢衣服，而且不加熨烫。他们不把头发留到超过衣领的程度，但即便如此，其长度还是超过了当时允许的式样。他们中有人穿俄罗斯式的大衬衣，搭配花哨的温莎式领结，这些都是1890年代的波希米亚主义者的标志。

"他们"都想维持个性，但当时个性也成为了一种统一的制服，尽管它的名字还叫个性。"我们"习惯了统一的制服，也喜欢穿美国中产阶级的服装。我们尽量穿得随意，只要我们能够做到。

"他们"比我们年纪大。这个简单的事实在我不再关注他们的着装后依然长期地影响着我。他们的年龄从六十岁到二十三岁，而在天平的另一端，我们的年龄都几乎没什么差别。但是，格林威治村有一种中年人控制一切的氛围。战时住在纽约要比参军承受更大的精神压力；有更多的决心必须下定，而且都是不容易实现的决心，还有必须掩盖起来的失败。1919年的格林威治村就像一个被占领国。住在那里的人全都失魂落魄，连喝酒都没什么滋味。"我们"来到了他们中间，带着用不完的能量：我们把青春留在了家乡，在两年里又积累起无数复杂的兴趣爱好；现在我们只想寻欢作乐，哪怕在一些微不足道的方面。

那么，那些比我们年纪大的村民是怎么看我们的呢？我们有一张张光鲜的脸，说黄段子和唱下流歌的本事非同小可，那都是我们在部队里培养出来的。我们很适合被带去参加派对，对他们开玩笑，给他们找乐子。有时候，他们故意用一种粗心大意的方式来冷落我们。有时候，他们给我们毫无用处的建议，因为那显然只是他们吹牛皮的一种方式而已。我相信他们根本看不起我们。

不过，这些在服装、年龄和喜好上的差别只是另一种差别的象征。尽管我们的道路在某一时期会重合，但毕竟是不同的道路。"我们"沿着大路走，"他们"反叛，他们想开辟新路。

"他们"都曾是反抗者，政治的、道德的、艺术的或宗教的——不管是哪一种，他们都已为自己的反抗付出了代价。他们离开了自己的父母，离开了丈夫或妻子，他们像《玩偶之家》里的娜拉那样甩上门走出去了。从此，他们再也没收到过家乡的来信。另一方面,"我们"从来也没有和家庭脱离过关系,从没有怒气冲冲地从教堂里跑出来,从没有因为写了无政府主义的文章而被学校开除。我们规避了各种麻烦,我们以一种静悄悄的方式得到了我们想要的东西,我们就是得到了。在战前的十年里,父母和子女之间的关系发生了一些变化。那些上了年纪的村民,在过去和他们的父母之间的关系非常紧密,从某种程度上来说,这也迫使他们要与父母争吵,要反抗他们。而在"我们"和父母之间存在着一个很远的距离,我们喜欢自己的父母,甚至可以说爱他们,但一点也不尊重他们的意见。如果我们是南方人,我们会说"好的,先生"。如果我们是北方人,我们会说"行啊"。但说归说,做归做嘛。

"他们"都是曾经的反抗者:他们想要改造这个世界,想在一场为了正义和艺术的战争中成为领袖人物,想要建立一个人人有权表达自己的意见的社会。而"我们"在当时就已经承认社会从来不会因个人意志的努力而发生任何改变。

"他们"都是曾经的反抗者,脑子里满是骄傲的幻想。他们对生活本身提出要求,生活用美丽的冒险、真诚的友谊、在合适的条件下自由给予或接受的爱情来馈赠他们。如今,因为幻想破灭,他们都成了愤世嫉俗者。与之相反,"我们"都异常谦逊,不会强求大自然将我们的幸福时光染上一层金色或疯狂地响应着我们的激情。我们觉得对于唯美主义的讨论不该发生在唯美的环境里:我们满足于两三个人坐在厨房里,脚翘在光秃秃的桌子上，讨论着抽象美的问题，一边把公牛牌烟草卷成香烟，一些细细碎碎的烟叶掉落在我们的大腿上。我们在很早的时候就丢失了理想，而且没觉得有什么痛苦。即便有任何理想在战争中幸存下来，它们也会消失在凡尔赛的纷争中，或者是后来的钢铁工人大罢工中，或者帕尔默袭击中，或者森特勒利亚大屠杀[1]中，但这并没有给我们留下痛苦。我们相信我们为之而战的是一场空虚的事业，德国人并不比同盟军更坏，也不更好，这个世界里到处都是被傻瓜和流氓统治着的傻瓜和流氓，人人自私自利，只要价钱合适就能被收买。我们和别人一样坏——所有这一切我们都认为是理所当然的。但同时，乐趣还是有的。我们满足于在"他们"幻灭的废墟上建设起一片小小的乐土，在"他们"荒芜的宫殿里建设起一座村舍。

在这座村舍——一栋房东是意大利人的出租屋的顶楼，更像是三副直立的棺材的三间房间——墙壁涂成绿色或棕色，冬天烧煤气炉时人会冒汗，夏天走廊上混合着三十份意大利晚餐的气味会从打开的气窗里飘进来——的摆设中间，在大学的课本中间，在交叉放置的德国军刀之间，在朱尔斯·拉弗格的全集中间，没有多少空间可以用来安放我所谓的格林威治村思想。不是说我们有多反对它们，只是它们无法触动我们。由儿童来拯救世界的思想具体体现在"循序渐进的教育"上，这是个让

---

[1] 美国华盛顿西南部一城市，1919年美国退伍军人协会曾在该地组织游行，遭到了军警的镇压。

我们昏昏欲睡的主题。自我表现的思想使每个人都想"附庸风雅"——创造了这个词的正是我们这一代。我们的行为也许像异教徒,我们也许只顾眼前,但我们尽量不把这当一回事。我们看不出对清教主义进行声讨有多大用处,它对我们的个人生活已没有什么干扰,尽管它在表面上像是获得了胜利,但实际上它遭遇了道德上的失败,而且将慢慢地退出历史舞台。男女平等是一个很好的思想,也许吧,但我们认识的女权主义者都戴眼镜、穿平底鞋。至于心理调节嘛,我们还很年轻,还没有这种需要。

之后,我们会受到格林威治村思想的影响,但那只是间接的影响,而且是在它已经影响到全国各地之后。事实是"我们"这些格林威治村的新村民,不是波希米亚主义者。我们住在第六大道高架桥沿线的顶层公寓里,因为我们住不起别的地方。我们觉得我们真正的家园存在于艺术的虚构世界里,我们觉得自己还只是仍在成长中的青年人,我们不是住在波希米亚聚居区里的、而是住在寒士街的卑微人群。

4. 法国轮船码头,1921

不过,不管是格林威治村的年轻村民还是年老村民,都有一个共同的想法——在流放中得到救赎的想法。"欧洲人做事情更漂亮,让我们去那里吧。"这不仅是在卢克·奥康纳酒馆里展开的讨论的基调,也是一部有野心的大作品,一部那时正准备出版的真正的学术论文集里反复出现的论调。

《美国的文明进程》是一本由三十个知识分子写的书,其中只有很少一部分人,顶多只有十个,曾经在格林威治村生活过。在这三十个人中,没有一个共产党员,甚至没有一个右翼的社会党人。"为了避免无关的评论,"哈罗德·斯特恩斯在序言里写道,"我们要求这本书的每一个供稿人都必须是美国公民。出于同样的理由,我们也要求在这份作者名单里没有职业政客……没有狂热的宗教分子,没有对现实不满的人。"格林威治村里的那些怪人全都被严格地排除在外。不过,这本书的主编哈罗德·斯特恩斯,却住在琼斯街31号一所重新装修过的房子里。编辑会议就在他家的地下室里开,而楼上常常能听到格林威治村民们在开派对的雷鸣般的喧闹声。这三十个知识分子费力写出来的这本书,也许可说是体现了格林威治村较为清醒的一面。

今天重读这本书,会给你留下最深印象的是这些想要观察、评价整个美国文明的人,他们的视野那么狭窄。他们对这个国家的大部分地区一无所知,尤其是南部和西南部。他们对上流社会的生活所知甚少,对工业无产阶级的生活一无所知(除了一些统计数据以外)。他们是城里人,如果这三十个人中有一个熟悉农事劳作的人，那么在该书第二页上由刘易斯·芒福德写的那个关于果树栽培的低级错误就可以避免了[1]。他们非常荒诞地忽略了更为年轻的一代。他们观察的文明其实是三十岁以上的人享受到的那种文明，他们的年收入都在两千到两万美元之间，都生活在俄亥俄以北、落基山以东的城市里。

事实上，这本书的内容要比它那个假大空的名字谦逊些。他们并不想从整体上来呈现或者说解决美国文明化进程中存在的问题。他们只想回答一个和他们的关系非常近的问题：为什么在美国没有为有才华的人准备的令人满意的职业？每一年，都有成千上万的有才华的男女青年从大学毕业。他们走上了社会，就像这三十个知识分子曾经做的那样。他们天资聪颖，但成就却不高。为什么这些前途无量的青年取得的成就如此寥寥呢？

范·威克·布鲁克斯在《文学的生活》一文中，将这个问题陈述得更流畅，也更具说服力：

在我们过去半个世纪里的文学史上，最给我们触动的一点就是创造精神的匮乏……就像每一个能够胜任自己的

---

[1] 原注：芒福德写道："……向西部迁徙的故事往往用'苹果籽约翰尼'的传奇来总结，他种下干的苹果籽，而不是用活树上的枝条插枝，就这样在他去过的很多地方种下了大片的野苹果树篱，结出又小又难看、不能吃的野苹果。"这段描述是假大空，不管是从历史角度还是园艺学角度来看。真实的约翰·查普曼是开果园的，而不是种什么树篱，他时常回家照看它们。他不可能带着数千条"活树上的枝条"在荒野里旅行。插枝是没有根的，不可能种活，除非把它嫁接到活树上。他种的苹果树结下来的果子也不总是"又小又难看、不能吃"。有些还是很好吃的，而且全部可用于做苹果酒、苹果酱和苹果醋，对于垦荒者来说，这些都是很有用的东西。

工作的人一样，通过年复一年的努力，可以发挥出他们的个性、开拓出辽阔的创作领域的美国作家屈指可数。其他人的命运又如何呢？我该先提几个大家都熟悉的名字吗，几个大家都认为会前途无量但结果却是，按照戈蒂耶的说法，迷失在"呻吟着死产的志向、流产的努力、还没有形成翅膀或模样的思想幼虫的人间炼狱（和婴儿在一起）"？我该提几个作家的名字吗——但他们是数不胜数的！——他们堕入了默默无闻的命运，或者是陷入了荒凉的非主流群体，更或者是变成了机械式的人物？有些诗人在刚起步的时候就已经如蜡烛一般熄灭了。有些小说家无法成熟起来，停留在枯萎的十七岁阶段。有些评论家因精神上的动脉硬化而半途而废了……他们全都是荒草，是野花！没有芳香和美丽的荒草，顶不住毒日头的野花。

从没有人抱着那么深的感情来阐述过这个问题。但该书的其他作者意识到了这个问题，他们的研究领域各自不同，但得出的结论却是一致的。"在美国，记者已不再是一份可以让你在邻人中赢得尊敬的职业。"至于政治嘛，那些平庸的议员全都"软弱无能，不仅软弱无能，而且还不可救药地撒谎成瘾……你几乎难以想象一个有自尊的、正直的人会去参加众议院的议员竞选"。在音乐、艺术、医药、学术、广告、戏剧，在一切方面，情况都是相同的：个人主义没有生存空间，没知识、没文化，或者简单地说平凡庸俗的人，成为获利的主流。命运的大门对那些才华横溢的人关闭了。这又该如何解释呢？

在这里，那三十个知识分子又一次说了同样的故事。"鉴于以下这两个事实，即每一个供稿人都有发表自己意见的充分自由，以及在这本文集里表达的每一个观点都是高度个人化的，因此这些文章具有的潜在统一性着实令人惊讶。"这支个人主义的军队有他们自己的军装，但有那么三四个人不愿意穿——你看，康拉德·艾肯写的那篇关于《美国诗歌》的文章就是一首赞歌，不是一份声讨书，而且还有一股正义终于实现了的味道；利奥·沃尔曼写的《劳工运动》、乔治·索尔写的《激进主义》都很客观，而且是批评性的，文章里分析了这些运动的薄弱之处，并指出了在未来予以改善的可能性。但大多数供稿人的意见大同小异，且模糊不清。他们一个接一个地来告诉我们，美国文明本身应该为美国天才们的悲剧负责。

生活在这个国家是无趣的、贫乏的、全球标准化的、平庸浅薄的、没有创造力的，只会对财富和机器顶礼膜拜。"我们的物质文明的最高成就……常常被视为是精神贫瘠的象征。"也可以将这种贫瘠归结为是根本性的性功能不全造成的。美国生意人的妻子"发现自己的老公是个彻底的性无能，于是她拒绝为他生孩子，这个人在任何方面都是个糊涂蛋，除了有赚钱的本事，于是她让他把能力全部发挥在那个方面，而她自己则过一种不满的、荒凉的、畸形的生活"。她把自己打造成文化女王，以此作为补偿。"几乎没有一位外国知识分子会没有意识到或评价过美国社会里的超级女权主义思想，而且更常见的是，他们通常会在这种观察的基础上说一番辛辣的话，评论似乎伴随着这种现象而来的文化上的贫血与麻木。""几乎在美国生活的每一个方方面面，都存在着说教和行动之间巨大的差距……道德标准溶化为一种已经被揭露了的主要的异端邪说。""当今美国社交生活中最感人也最可怜的事实是在感情和审美上的贫瘠。"那解药是什么呢？

在这个主题上，原先步调一致采取攻势的人们，显得如此软弱、不协调。因为这三十个供稿人都是城里人，而且大部分是纽约人，所以他们都觉得可以牺牲小城市的利益来增强大城市的影响力，或者是牺牲县城的利益来扩大卫星城市的影响力。因为他们都是知识分子，有清醒的阶级意识，他们觉得各行各业都应该组织起来，致力于提高自己的地位，来维护好自己的知识标准。作为评论家，他们认为通过评论可以"实现一个真正的文明……一块地只有先清除了石子才可以耕犁"。他们对贵族，对通过教育培养真正的贵族有一点模糊的信仰。除了这一点，他们的解药就各自不同了。范·威克·布鲁克斯对作家们开展了一场道德说教，要求他们要更富创造力。H.L. 门肯指出我们的政治生活也许只是在为竞选办公室的装修添砖加瓦。哈罗德·斯特恩斯是一副玩世不恭的模样。"你微微地耸了耸肩膀，"他写道，"转向了一种完美的风格，阿纳托尔·法朗士的那种略微乏力的、带着点性感的嘲讽风格。"从总体上来说，他们对自己写的文章能起到多大作用表示怀疑。"你可以感觉到整个工业体系和经济制度是如此不适应于男人和女人主要的和基本的需求。"——那我们应该改变这个制度啰？不，他们都是一些敏感的人，但不是政客，靠他们来改变制度是不可能的。取而代之的是，他们提供了一种更为温和的解药——"对这些关于补偿的幼稚想法的理性批评是无效的，这一点已变得越来越明显。从某种角度来说，这是一副全新的牌局，我们必须改变自己的想法。"但这份解药真的那么简单吗？改变想法实现起来会比改变制度容易得多吗？

知识分子们探索了很多道路；他们找不到摆脱困境的出路；他们接二连三地打开一扇扇门，看见的却只有一片片心灵的荒漠。"一个年轻人应该做什么呢？"哈罗德·斯特恩斯在一篇为《自由人》写的文章里问道。这一次，他的回答是简单明了的，而且是不妥协的。一个年轻人在这个虚伪的、压抑的国家里是没有前途的。他应该乘船去欧洲，那里的人知道该如何生活。

1921年7月初，在写完序言并把完成的书稿交给出版商后，斯特恩斯先生离开了这个国家，也许永远都不会再回来了。他的离去不是一般的事情：他是向波斯进军的亚历山大，是抖落脚上的英格兰尘土的拜伦。记者们纷纷赶到踏板边，匆匆记录下他上船前说出的最后的话。每个年轻人都准备效仿他。在《美国的文明进程》的供稿者中，去了欧洲的人并不多。大部分人过着还算成功的生活，有了一份保障，但代价是放弃了自由。但无数更年轻的、单身的知识分子排着队走上了这条全世界最长的踏板。他们正在进行一场大规模的东迁运动，他们要进入一片崭新的思想的大草原。

"我要去巴黎。"他们首先这么说。然后是："我要去法国南部……我下个月的……礼拜三就走，只要我能攒够钱买得起一张船票。"攒钱不是无法完成的任务，可以从薪水里省一部分下来，也可以问父母或朋友借。报纸和杂志都热衷于报道欧洲的事，有两到三家基金会还设有留学海外的奖学金，出版商有时候也会对一本尚未写出来的书预付稿酬。在那个时代，出版商都在寻找未来的作家，而作家们坚持说他们的书必须在法国完成，在那里即便你一无所有也能活得下去。"再见，拜拜，"他们说，"我们以后左岸见。我会用绝佳的勃艮第红酒为你的健康干杯，我会替你吻遍每一个姑娘。我对这个国家厌烦透了。我要出国去写一部精彩的小说。"

而我们自己，格林威治村的新村民，如果有办法也会离开这个村子。漫长的隔绝过程到此已达到顶点。中学和大学造成了我们在精神上的疏离；战争造成了我们在物质上的疏离，把我们送到陌生的国度，最终把我们抛弃在疏离的城市里。如今，就连纽约都显得太美国了，离家乡太近了。在格林威治村的临河一侧，法国轮船码头就是它的边界。

1921年的暮春，我获得了一份美国野战队奖学金，可以去法国的大学留学。只有一万两千法郎，或者按照当时的汇率来说大致相当于一千美元，不过，这份奖学金的另一个好处就是可以让我和我老婆买到经济舱的半价票。我们计划着尽量像一对法国夫妻那样勤俭节约地过日子，我们也确实这么做了。在美国杂志的一些小支票的帮助下，这份奖学金让我们过上了简朴而舒适的生活，有时甚至还能去旅游，到了第二年，我还能继续享受这份奖学金。我们离开纽约的时候，几乎没人到码头上来为我们送行。我们的朋友大多已经出国了，留下的也都是些渴望出国的人，他们向我们保证过几个月也要去法国。格林威治村几乎成了一座孤村，除了从达文波特和波卡特洛过来的小伙子们的咚咚的脚步声，他们过来是为了成名成家，是为了过上一种光辉灿烂的生活——他们过来，是因为他们没有别的地方可去。

第三章

旅行支票

1. 币值

1921年的流放者到欧洲是为了寻找一样东西,但找到的却是另一样东西。他们是来找回美好的艺术生活和艺术传统,把他们从集体的愚蠢中解放出来,使他们在知识的等级中获得自己应有的地位。他们是来寻找价值的,但找到的却是币值。

汇率!古老的欧洲大陆,恰恰彻底丧失了它那古老的标准:从一个国家到另一个国家,从一个村庄到另一个村庄,它的价值千变万化。你礼拜二在汉堡用八分钱(或者五分?)也许能办一桌酒席;你礼拜四在巴黎买一包香烟的钱也许相当于在维也纳住一个礼拜的食宿费。你也许会在慕尼黑豪赌,赢了一个捷克斯洛伐克的投机商的一半资产,然后,如果你没能及时地把赢到的钱用于买香槟和毕加索的画,到了后天你把它送给一个叫花子,他也许连声感谢都不会对你说。以前在柏林,有个人手上拿着十马克想买一盒火柴,在买之前他低头看了看手里的钞票。上面写着:"为了这十马克,我出卖了自己的贞操。"为此,他写了一部讲述贞洁的长篇小说,得到了一千万马克的稿酬,然后,他用这笔钱给他的情妇买了一双人造丝的长筒袜。

那个时代没有老实人:卖家费尽心思骗钱,买家只出白菜价。那些手上有黄金的，或者有可兑现黄金的钞票的人，急匆匆地奔向最便宜的市场。游客中也冒出来新的一群人，Valutaschweine[1]，汇率贩子，他们从法国游荡到罗马尼亚，从意大利游荡到波兰，为了寻求最可耻的价格和最可爱的社会败类。突然间，这些游客们对欧洲的历史变得漠不关心，你可以在时髦的旅馆、货币兑换处、夜总会里看见他们，而不是在博物馆里；不过，你在因斯布鲁克火车站看见他们的几率最高：丹麦人、印度人、美国人、南美人、红酒脸色的英国人，最多的还是美国人，成百上千人在那里等待一列国际快车，它可以把他们送往崩溃的马克市场或忽上忽下的里拉市场。我们也在等待：口袋里揣着几美元，相当于几千克朗或辨戈，我们随着投机倒把的大军一起向前漂流：

> 跟着美元走，啊，跟着美元走，我学会了餐刀的三种使用方法，我会用四种语言向一个匈牙利侍应点啤酒，我沿着北纬四十八度往东走，我跟着美元走——哪里能用美元买到最多的东西，哪里就是我的祖国……

跟着美元走，我们看见了一个混乱的欧洲在狂热地寻找着艺术、金融和国家的未来。我们在柏林的大街上看见了机关枪，在

---

1 德语：炒外币的黄牛。

意大利看见了黑衫党,在裤裆大街被一名男妓拦下来,和一个埃及革命党人坐在蒙彼利埃的咖啡厅里,那人说道:"我们把这杯味美思想象成是一个英国婴儿的鲜血吧!"一口干掉——"好啊!"我们说,然后又漂到潘普洛纳去看斗牛。有时候,维也纳的咖啡厅里挤满又黑又矮的大肚子男人和满头金发的妓女,我们从飘在光头或卷发上面的烟雾里看见了另一个国家,不是彩色的、旋转的,而是一个有小山、棕土和犁沟的实实在在的国家。"我永远,永远也不要再回到我那个陌生的国家。"——但有时,在如梦似幻的阿尔卑斯湖泊旁,他们会问我们:"你们国家里人人都是富人,对吧?"于是,在突然之间,电气铲开进了群山,从河水里淘洗出了金子,高楼大厦立起来,继承了财产的富婆遭人绑架了——我们看见了他们想让我们看见的美国,通过他们那遥远的目光,我们看见了他们对美国的崇拜:

> 跟着美元走,渡过灰色的英吉利海峡,渡过蓝色的意大利海,渡过如苯胺蓝一般颜色的阿尔卑斯湖,渡过如一瓶绿墨水一般颜色的湖,两边是被绿墨水浸润了的群山,

> 我用手指蘸着湖水写道,我永远,永远也不要再回到我那个陌生的国家。

为了寻找欧洲，我们从五千公里以外远道而来，结果却发现了美国，一个一半留在记忆里、一半被虚构的浪漫化的美国。我们真的应该回到那个遥远的我们自己的国家去吗？

四个追逐荣誉的天使守卫着我的家园：

北门有西奥多·罗斯福，南门有杰克·约翰逊，西门有查理·卓别林，此外

中门有一个克拉利昂郡的乡下小提琴手在拉琴，演奏的是稻草里有一只火鸡，喔，喔，喔，干草里有一只火鸡，我估计再也听不到别人演奏这首曲子了，啊，我的家园在比亚特兰蒂斯更远的地方，

如果我想，我明天就可以回到那里，

但我永远也不要回去，

永远也不要和我那苍白的阿拉斯加处女结婚，

永远也不要躺在你的怀里，哦，得克萨斯玫瑰。

2. 相似的历史

自 19 世纪中叶起，年轻的沙俄人就开始以同样的劲头说着"要去欧洲"，用的说辞甚至和 1920 年代的美国作家们一模一样。他们生活在一片似乎是从史前海洋升起来的新大陆上，他们面对的不仅仅是德国或法国或英国，而是欧洲——换句话说，就是整个西欧文明。他们经历了一场漫长的朝圣，最后在德累斯顿或日内瓦定居下来，就像以前的美国流亡者聚居在蒙帕纳斯一样。

1867 年 4 月，在这样的大移民开始的好几年后，一对新婚夫妇在圣彼得堡上了一辆西行的列车。在一万个流亡者中，这对夫妇由于引起后世的注意而与众不同。丈夫已经被世人公认为伟大的天才，他就是费奥多尔·米哈伊洛维奇·陀思妥耶夫斯基。他的第二任妻子，安娜·格里戈耶夫娜，有一本速写的日记，记录下了他们两人在一起的生活和他们对欧洲的第一印象，里面充满了粗俗女人写给自己看的那种直截了当、百无禁忌。1920 年代末，这本日记由苏维埃中央档案馆转录出版了，后来又从德语版翻译出了英语版。

一开始，它就像许多旅行日记一样，充满了各种细节描述，大多与物价有关。这对新婚夫妻从艾特库能进入德国，那边的火车站里有很多"大饭店，有两排大窗，分上下两层，天花板上的绘画很漂亮,一切都很漂亮"。到达柏林后,他们去了联合大饭店,房费是一个泰勒十个银格罗申。"费奥多尔再次抱怨起了德国人、德国的旅馆,还有德国的天气。"之后他们去了德累斯顿,从车站坐敞篷四轮马车花了他们"该死的一大笔钱,足足二十二个银格罗申"。旅馆的房费也很贵,旅馆里的茶淡得没法喝,但不久他们就找到了一间价格适中的带家具的两室户,月租只要十七个泰勒,还包含洗衣费……这里记录的每一个事实都是一种暗示的对比——就好像安娜·格里戈耶夫娜在说,我们的茶更浓,我们的人不像他们那么贪财,这些欧洲人没什么可以小瞧我们的。

刚在德累斯顿安顿下来,他们就匆匆赶往了博物馆。他们觉得,《西斯廷圣母》也许是有史以来最伟大的一幅画。最初他们欣赏的是荷尔拜因的《圣母像》,但后来又觉得那个圣母有一张德国人的脸,而他们不喜欢德国人。他们在一封信前站了一会儿,那封信"画得如此逼真,以至于从远处看你会误以为是镶嵌在墙壁里的一封真的信哩"。最后,他们"去看了华托的画。华托是上世纪初法国的宫廷画家。他画的大部分内容是宫廷生活,某个侯爵或别的什么爵位的人在向一个美得令人晕厥的大美女求爱"。到这里为止,日记里写的都是关于一对身无分文、自以为是、令人讨厌的小夫妻——佣人们尽量回避他们、马车夫喜欢向他们开高价的那种夫妻——第一次接触伟大的欧洲文明的事。不过,这本日记很快就变得有些像陀思妥耶夫斯基的小说了。他们抵达了巴登-巴登,费奥多尔·米哈伊洛维奇去了赌场。在轮盘赌上输了钱后,他以一种基督徒在面对诱惑时的坚忍风格又弄来了几个泰勒,坐到了纸牌牌桌上。

这个过程实际上更长一些,也更为周而复始。比如,有天早晨,陀思妥耶夫斯基夫妇的全部财产是六十个金币,当地人称之为达克特。费奥多尔·米哈伊洛维奇拿了十个去了赌场。他回来时耷拉着脸,因为他输光了十个金币。吃完一顿阴郁的午餐后,他又拿了十个金币消失了。这次他直到太阳落山才回了家。他乞求安娜·格里戈耶夫娜原谅他,但他必须再拿二十个达克特,因为这次他一定会时来运转的。十分钟后他回来了,他把钱一次性全押了下去,结果又输了。他们只剩下二十个达克特了。费奥多尔·米哈伊洛维奇跪了下来,乞求上帝和安娜·格里戈耶夫娜原谅他抢了她的钱,他吻她的鞋,发誓过了今晚他再也不赌了。然后,他又拿了五个达克特,直奔赌场而去。

第二天早晨,他们只剩下了五个银泰勒,而且到了又要付房租的时间,家里什么吃的都没有了。费奥多尔·米哈伊洛维奇拿了妻子的婚戒——他自己的已经当掉了——出去找一个犹太人。他去了一整天,而安娜·格里戈耶夫娜则一直在起居室里不安地踱来踱去。夜里很晚时他回来了,手里抱着一大把玫瑰花,后面跟着一群小孩,手里各自拿着一篮李子、桃子、葡萄、一大块乳酪、一斤俄罗斯茶叶。买了这些东西后,他赢的钱还剩下四十个达克特,这次到了该永远戒赌的时候了。费奥多尔·米哈伊洛维奇决定他要再赢够可以买一瓶葡萄酒的钱。他又消失了……

两天后,他们再次陷入了只剩下五个银泰勒的困境。安娜·格里戈耶夫娜的耳环和费奥多尔·米哈伊洛维奇的大衣也跟随那一对婚戒而去。又一场赌局结束后,费奥多尔输得身心俱疲,还发起了羊癫疯。"他开始横冲直撞,劲头大得我根本没法抓住他……我解开他的背心和裤子,好让他呼吸得顺畅一点。那时我才注意到他的嘴唇发青,脸色也比平时更红……他叫我安妮亚,然后又乞求我的原谅,完全听不懂我说的话。最后,他又求我再给他点钱,让他再去赌。这可真算得上是他的杰作了!"似乎每个认识陀思妥耶夫斯基的人到最后说起话来都会像他小说里的人物。"然而,"安娜·格里戈耶夫娜写道,"我还是觉得他会赢的。"

他常赢钱,他并不是一个运气特别差的赌徒,可他缺乏在把赢来的钱全部输掉之前离开赌场的那份意志力。幸亏沙俄汇来的钱到了,从当铺老板那里赎回大部分财物、与女房东结清了房钱后(在之前的一个月里他们一看见她就簌簌发抖),他们又可以继续旅行了。日记结束于陀思妥耶夫斯基夫妇抵达瑞士,他们在巴塞尔参观市政厅。"从它的风格来看,"安娜·格里戈耶夫娜写道,"它肯定是一幢历史悠久的古建筑。"

在这些关于陀思妥耶夫斯基的生活的细节中（以及他的小说的感情背景），有些材料和地方主义、流放海外的普遍问题有关——不仅因为这个问题影响到了他的沙俄同胞，而且因为它也影响到了流放到蒙帕纳斯的美国人。

这个问题，在1860年代的俄罗斯文学里，是无处不在的。在有教养的人群中——也就是地主阶级和新资产阶级——俄语本身成为一种可憎的、几乎可说是外国的东西。《群魔》中的主角斯塔夫罗金，是一个受过各种教育的贵族，然而他写不出正确的俄文：这个事实在小说里不止一次被提及。安娜·格里戈耶夫娜观察她在德累斯顿遇见的同胞时写道："他们会用俄语对你说'上帝保佑你'，然后就立即改用法语来和你交谈。他们似乎真的没有说俄语的习惯了。"为了吸引这样的读者——也只有这样的读者——作家们出的书用法语起名字，行文也带有法国风格，句子里会掺杂德语、法语和英语。也许有人会说，他们是被迫使用这种半外国的文字的工匠——可是，这句话同样适用于之后的美国作家，他们在写作时会犹豫该使用学校里学到的那种英语表达呢，还是在大街上听到的那种语言。

不管怎么说，沙俄人还有别的难处，来自他们的国家可以完全被视为是欧洲的殖民地这么一个事实。沙俄出口皮货、海鲜、小麦，还有粗加工的木材；进口的不仅有机械、鞋类、家具、塞夫勒瓷器，还有女家庭教师、肖像画家、贵族的妻子、美酒、时尚的服装和书籍——简言之，就是组成新文化的一切。

沙俄的贸易商和政府官员,这种文化的主要持有者,只要充当欧洲资本主义的代理人就能发财致富。他们是一个在功能上、人数上都有限的阶层,他们也是作家们可以寻求资助的唯一一个阶层。

尽管有那么多难处,沙俄还是有很多举世公认的伟大小说家和诗人。可是,文学界的中间层,那些既不算成功也不算失败的人,过着一种困难重重的生活。如果他们待在家乡,他们就会觉得自己是个乡下人,只能去追随去年的巴黎时尚。如果他们移民,许多问题就能迎刃而解:他们能住在离文学风尚的发源地更近的地方,住在一个对艺术更友好的环境里,住在一个开销更便宜的地方。最终,他们会在家乡获得某种名望,因为他们已经抖落了脚上的沙俄尘土。另一方面,他们和自己的同胞失去了联系,失落了埋在沙俄土壤里的根……

每个沙俄作家都讨论过这两种选择,就像1920年代的美国作家一样。大部分人至少会选择临时性的移居。随着时间的推移,出现了好几代的移居者。陀思妥耶夫斯基也许可说是第二代。这从他讲究实际的动机可以清楚地看出来。陀思妥耶夫斯基离开沙俄既不是为了政治信仰,也不是为了拓展他的文化视野。他是去欧洲玩轮盘赌的,还有就是为了躲避债主。在巴登-巴登,在两场赌局中间,他去拜访了伊凡·屠格涅夫。在安娜·格里戈耶夫娜的日记里,她把他们的会面描写得具有象征性。这是年轻一代和年老一代的移居者之间的会面,如果不考虑他们的文学水平和文学观点的差异,我们可以说他们的会面就像亨利·詹姆斯和厄内斯特·海明威的会面。

屠格涅夫就像詹姆斯一样,把自己的命运完全交付给了欧洲。他谈起家乡时,语气是冷冰冰的。陀思妥耶夫斯基建议他去搞一架望远镜,这样他就可以看见沙俄正在发生的事。屠格涅夫有礼貌地笑了笑。陀思妥耶夫斯基提起了屠格涅夫新出版的一本书,他对此书的评价不是很高。屠格涅夫有礼貌地笑了笑。陀思妥耶夫斯基突然爆发了一阵对德国人的痛骂:"这个可恶的民族……他们把欢乐建筑在我们的痛苦之上。"这一次,屠格涅夫再也笑不出来了,他气得脸色煞白。"你这样说,"他吼道,"就等于在侮辱我!我此时此地就跟你讲清楚,我要永远在巴登-巴登住下去,我已经不把自己当沙俄人看了,我认为自己已经是德国人了,而且我为此自豪。"

陀思妥耶夫斯基仍能冷静地向他道歉。他和屠格涅夫握了手,还一本正经地道了别,然后急匆匆地赶往赌场,去赌五个达克特的输赢。

他在欧洲漫长的流亡期间,也不是把所有的时间都花在赌博和自责上的。在离开巴塞尔去日内瓦后不久——换句话说,就是在安娜·格里戈耶夫娜写完日记后——他开始创作《白痴》,这是一本比他在彼得堡完成的任何一部作品都更具俄罗斯风格的书,这本书写得实在太俄罗斯了,以至于过了很长时间才被翻译成西方语言，又过了好多年才得到人们的认可。生活在欧洲的影响是他在创造的人物身上更加强调了民族元素——也许说个人元素更明智一些。

同样的现象也出现在许多第二代移居海外的美国人身上，这种平行线甚至延伸得更长。1870 年，陀思妥耶夫斯基回到德累斯顿后开始写一本小说，它的概念和《大街》[1]颇为相似。诚然，《群魔》属于一个更高的虚构范畴，但是他原本并没有打算写得那么特别，在这本书开头的两百页里也没有这种特色。它开始写的是对沙俄外省生活的讽刺，而且讽刺的技巧也比辛克莱·刘易斯来得逊色。它开始时写了一个城镇，其规模明显比乔治·F.巴比特的泽尼斯镇[2]小，但比戈弗普雷里镇[3]大一点。它开始时写了一个人物，斯捷潘·特罗菲莫维奇·韦尔霍文斯基，从许多方面来看，他都可说是卡萝尔·肯尼科特[4]的沙俄大哥。"他总是，"陀思妥耶夫斯基写道，"在我们中间充当一个特殊的角色，可以说，是一个进步的爱国者的角色，而且他也热衷于扮演这个角色。"

斯捷潘·特罗菲莫维奇的身边有五六个严肃的沙俄思想家。其中有沙托夫，"一个在沙俄司空见惯的理想主义者，他在突然

1　美国作家辛克莱·刘易斯出版于 1920 年的处女作。

2　辛克莱·刘易斯的小说《巴比特》中的主人公及其居住地。

3　辛克莱·刘易斯的小说《大街》里的故事发生背景地。

4　辛克莱·刘易斯的小说《大街》中的女主人公。

间会被某种压倒一切的思想所打动"。有维尔金斯基，一个妻管严的自由党。"他的妻子和他家里所有的女眷都宣称信奉最新的、但形式很原始的信仰。这是她们从书本上看到的，但只要在彼得堡的任何一个进步的小角落里传来些许风声，她们就准备把一切都抛在脑后"。有一个叫利亚姆金的犹太人会弹钢琴，有一个叫卡尔图索夫的上尉有时会参加讨论。"一个喜欢刨根问底的老绅士，过去有一段时间常来，但现在已经死了……镇上传闻说我们的小圈子是虚无主义、放荡不羁和无神论的温床，而且这个传闻越传越厉害。然而我们什么也不做，只是沉浸在最无害的、愉快的、典型的沙俄式的轻松自由的交谈中。'更高的自由主义'和'更高的自由主义者'——也就是没有任何明确目标的自由主义者——也许只有在沙俄才有可能出现"。

这一切的语气都是不会被误解的。把名字改成帕金斯或施马尔茨，把"沙俄"改成"美国"或"中西部"，它就有可能变成辛克莱·刘易斯写的东西。把文体改得更口语化、更客观，它就有可能变成一个住在蒙巴纳斯的年轻美国人把肘子靠在有一圈圈的咖啡渍的仿大理石台面的茶几上写出来的东西。但还是有区别的，即使在《群魔》的开头部分。陀思妥耶夫斯基要讽刺的不是沙俄的戈弗普雷里镇，而是沙俄的卡萝尔·肯尼科特，那些梦想着逃往欧洲的抛弃了民族特征的知识分子。随着故事的推进，另一种区别也变得越来越明显了。

辛克莱·刘易斯计划写一部好的讽刺小说，而且，要通过牢牢抓住情节和人物来成功地执行他的计划。陀思妥耶夫斯基在写了开始的几章后，让人物控制住了故事，在一页页的描写里改变着情节，把它们带向很少有小说家愿意冒险的领域。不过，直到他在改写这本小说时（他在别处提到了这个事实），他才加入了尼古拉·斯塔夫罗金这个人物，这个在他创造的所有人物中最恐怖的人。这个骄傲的、谦卑的、不信神的、神秘的、被他自己毫无方向感的力量摧毁的主人公似乎成了成千上万的沙俄知识分子纷纷效仿的楷模。从某种意义上，你也许可以说，尽管有各式各样的保留意见，陀思妥耶夫斯基在德累斯顿的书桌上构思出来的这个斯塔夫罗金，展示了或者说创造了被过去的人们称为俄罗斯灵魂的东西。他自己用的是另一种说法，尽管意思是差不多的：他说的是找到了俄罗斯的上帝……"上帝是整个民族的整合性格，从这个民族的开始到终结……在这个民族存在的每一个时期里，每一次民族运动的目的，参与其中的每一个人的目的，都在于寻找该民族的上帝，必须是该民族自己的上帝，对这个上帝的信仰就是该民族唯一真正的信仰"。

今天，我们很容易就能发现，陀思妥耶夫斯基创造的这个灵魂或者说上帝只是俄罗斯民族的一个外貌。每一个伟大的民族都有这一类的复杂性格，它们经常相互冲突，一个国家也许会轮流显示出各种不同的性格，在新的阶级成为社会统治阶级时。

不过，我有点扯远了，我只是想说陀思妥耶夫斯基的成就并不完全是它表面看上去的那种样子。他没有揭示出俄罗斯民族的完整性格,甚至也没有打消俄罗斯人对"欧洲人"的自卑感,这种自卑感如一副重担压在他这一代和下一代的知识分子的肩上。尽管如此,陀思妥耶夫斯基用他的神话和伟大的作品改变了一些什么。扛在俄罗斯文学肩上的重负——一种落后和地方主义的感觉——卸下来了。他的时代之后的俄罗斯,从经济角度来说仍然是一个殖民地国家,不过彼得堡和莫斯科的作家已经不再是注定要追随欧洲风尚的人:他们可以创造自己的风尚,他们可以为全世界创作。

3.《大西洋两岸评论》

历史的雷同在达到某种程度后就不会再继续发展下去。1921年的美国和1867年的沙俄是不同的,它不再是欧洲资本主义的殖民地。它不仅出口原材料,而且出口完成品、用以加工成品的机器、推销成品的方法,以及在这一过程中所需的全部资金。除了小麦和汽车,它已经开始出口文化产品,或猛烈或柔美的爵士乐队、金融专家、电影以及政治理想。甚至还有美国神话,其中就有头脑精明、菩萨心肠、被妻子奴役的生意人的神话。不过,我们的文学并没有记录下这个国家已发生改变的地位。作为一个群体的美国知识分子仍然在地方主义的重负下艰苦奋斗,这副担子就和压迫陀思妥耶夫斯基的同胞们的一样沉重、严酷。

战后几乎在任何地方,我们都能听到美国知识分子的生活不如欧洲的论调。评论家们常常呼吁要写出伟大的美国小说或歌剧,他们对此充满了顽固的热情,就像啦啦队员激励普林斯顿大学队赢球,但她们在心里却觉得普林斯顿输定了,这场球赛牛津队和索邦大学队已经稳操胜券。评论家们在心里甚至已不再相信这个国家能为一部伟大的小说提供创作素材。美国主题——那些过时的评论家们如此觉得——缺乏尊严。艺术和思想是在欧洲专利下制造出来的产品,我们所能提供的只有通常是注定要浪费掉的粗鄙的才能。在文化生活的每个场所每个角落,欧洲都为我们提供了可以效仿的模式——在绘画、作曲、哲学、民族音乐、饮酒、戏剧、性爱、政治、民族意识的方方面面——是啊,有人甚至怀疑美国是否是一个国家,因为这个国家没有传统,除了拓荒者的玩命的传统。说到我们的当代文学,成千上万的人都会同意范·威克·布鲁克斯的观点,他说在我们比较美国文学和欧洲任一国家的文学时,"确实存在一张精神伤亡的长长的清单。因为我们缺少的并不是才能,而是实现才能的能力"。

十年后,这种感觉消失了,就连对它的记忆也模糊了。美国知识分子仍在抱怨,但他们的敌人已不再是"美国社会的文明化",而是"商业的文明化",是高效率、标准化、批量生产、机械化——这些东西对我们国家的主宰比对别的国家来得更厉害，不过它也影响到了别的国家。德国在它面前屈服了，英国也屈服了，就连法国也中了它的毒——就算你逃到伦敦或巴黎也没用，尽管在法国南部也许还存在那么一个像世外桃源般的村庄，马略卡岛也许仍是一个安全之地……1930年的人们仍然在说生活在美国是不可能的，但那不等于说在美国写作或绘画是不可能的。我们仍然在对美国文学和欧洲文学做着比较，但不像过去那么频繁，也不再那么自卑。从第一批人移民蒙帕纳斯开始已过去了十年，我遇见了一个刚从伦敦回来的有才华的、相当天真的年轻姑娘，她在那里发表了她的处女作。是的，这篇小说写得相当成功——对英国人来说它已经够好了，她说，但是要在这里出版的话，她需要时间把整部作品完全修改一下，因为对纽约人来说它还不够好。我知道她不是在耍小聪明，她是一个单纯的人，只想表达她自己和她那个圈子里的人们的观点。

事情发生了变化，1920年代的流放对这种变化起到了一部分作用。它虽然没有培养出陀思妥耶夫斯基，但完成比这个更为简单的任务不需要天才，只需要你去旅行、比较、评价、真实地记录下你所看到的就可以。在这一过程中，自卑感的重担终于消除了——不是像黄沙从扛在肩上的麻袋里一点点漏掉的那种感觉——它在突然之间不见了，也没有人注意到这种改变。甚至没有人觉得有必要创造一个美国人自己的上帝，一个可以取代商业神话的神话，与之相反，流放者们创造出了一个叫作

"迷惘的一代"的国际神话。

这些年轻的美国人刚开始是发现了一个疯狂的欧洲,在那里和他们一样属于中产阶级的知识分子们比美国的更颓废也更堕落。后来,在去除了战争的影响后,他们认为所有的国家都是差不多的,某个国家在某种性格上出类拔萃,另一个国家在另一种性格上出类拔萃,比如德国的机械效率、法国的自信、英国的政治敏锐、美国的财富,但美国的大部分性格在天平上都处于一个相当中庸的地位,它只是在众多西欧资本主义国家中的一个国家而已。记录下这个印象后,流放者们就会发现他们自己的国家也具有他们在课堂上学到的那些欧洲国家具有的令人景仰的特质。美国形成了自己的民族类型——在一堆人里谁会识别不出美国人?——它有自己的民间传说、传统,以及反映传说和传统的民歌;它甚至创造出了欧洲人乐于借鉴的新的艺术形式。有些流放者在冒险生涯中经历了转折点,准备开始一场重新发现之旅。站在埃菲尔铁塔上,他们往西南方向望,目光穿越了博斯[1]的麦田和布列塔尼细雨蒙蒙的山峦,直到在雾中看见了他们童年的家园,从今以后,它也将成为他们的艺术家园。美国主题,就像任何主题一样,只要你有才能,就能赋予它尊严。

……这是个一般性的结论,但它是在历经多年与多种形式后才得出的。其实,流放者有好几波,有好多个相继出现的团

---

1 法国一主要农业地区。

体，他们各自不同的观点反映在一系列的小型流亡杂志上。迷惘一代的神话被第二波流放者接受，被在1924年为《大西洋两岸评论》写稿的厄内斯特·海明威的朋友们接受，这本杂志在当时就显示出了对于用口语书写美国主题的兴趣。后来出现的《变迁》杂志，更具有国际性。在它的供稿人中有许多彻底的移民，就是那些故意切断了和祖国的所有联系的人，除了唯一一种联系：他们的收入仍然来自美国。他们就像跳过了围栏的小马驹，但身上的绳拴还在，终有一天它会再度收紧，到时候他们就不得不再跳回去。我们这样的更早一波的流放者是给《扫帚》《怪兽状滴水嘴》和《分离》之类的杂志写稿的。我们在欧洲度过的岁月是忙碌的，也是惊险刺激的。我们在经历了几个阶段后返回了美国，这些阶段就像一场准备充分的辩论一般层次分明。

对我来说，这一过程开始于第戎的一个葡萄架下，当时我想要给我到欧洲来时的思想做一个总结。

4. 形式与内容

1921年8月的一个炎热的清晨，我开始写一篇叫作"最年轻的一代"的文章。我离开纽约已有六个星期：要受到一种新的智力氛围的影响还为时尚早。不过，这篇文章还是清楚地表达了那一年的流放者们打入行囊、免税带到大西洋彼岸去的思想。

"作为一个有主张、有组织的团体，"我写道，"美国文学界的最年轻一代是不存在的。没有团体，只有个人。没有团结一致的思想，只有普遍的思考习惯。大家共有的某些特点将这些青年作家、这些刚满二十岁的一代人的作品统一起来。"

我觉得，大部分的特点都是负面的。"你可以完全断言这些青年作家不会在H.L.门肯的背后结成方队去进攻美国清教主义。他们自己当然不是清教徒，但他们更愿意把这场战斗留给比他们年长的同胞，自己则去做别的事情。同样的，那场关于维多利亚女王的辩论也没能激起他们的兴趣。她去世的时候，他们仍穿着灯笼裤，而大多数的勃朗宁俱乐部却随她而去了。时间给了他们足够的观察力，使他们能够对丁尼生略表欣赏，而对勃朗宁大唱赞歌。"

那天早晨，我在葡萄架下写下了这一切。那时一切都比现在单纯，你可以用一句话全盘否定一个国际知名作家一生的作品，不用担心，以后也会有人对你这么干的。"据此推论，"我写道，"他们对乔治时代人们迟到的叛逆没什么同情心。对乔治时代小说家们写的那种长篇累牍的、没什么灵感的记事小说也没什么兴趣，这些小说就像烹饪书一样只提供信息，不讲究形式。对威尔斯先生的神圣的新闻体写作也无甚兴趣。对乔治时代诗人的那种假惺惺的[1]诗作也是。这并不表明他们不喜欢大洋两岸的乔治时代的流行运动,然而他们极少遇见女权主义者、弗洛伊德主义者,或共产主义者。"

"让我们描绘一下一个二十五岁的美国作家。"在现实中,我正迎来自己的二十三岁生日,而且在任何方面都没有早熟。"他已经接受了,"我说,"上一代人热衷的东西,然后又一个接一个地把它们抛弃掉——至少在心里他已经不再把这些看作是他热衷的东西了。他不能被描绘为王尔德派、威尔斯派、萧伯纳派、乔治时代派或门肯派,也不能被描绘为追求唯美的、狂热的或自然主义的人。他用最单纯的逻辑推理解决了上一代人的文学大辩论,他无视这些问题。因此,他既不是清教徒,也不是反清教徒,既不是浪漫主义者,也不是现实主义者。他有许多文学偏见,很喜欢写以'我讨厌……的人'为开头的小文章,或者是以'我厌倦了……'为叠句的打油诗。不幸的是,他既讨厌又厌倦了这种浅薄的文学形式。他没有自己的运动要去支持,也没有听众……这是一幅非常负面的青年人画像,不过,这只是画面的一个局部。"

我开始描述一些正面的特点。"最新一代的作家们更尊重——如果不能说是崇拜——过去的作品。战前,有一种观点迅速被人们普遍接受:文学和戏剧都开始于娜拉第一次摔上玩

---

[1] 原文是法语: fausse-naiveté。

偶之家的大门的那天晚上。要做一个传统的反叛者，你只须说相比易卜生或萧伯纳，你更喜欢莎士比亚……最年轻一代的作家们不仅喜欢莎士比亚，他们甚至还能欣赏琼森、韦伯斯特、马洛、拉辛，还有莫里哀。他们对斯威夫特和笛福更感兴趣，而不是塞缪尔·巴特勒。他们对苏俄人的热情是中度的，甚至可说是不冷不热的。换句话说，他们尊重的过去在四十年前就已经结束了——就在娜拉摔门后不久。

"如果必须引进必须崇拜的陌生的现代上帝，那最好还是法国的上帝，而不是斯拉夫、斯堪的纳维亚，或英国的。不管怎么说，在这方面，年轻作家们其实是发展了老一辈们的倾向，而不是背离。美国文学的上半个世纪也许可以用一张远离伦敦的进程图表来表示。对法国散文和诗歌新形成的兴趣几乎使这一进程趋于完整，因为就智力上来说，没有一座城市像巴黎那样离伦敦那么遥远。

"他们阅读福楼拜的作品。他们阅读雷米·德·古尔蒙的作品。这两位作家起到的作用通常就是把人们领入了法国现代文学。这是对法国文学感兴趣的两个固定点，过了这两个点，他们的阅读就各自不同了。古尔蒙的《面具书》也许会把他们引向法国诗歌，从波德莱尔到拉弗格，再到最近的、最复杂的巴黎诗派。或者，他们会阅读新天主教派的作品，从于斯曼入手……当然，法国文学在今天仍对我们产生着影响，至于它今后还会持续发生怎样的作用，就让我们拭目以待吧。"

葡萄架下仍然一片宁静；外面，在叫作"第戎之荣耀"的晚玫瑰的花丛中，苍蝇嗡嗡叫；纽约离我几个世纪之遥。我竭力回忆着在曼哈顿的对话，然后用预言的形式把它表现出来。"其中肯定有一个作用，"我说，"就是对形式产生了新的兴趣。福楼拜和古尔蒙花了很多时间去考虑在形式上的均衡和节奏，而这一点往往被他们的弟子忽略。这种倾向在青年作家们的身上已经明显地显露了出来，他们似乎没什么兴趣去记录自己生活里的不成熟的片段。我曾听他们中的一位高谈阔论过什么线条、质量、平面、圆形和切线。不用走到肯尼斯·伯克的几何学极限，你就可以放心地断言我们年轻的文学至少会像一幅好的风景画一般构思完美，甚至可能具有音乐的逻辑结构。

"青年作家们的另一个特点是追求简化，这部分也是因为法国文学的影响。'艺术需要的是，'T.S.艾略特在《日暑》上写道，'把现在的生活简化为某种更丰富更陌生的东西。'你也许会在别的地方听到同样的想法，它通常是与一种对更高度的抽象的追求联系在一起的。

"形式、简化、陌生、对作为一种传统艺术的文学的尊重、抽象……这些都是青年作家们说得最多的口头禅。它们代表了迄今为止标志着法国文学的那些特点，而不是英国文学或美国文学。它们最接近于没有学派、没有宣言的这一代人的明确主张。"

文章还有更多内容但中心就是这个。现在，在多年以后，重新审视，我发觉了两个问题，这两个问题都关联到我们之前没有考虑过的一个更大的问题：我是指艺术家在社会中的地位。为什么我们的理论、标语、口号全都聚集于徒劳的形式和内容的区别上？我们为什么稍作抵抗就迅速地、在几个月的时间里放弃了它们？

这些问题还是可以回答的……我在前面说过我们是谦卑的一代，但实际上每一个作家都是雄心勃勃的：如果他们真的谦卑，他们就会选择一份失败的可能性更小、对于平庸的惩罚更轻微的职业。每一个作家都渴望出人头地。有许多作家，甚至是伟大作家，对名利的热情都达到了庸俗的程度：他们都渴望一夜暴富，渴望收到公爵夫人的宴请——在这方面，伏尔泰就是个投机分子；莎士比亚恬不知耻地伪造家族盾徽。不过，有一样东西总是和更廉价的野心搅在一起，那就是想对外部世界施加影响的欲望，想要改变历史进程的欲望。当这条路似乎完全封闭时，野心总会转向别的方向，像一道激流那样一路吞噬着泥沙冲入了河道——直到最后，即使不在生活中，至少也是在幻想中喷薄而出。"为艺术而艺术""纯粹的艺术""形式战胜内容"——所有这些口号都与一种古老的思想过程有关。"内容"就是外部世界，作家对其无能为力；但在他丰富的内心世界里，他可以通过把内容变成形式的努力来征服内容，从而使自己得到满足。

我们这一代的作家不期望改变历史的进程，甚至也不期望在社会上获取显赫的地位，从这个意义上来说，我们是谦卑的。他们属于城市中产阶级，他们缺乏政治权力，他们的脑子里真的没有政治思想，所以他们也不会意识到别人在行使着那种权力。他们不是把社会看成是一种自动运作、自动修复、自动维持的机器，就是把它看成什么也不是。也许在他们的学徒年代，在威尔逊先生发动"圣战"或俄国革命期间，这些更年轻的作家对这个世界有一种简单的认识，认为它是被冒险者控制着的，被冲突中的人们所引导的，但是这种认识已经消失了。社会再次变成他们无法控制其行程的机车，不管它是走向荣耀还是走向毁灭——他们也满不在乎，因为历史的辉煌或惨败同样都是艺术的素材，都是供雕塑创作的石材。而且，尽管他们的生活也许肮脏、混乱，他们还有一种特权：写一首内容除了秩序和美丽以外别无其他的诗，一首如在生活的旧罐头和破盘子上巍然升起的净化塔一般的诗。在"形式"的世界里，他们的失败和我们的失败，都报了仇雪了恨。

我想，那就是我那天早晨在第戎的葡萄架下，听着苍蝇在八月的玫瑰花丛中嗡嗡闹时想要表达的思想背后的情绪状态。葡萄架本身、碎石路的花园、以几何图形沿着北墙攀爬的葡萄藤，都代表了艺术战胜自然，代表了内容屈服于形式。确实，对我们这样的青年作家来说，能在法国长期逗留几乎就意味着去圣地朝拜。

法国是我们信念的发源地。在法国，诗人们可以为了构思一节诗而花上几天的时间，尽管房东在敲打着他们的房门；在法国，像古尔蒙这样的小说家可以过隐士一般的生活，同时幻想着比生活所能给予他的更为金灿灿的诱惑和更温顺的情妇；在法国，福楼拜曾描绘过"把一辈子都花费在咬文嚼字上的那种怪癖"，甚至还把这种怪癖转变为信仰。文学中令人仰慕的一切都始于法国，发展于法国；尽管我们知道伟大的法国作家们也会有争论，所以高蹈派让位给了颓废派，颓废派又让位给了象征派，象征派又让位给了新学派，不管这是个什么派，总之它不久即将统治巴黎——尽管没有一个派别达到了完美，我们还是对它们敬佩无比。这一点，恰恰正是不该给予我们的特权。

到了1921年，青年作家们不再崇拜福楼拜，对古尔蒙简直就是鄙视。艺术信仰是一种不稳定的东西，每年都会更新它的圣徒日历。变化来得很快，而且各种变化相互纠缠；派别，领袖，宣言，此消彼长——我们带着天真的信仰走进了这座疯狂的赛马场，我们的信仰就是福楼拜是伟人，即使牺牲内容也要拓展形式。在几个月的时间里，我们就经历了半个世纪以来的狂热的智力进化。

我觉得，这就为我的第二个问题——为什么我们只是稍做抵抗就放弃了我们的理论？——提供了答案。一个流派取代另一个流派，艺术的信仰已经拓宽了领域。以此做出判断的美学标准，在运用于艺术品上之后，也运用到了评价其作者的生涯之上，最后还被运用于评价一般世界。城市，国家，因为其可以为作品增色的气质而受到尊崇——因为它风景如画、令人惊奇、波澜起伏、节奏明快、生机勃勃、刚强有力、"充满创意"。有哪个国家比美国更具有这些气质呢？碰巧的是，欣赏法国文学的美国作家碰上了欣赏美国文明的年轻一代的法国作家。"古尔蒙，"我们说，"是一个伟大的文体家。""哪里，我亲爱的朋友。纽约有五十六层楼高的大厦呢。"

这是一场礼貌的竞赛，一场阿尔方斯—加斯东[1]式的辩论，到最后，我们欣然认输了。美国毕竟是我们的祖国，我们有点想念它了。但我们在纽约的朋友是不会意识到这种改变的。

5. 家乡的传闻

"我没有及时给你写信，必须向你道歉。"——你朋友给你写的每一封信都是这样开头的；陌生人则为了冒昧地给你写信而道歉——"但我最近真的忙疯了。笨鸟飞上了七重天，我拼

---

[1] 美国漫画家弗雷德里克·伯尔·奥珀（Frederick Burr Opper）创作的系列漫画《阿尔方斯与加斯东》（*Alphonse and Gaston*）中的两个主角，两人在一起时常常争论不休。

命地抓住它的尾羽，这样在屠杀温柔鸟的时候，我就可以亲历现场了。"

写信人是雷·约翰逊，就是 J. 雷蒙德·约翰逊，他是给报社写稿并指导别人新闻写作方法的一个专家，不过他从来不署名。战后，富豪和工业巨头的遗孀变成了引领大众思想的新工具。需要建议的话，他们就聘请匿名的自由作家来提供这种服务。他们中的大部分人都是聪明的诗人，都是有思想的人。他们鄙视富豪，厌恶以爱国的理由向公众骗钱的工作，但他们高效地提供着服务，并在喝酒时用自嘲的方式来取得自我安慰。

"我最近的一次冒险，"雷·约翰逊接着写道，"是慈善使团项目，该项目是由对战灾的法国提供帮助的美国援助会出资的。我们亲爱的大使本人就是这一慈善项目的负责人，他期待能够募集到五十万美元——上帝啊！这等于多少法郎呢？——以供埃纳省的安妮·摩根或其他人使用。搞运动已经过时，所以我们组织了一场在三百座城市的三百份报纸上进行的竞赛（每张选票一毛钱），在每一座城市里选出一个代表来参加慈善使团。这主意不坏吧，对吗？代表可以免费去参观战地，我们只要求她从朋友们那里多拉赞助。

"自从你离开格林威治村，我们的日子过得很愉快。胖子阿巴克尔的强奸案把裁军会议的内容挤出了头版的位置，于是代表们带着许多精美的照片，带着西柚、浴缸和苹果酒的味道，偷偷溜回了欧洲。哈罗德·斯特恩斯的书《美国和**年轻的知识**

分子》(粗体字是出版商加上去的)出版了[1],但文学专栏里还有空间,可以登一些评论房龙的《人类的故事》、霍华德·派尔的《海盗之书》的小文章,以及艾尔·詹宁斯(《火车劫匪》的作者)评论欧·亨利的文章。"

自从我们离开纽约,已经过去好几个月了,但那里没发生什么真正的变化。舞会在继续,也许节奏比以前快了点,但舞客还是那些人,在乐队演奏的短暂间歇,他们谈论同样的话题:禁酒、格林威治村的八卦、美国人的愚蠢,以及欧洲人办事的高明。"管仓库的诗人哈里·肯普住在琼斯街31号的烟囱壁龛里。弗朗西斯越来越胖,她有一套新茶具,地上油漆过了,卧室里有一只新的柜子,天冷的时候用煤气有问题,诸如此类的事情。在圣诞节期间,因木醇中毒致死的只有二十个人,但在医院里死掉的有一百人,你永远也搞不清真相。除夕是个明朗的、喜庆的节日。禁酒代言人宣称这将是一个没酒精的夜晚,但午夜过后面对那么多老派的醉鬼,警察也没有地方关他们。似乎没人知道那些老酒是哪儿来的,但大多数主要市民在最近几天里都受到了非法运酒的指控。大家都在高唱着繁荣,但银行行长全都是在瑞士开旅馆的老板,你能争取到的条件最好的

---

[1] 原注:这是一本文集,阐释了为什么知识分子应该生活在更文明的国家这个问题。该书出版时,斯特恩斯在巴黎,用海明威的说法是:"他正处于一种不牢靠的时期。"海明威的小说《太阳照常升起》里的哈维·斯通就是以他为原型的。以前他常常睡在咖啡厅的阳台上,看见他的人们会说:"那里睡着的是美国文明。"

贷款是 50% 利息。高架铁道依然沿着第六大道往南，在离 J. 史密斯的别墅不远的某个地方转入第三街，顺便说句，这个史密斯先生学会了酿制合成的杜松子酒，从而使自己再次享受到了过去的欢乐。百老汇的票贩子终于被取缔了，如今你只要花六块六就能买到一张两块钱的票子。报纸上宣布政府取消了娱乐税，自 1 月 1 日起生效，但在你买票子的时候，票房大佬会告诉你这项规定仅适用于票价低于一毛钱的票子。在间隔了十八年之后，我们仁慈的政府再次铸造银币。大约有一百万枚银币流入了纽约银行。有谣言说这些新的银币将取代曾经通行的镍币。"

纽约的一切都没有多大变化。在欧洲，我们学到了把美国的工业巨龙视为是一种生动的、甚至是高贵的魔鬼；但我们在祖国的朋友们是没有这种远观的有利条件的；对他们来说，这条巨龙遮蔽了天空，他们抬头望天，只看见龙腹上的鳞片，刚刚涂过达科漆，看上去油光锃亮的。他们梦想着逃到这条龙尚未入侵的旧大陆去——而我们这些在旧大陆的人，已经梦想着要坐船回国了。不久，我们就在大西洋的两岸展开了辩论。

这场辩论是在 1923 年的头几个月里开始的。肯尼斯·伯克为《名利场》写的一篇文章里有两句话刺激到了我，于是我也加入了这场辩论。"在美国，"他写道，"没有丝毫真正有尊严的财富为农民、家神、传统提供资源。美国之所以成为世界的奇迹，仅仅因为美国纯粹是全世界的邪恶和庸俗的汇聚点。"他是在纽约发表这番言论的,这种观点在两年前是我们俩都认同的。我在欧洲给他写了一封回信,在信里几乎语无伦次地表达了我的异议。

"肯尼斯,你从什么时候起做起了家具推销员呀?**真正有尊严的财富!**你好像有我在吉维尼碰到的一位美国女士身上的毛病。——'你知道,美国的墙纸似乎连一分钟的寿命都没有,它会很快褪色或剥落,但这儿有用欧洲染料染色的上好的欧洲墙纸,再用上好的欧洲糨糊把它糊上墙,这样就能永远使用了。'我告诉你吧,我在欧洲这两年的最主要的收获就是摆脱了认为欧洲糨糊也比美国货好得多的那位女士持有的那种偏见,以及哈罗德·斯特恩斯主编、三十位美国知识分子执笔的那本书里的那种偏见。

"美国就和他妈的欧洲一样好——有些地方更糟,有些地方更好,就是这么一回事,有更新鲜的素材,喜欢和平共处,而不是进军鲁尔。至于说它是所有的邪恶和庸俗的汇聚点——那是胡说。纽约就像柏林,本身就代表了优雅。法国趣味在很多细节上是让人倒胃口的。伦敦是一个巨大的戈弗普雷里镇。我不会羞于在任何地方脱下我的大衣,对这些堕落的欧洲人说我是一个美国公民。挥舞起美国国旗!和平!常态!

"美国和德国一样,有一种自卑情结。不是因为机械或生活水平,而是因为艺术。美国人编辑的《分离》杂志,比法国人编辑的任何小型杂志都更为无足轻重。约翰·马林是个美国小人物，甚至比法国不入流的水彩画家迪努瓦耶·德·塞贡扎克之类的人更卑微。在法国生活两年的唯一借口就是摆脱掉自卑感，去发现，比如说，特里斯丹·查拉[1]和你长得很像，你们就像两滴水，而且他说话也不见得比你聪明。去发现达达主义者比《分离》派人士更有趣，因为前者，说来奇怪，更有美国式的活力……美国文学的唯一救赎是**从美国商业里借一点力量和自信**。美国文学——我是指安德森、德莱塞、弗兰克等等——在精神上是疲软的，在它学会考究的形式之前，必须先治好它的精神，不然全世界的考究加在一起也对它毫无用处。"

对于形式和内容的古老争论已经被打入了冷宫。在两年的时间里，我们在价值观几乎一天一个样的欧洲不断地寻求着引导，寻求着可以效仿的榜样，寻求着一种稳定的智力通货。至于引导嘛，当它到来的时候，我们却发现它并不是我们所期待的。

---

[1] Tristan Tzara（1896—1963），罗马尼亚诗人，达达主义运动的创始人之一，后加入法国籍，代表作有《二十五首诗集》《相似的人》《旅人之树》《在狼喝水的地方》等。

第四章

巴黎朝圣

1. 考卷

只看书不写书的人往往会对任何一位著名作家产生一种简单的印象。他是约翰某某或乔纳森某某,这个人写了一部关于巴黎、关于离婚、关于佐治亚饼干[1]的极富魅力的小说——这个酗酒的男人;还带着医生的老婆私奔了——这个光头的男人,还在星期三俱乐部里开讲座。但是对作家而言,尤其对寻求引导的青年作家而言,功成名就的作家代表了一种更为复杂的形象。

他们对大作家的印象来自各类资源的集合。他写的书确实是主要的资源,但是他的写作生涯、写作的起点及大致的发展方向也是值得考虑的。他的个性是怎样的,可以在你有幸采访他时展现出来,也可以在人们闲谈时以漫画般的方式展现出来;还有他对别的作家的评价;还有他的年轻同行们在厨房或酒吧间里对他做出的评价,他们的评价简直就像最高法院做出的终审一般严肃——约翰某某有真材实料,他们说,但乔纳森某某只是徒有虚名——然后他们还会拿出证据来支持他们的评价。证据是反复掂量过的,所有的细节全对得上,就像玩拼图游戏,它渐渐地露出了图形,开始是模糊零碎的,然后随着岁月的

---

[1] The Georgia Crackers,一支爵士乐团的名字。

推移这幅图像会变得越来越清晰：约翰某某或乔纳森某某的画像，詹姆斯·乔伊斯的、埃兹拉·庞德的，或者是T.S.艾略特的画像。不过，这幅完成的画像并不是一幅真正的画像：它更像是一张地图或图表，见习作家们可以用它来规划自己的写作生涯。

如果要他来评论一本乔伊斯或艾略特的书，他会说出他认为确切的某些话：这些话并不是他的真心话。他在心里暗自琢磨自己是否可以、是否应该用乔伊斯或艾略特的方式来成为伟人。为了达到目的，他应该走哪条路？尚健在的伟大作家，在做缪斯学徒的年轻人的眼里是一系列的问题，是一份他自编自答的考卷：

1. 这些作家使人想起哪些问题？
2. 他们自觉地处理哪些问题？
3. 我是否有这些问题？如果没有，我应该把它们变成我自己的问题吗？
4. 乔伊斯是怎么解决这些问题的（或者艾略特、庞德、格特鲁德·斯泰因、保尔·瓦雷里）？
5. 我应该采纳这种方法吗？还是放弃它，寻找另一位大师？还是我必须自己想出一种新的解决方法？

就好像主考官是这么写的：慢慢来，年轻人，仔细地考虑每一个问题；时间足够的。别作弊，别造假，你是在为自己回答问题。除了后世的人们，没人会给你评分的。

2. 圣徒传选读

对我们这一代的美国作家来说，或者至少对那些在1921年出国的作家来说，和他们最亲近的作家似乎就是T.S.艾略特。他呈现出的主要形象就是一个取得了成功的乡下孩子。他出生于圣路易斯；他在1910年就读于哈佛大学，他在那里上的课程我们任何人都可能上过，他参加了三四个不知名的俱乐部；他在法国的外省大学接受再教育，然后在伦敦找了一份工作。如今，在离开坎布里奇十年后，他缓缓地为自己缚上了一只荣耀的茧。但他的荣耀、他的成功，并不是庸俗意义上的赚钱，而是获得了很大的名声：1921年时，没有一家报纸曾提到这个巴克莱银行的小职员。他的成就是写出了完美的诗，在他的诗里我们找不出一行幼稚、笨拙、土气、平庸的诗句。一个中西部的小子可能成为这么完美无瑕的诗人吗？——这是一个我们不会不提的问题。

但这不是艾略特回答的唯一一个问题，或者说，这也不是他进入我们内心深处的唯一一扇门。他早期的评论文章大部分都是关于内容与形式的讨论，而且他支持我们以前常称为"我们这一方"的观点。他有效地捍卫了与感情对立的理智，也捍卫了与力比多（弗洛伊德式的黑暗欲望）对立的有意识的思想。他的诗歌结构，从一开始就令人佩服。而且，他似乎把他的诗歌视为是智慧问题——解决一个问题后，他又会去研究另一个。从早期的自由体短诗出发，他写出了《一位女士的肖像》和《普鲁弗洛克的情歌》，接着又写出了《斗士斯威尼》组诗，再后来是《小老头》；他那雄心勃勃的新作即将发表于《日晷》杂志，它肯定会标志出又一个起点。在当时，他从不重复自己，也从不坚持使用同一种态度或技法：一旦想到了某种可能性，他就出发了。

当然，"出发"这种概念并不是艾略特的独创。它是当时文学环境的一部分，也是历史悠久的传统的一部分——譬如，它和我的高中朋友们发明的"回旋理论"非常相似。但艾略特的影响力使得这个概念在青年作家中盛行一时。他们开始把理想诗人描绘为探索者，一个捕猎野牛的猎人向着西部的新边疆进发——他从谢南多阿河进入人迹罕至的田纳西州，接着又进入蓝草州[1]，再之后是密苏里州，总是把未耕种的荒地留在身后，但谁在乎呢？——总有后来人会来耕种的。没有一位美国诗人像艾略特那样在创作生涯的各个阶段拥有众多的追随者。到1925年为止，他的影响力似乎无处不在，在之后的几年里他的地位依然极其重要。但是在1922年——那时他在一般大众中还没什么名气，但在青年诗人中受到狂热的追捧——出现了一场危机。有超过半数的弟子都渐渐地离他而去。

---

[1] 肯塔基州的别名。

《荒原》出版时，我们遭遇了一场困境。这首诗符合我们要求一首伟大的现代诗所应具有的全部特征和标准。它在形式上不仅完美，而且比艾略特的早期诗歌更具有音乐和结构上的丰富性。它的遣词造句堪称登峰造极。他以一种权威的方式运用了追随波德莱尔的法国作家们找到的技法。陌生化、抽象化、简化、对文学作为一种传统艺术的尊重——在我们的口号中要求的所有品质它全都具备了。我们热切地准备好捍卫它，抵挡来自不理解艾略特的意图的人们的攻击——但我们在心底里是有所保留的。这首诗把我们逼入了一个错误的境地，使我们自觉采纳的原则和我们的本能产生了冲突。在心里——不是在理智上，而是在一个纯粹的感情层面上——我们不喜欢它。我们不同意我们认为这首诗所表达出来的主要思想。

这种思想是单纯的。在《荒原》丰富的象征性下面，是用七种语言表现出的广博学识、在三个层次上展开的行为、音乐性的插曲、几何的构造——通过使用所有这些手段，我们感觉诗人在告诉我们今不如昔。过去是尊贵的，现在是感情贫瘠的；过去是被一泓清泉滋润了的美景，现在陶冶灵魂的泉水已然干涸……在他早期的诗作中，艾略特常常表露出这种思想；他常常用罗马之鹰和军号或者圣马可的雄狮来象征死亡的荣耀，从而反衬出现代的庸俗。但是，在这些早期的诗歌里，现代才是它们真正的主题。尽管他似乎厌恶现代，尽管他想到了"在一千间摆设着家具的房间里拉开脏兮兮的百叶窗的每一只手"，尽管他持续地"意识到女仆们的潮湿灵魂在门角落里沮丧地发芽",他依然书写着我们都知道的生活——不仅如此,他还通过同样著名的隐喻手法赋予我们的日常生活以不同的特征,并对它进行诋毁和贬低。但《荒原》标志着真正的改变。这一次,他不仅运用他所有的成熟技法来表达出他的思想,而且将他的思想推到了一个崭新的极点。他不仅辱骂了现代,而且剥去了它的活力。这一次,他似乎在说我们的时代已经未老先衰了,甚至找不到自己的语言来哀叹它的疲软;它命中注定要不断地借用已故诗人的诗句,并把它们拼凑起来。

《荒原》里长达七页的附录,艾略特在这里展示了他的学识,说明了那些看上去极富个性的诗句出自伊丽莎白时代的或意大利的诗歌,是我们难以咽下的一剂苦药。但事实是诗人并不像他的青年读者那样改变了那么多。我们对技法不像以前那么关注了,我们寻找着描绘出我们自己的世界的诗歌。至于艾略特对我们提出的那个问题,古代的价值是优于还是劣于现代的,我们拿不出客观的证据来支持我们的看法。价值是由活人创造的。如果他们相信——如果他们的生活方式引导他们相信——伟大随着维吉尔、但丁、拿破仑的消亡而消亡了,谁又能教他们改变想法或接受新的价值观呢?我们恰巧被生活在现代的那种历险感刺激到了。著名的"战后贵族的幻灭情绪"是一种我们从来也没有过同感的情绪。碰巧,艾略特的主观真实也不是我们自己的真实。

尽管我说"碰巧",但其实我们的信念来自我们所过的生活。尽管我说"我们",我指的仅限于已经受到艾略特诗歌影响的大多数人,也许是三分之二的人。《荒原》出版的时候,作家中出现了社会划分,不是穷人和富人之分,也不是后来流行的马克思主义说法所谓的资产阶级和无产阶级之分[1]。属于社会顶层或底层的青年作家并不多。有些人确实是的,他们出身于工人家庭或佃农家庭,但即便这些为数不多的人也受过中产阶级的教育,而且大部分也接受了它的标准。中产阶级开始控制文学界;大多数人都是公立高中或中西部的综合型大学毕业。而这一阶级的作家——略等于马克思说的小资产阶级——是那些已经开始怀疑艾略特要把他们领向哪里、他们是否应该跟随的人。

不过,也有许多青年作家是很好的预备学校出身的,一般是圣公会学校,然后他们会去读耶鲁、哈佛、普林斯顿、威廉姆斯或达特茅斯大学。不管有钱没钱,他们都接受了这样的教育,都接受了在美国社会中比例少但权力大的那个阶级的标准,

---

[1] 原注:和1934年时我的想法相比,如今我觉得这种划分更像是气质问题,而不是社会背景的问题。不管怎么说,这种划分是真实的,它也反映出在我们的时代里人们对待生活的态度。在《荒原》的全注释本出版时,E.E.卡明斯曾问我为什么艾略特要借用已故诗人的诗,而不是写他自己的诗。从他的话中我几乎能听出一种背叛的味道。海明威在《大西洋两岸评论》里写道:"如果我知道可以把艾略特先生磨成一种极细的干粉,然后把它洒到康拉德先生的坟墓上,康拉德先生能立刻醒过来,对于这种被迫的复活,他看上去极为不满,然后重新开始写作,那么我明天一大早就会带上一台绞肉机去伦敦。"在另一方面,普林斯顿的约翰·皮尔·毕肖普当时也在巴黎,他告诉我说他在学意大利语,为了理解艾略特在注释里引用的但丁诗句的确切含义。

用资产阶级来称呼这个阶级也许是合适的。总体来说,那些"未老先衰的青年诗人"不仅欣赏《荒原》,而且坚持在精神上依附它。就像埃德蒙·威尔逊说的,他们"喜欢住在荒凉的海滨,长满仙人掌的沙漠,灰尘仆仆、老鼠肆虐的阁楼里"。他们接受的特别教育、他们的社会环境,还有,我觉得,他们混合了特权和不安的感觉使他们准备好了跟随艾略特去荒原里朝拜权威与传统的神龛。

这两组人里都有例外,艾略特依然在一千间摆设家具的房间里的脏兮兮的百叶窗后面被人们赞美、吟诵,但大多数奋斗中的中产阶级作家已开始寻找另一种文学行为模式。我们是新人,没有继承的传统,我们进入了一个崭新的艺术世界,我们并不觉得这个世界是一个精神荒漠。尽管我们还没有找到自己的道路,但我们还是本能地拒绝了艾略特的看法。我们在未来仍然会推崇他的诗歌和他那清澈、整洁的散文,但是艾略特的形象已不再是我们的向导。

詹姆斯·乔伊斯对我们来说也是一个从不重复自己的作家。从《室内乐》到《都柏林人》,再到《一个青年艺术家的肖像》,他的每本书都探讨了一个新的问题,而且明确地标志了他的创作生涯的某一阶段。《尤利西斯》出版于1921至1922年冬天的巴黎,标志着又一个阶段。尽管我们处在一个繁忙的时代,没时间仔细地阅读或消化掉哪怕十分之一的内容,但我们还是能肯定一件事：这是一本不会辱没了"伟大"一词的巨著。

这样我们学会了以另一种方式将乔伊斯和艾略特联系在一起。乔伊斯也已成为一个成功的形象，能够点燃青年作家们的想象力，尽管这种成功是在一个不同的层面上的。他是又一个取得成功的乡下小子，但不是一个圣路易斯或哈佛的小子。他的出身是中下层阶级，他遨游其中的家乡似乎就是20世纪。我们这个时代的作家能写出堪与别的时代的杰作比肩的杰作吗？这个问题除了学校里教我们的答案外，还可以有另外一个答案，乔伊斯是第一个给我们这种提示的人。

但是——这里还有更复杂的问题——他是出于什么目的、又是使用了什么方法才写出这本毋庸置疑的杰作的？他为我们树立了一个我们应该去追随的榜样吗？

他写的每一本书似乎都有三种相互独立的价值观，也就是他自己的三种气质：他的骄傲，他对别人的鄙视，他的抱负。在《一个青年艺术家的肖像》的结尾，它们表现得尤为清晰。主人公斯蒂芬·迪德勒斯是一个孤独的、自负的人，他蔑视比他有钱的同学们，认为他们在理性和感性上不如自己。他还为自己设定了远大理想，不是成为主教、法官或将军，而是要紧紧抓住"尚未来到这个世界上的美好"。他将成为一个独一无二的精神领袖，他离开爱尔兰是为了"在灵魂的熔炉里冶炼出我们民族尚未诞生的良心"。斯蒂芬·迪德勒斯显然在某种程度上就是乔伊斯本人的精确写照，但是作者在生活中选择了一种更为孤独的抱负。当他漫游在意大利、奥地利、瑞士和法国时，依然在书写着他童年时的都柏林，依然记得爱尔兰的语言，但他有点忘记了在革命的熔炉中锻炼出良心来的爱尔兰民族。他选择了另一种命运。就像拿破仑在科西嘉登陆，就像科尔特斯或皮萨罗挺进苏格兰高地，他为自己选择了一项成就自我的任务：他将成为一个天才！——他会创造出一个帝国，他会创造出一部天才的作品。

他并无超人的知识资源可供支配，而物质资源又几乎完全不存在。他来自一个和爱尔兰一同没落了的家庭，整个青年时代都很穷，几乎穷得叮当响，而且不受人欢迎。他特别敏感，但也不比别的半打爱尔兰诗人敏感多少。他的头脑像他的几个耶稣会教师一般敏捷。他勤奋好学，能够学会任何一个刻苦的学生所能掌握的知识，但他也有耐心，还很顽固——只要选定了目标，他就会无视所有的困难。他是一个外国人，身无分文，身体虚弱。欧洲在他的眼前崩溃了，一千三百万人死在了战壕里，帝国坍塌了，他关上窗户，闷头写作，每周工作七天，每天工作十六小时，创作、润色、呕心沥血。我们觉得，他取得的成就没有丝毫的神秘可言。他骄傲、蔑视世俗、有雄心，这些就是《尤利西斯》里不断表现出来的突出品质。你看，斯蒂芬·迪达勒斯多么骄傲，他认为自己超越了都柏林的普通大众，尤其是超越了由巴克·马利根代表的都柏林知识分子。这里表现出作者对这个世界和他的读者有多么蔑视——就像一个故意对客人粗鲁的主人,他不承认读者们有理解他的作品的能力或意愿;这里也表现出他有多么雄心勃勃,他不仅要和同时代的任何一位大作家比,不仅要和属于现代民族文学的任何一位大作家比,还要和任何一位西方文学之父、欧洲民族的首席诗人比。

如今,这个20世纪的穷小子征服了他的秘鲁,创作出他的天才之作。我们不是那种把他的地位和荷马相提并论的狂热分子,但至少有一点是可以肯定的,除了马塞尔·普鲁斯特以外,恐怕没有一位尚在人世的作家能在深度、广度、复杂性、渊博性上和他相比。他的成就在激励着我们前进,他的雄心使我们比他渺小的雄心显得尊贵。但显然他创作《尤利西斯》是付出了代价的:在面包和欢笑方面,他付出了多少代价?写出这本杰作的人是怎么过日子的?

我们把他作品里的片段和杂志上关于他的有时是错误的信息、咖啡馆里的闲言碎语、有幸和他会面的人们对他的谈论拼凑在一起,结果得出的画面,即1923年的乔伊斯肖像,并不是全然愉快的。这个伟人住在一家廉价的旅馆里,虽然不是特别脏,但环境杂乱、令人沮丧。他受到了荷马式的双目失明的威胁,他那微薄的收入的大部分都贡献给了医生,因为忧郁症加重了他的病情。他没有和他同水平的知识分子朋友,只有亲戚朋友或崇拜他的弟子和他为伍。除了关于文学和歌剧的内容,他在别的方面的看法属于那种四流或五流人士的。就好像为了实现雄心壮志，他牺牲了生活中其余的一切。就好像他做了一场和浮士德反方向的交易，为了满足他骄傲的灵魂，他出卖了自己的青春、财富和一部分的普通人性。

他同意了我的采访，我去了他住的旅馆。他在房间里等着我，看上去阴郁落寞，就好像拉上的百叶窗后面的红色绒面家具在暮色中发酵。我看见一个高大的、憔悴的男人，有一个高高的、苍白的额头，戴一副墨镜，薄薄的嘴唇和眼角的皱纹标志着这是一个遭够了罪的人，这一点如此明显，以至于我把来时准备好的问题都给忘了。我只是一个小青年，去会见一个需要帮助的长者。

"我有什么可以帮助你的吗，乔伊斯先生？"我问。

是的，我可以做点什么。他没有邮票，他觉得不舒服，不能出门，没人为他跑腿干杂活。我出去为他买邮票，走在大街上时松了一口气。他是真正的天才，我觉得，但这位天才在某些方面却像我们握手时我接触到的他那细长的、光滑的、如潮湿的大理石一般的手指那样冰冷。

埃兹拉·庞德代表了一个不那么令人畏惧的形象，因为他的名气与其说是来自他的作品，还不如说来自他对别的作家的支持以及他对愚蠢大众的责骂。他的作用有点像学校的校长，就这个词的双层含义来说。他通过叱责教育了大众；他总是提携新的作家来让我们认识,让我们对古典作品展开全新的阅读,在诗歌评论上提出更新更严格的标准。格特鲁德·斯泰因说他是"一个乡村的解说员,如果你是村民,你会觉得他无比出色,如果不是,就不会有那种感觉"。斯泰因小姐自己从来不会费事去做解说,尽管她喜欢让年轻人坐在她的脚边,而且对庞德在青年作家中的影响不无嫉妒。庞德的影响力范围很广,也是他应得的。他不仅给作家们最好的建议,而且经常会把他们组织起来形成团体或流派,而每一个流派都有自己的宣言和杂志,这就是我说他也可以被称为校长的第二层意思。

他在伦敦开创了意象派,然后把这个名称转让给了艾米·洛威尔(她把该词的最后一个字母 e 去掉了[1],同时也把这一流派建立其上的大部分原则去除了),又另行组建了漩涡派,这一流派一直维持到大部分的成员都被应征入伍为止。除了推进这些正式的团体,在庞德的朋友圈里还有几位我们这个时代里的顶级诗人。他们尊敬庞德,是因为他们觉得他在为文学做无私的奉献。他为别的作家争取出版的机会,但同时他自己的许多作品也还未获出版;他为别的作家寻求经济援助,原本这些援助他可以轻松地为自己谋到。在他职业生涯的大部分时间里,他几乎从来没拿过高于一个英国临时工的收入。"如果我的收入超过了我的需求,"他以前常常这么说,"我就会立刻变成

---

[1] 意象派的原文为法语 imagiste,去掉 e 后就成为英文的意象派 imagist。

一只寄生虫。"

他在1921年时的经济状况还算不错，那一年他从伦敦来到了巴黎。在接下来的两年里，我去看过他几次，但我现在只记得最后一次了。那是在1923年的夏天，庞德住在一间凉亭里，或者说夏屋，它坐落于卢森堡花园附近的田园圣母街70号的院子里。我在那里碰到了一个高大的年轻人，目光专注，留着牙刷式的小胡子，庞德给我介绍说此人是厄内斯特·海明威。我说我听说过他。海明威给了我一个中西部式的缓缓展开的微笑。他当时正为国际新闻社工作，不过有传闻说他写了几篇短篇小说，而庞德对它们的评价是美国文学中的崭新的声音。那天下午他没有谈自己写的小说，只是专心地听着（好像是用眼睛在听）庞德对文学世界的分析。过了没多久，他就站起来，和庞德约好第二天去打网球后就走出门了，他走路的姿势就像拳击手。庞德继续他的长篇大论。

"我发现了伊丽莎白时代戏剧的真相。"他一边说一边消失在了凉亭的后面，首先消失的是他的胡子。他总是能找到真相、内幕及其确切的理由。过了一会儿，他拿着一本虫蛀的皮面对开本走回来。"全在这里了，"他拍着这卷书说道，"所有的情节都是剽窃这些意大利官方文件得来的。"

他这话说得似乎很不搭调，但我出于礼貌没有提出异议。"你自己的作品怎么样了？"我问。

庞德把书放在台子上，台子上还堆着其他的书。"我尽量不重复自己。"他说。他穿着红色的晨衣来回踱步，他那红色的胡子像古希腊士兵的胡子一般向外突出（或者，像我事后所想的，它们就像狐狸的嘴）。他没有刻意要表现自己是文学界的大佬的意思。他谈起了写作生涯里的故事，没有一点故作高贵的神态。

他在二十二岁时写了一首诗——《挚友之歌》，这首诗被人们广泛讨论，甚至还被国际主日学校重印了。这是该主题里的第一首男子汉的歌谣，之后梅斯菲尔德对这一主题进行了挖掘，也许庞德本人也对它挖掘过——"写出这首关于基督的歌谣后，"他说，"我只要如法炮制写詹姆斯、马太、马可、路加和约翰的歌谣就能成名啦。"如果说他没有坠入标准化之深渊的话，部分是因为他没有看见有那个深渊。他没有那么做，而是在1908年去了英国，在那里开始了一段新的职业生涯。

他依然相信自己离开美国是对的。美国就是三十年前的英国。美国就是抽掉了五十个最有才智的人的英国。还没有在英国结集出版的诗作是不会出现在美国的杂志上的。也许他被早早获得的声名给误导了，也许这使得他在一段时间里希望自己能写出友好的评论家们期待他能写出来的那种诗。他花了三年时间研究牛津英语，之后才发觉是在浪费时间。英语不是拉丁语，人们怎么说话，就应该怎么写。

1912年出版《还击》后，他失去了许多英国读者。大众不喜欢吃惊，而这本新诗集令他们吃惊，甚至有点震惊。它们证明了庞德不仅仅是一位男子汉歌谣的作者，或者是以中世纪的语言写活了中世纪人物的又一个勃朗宁。1916年出版《驱邪》后，更多的读者离他而去了，他们不喜欢他使用口语，也不喜欢他在描写"l'homme moyen sensuel[1]"的感觉时表现出的直言不讳。在他出版诗集《毛伯利》和《诗章》的初版时，也出现了同样的情况：每出版一本书，他就会失去一批老读者，过了一段时间，他又会获得一批新读者，然后这些新读者也会轮流消失；他总是和读者甩开距离。

庞德谈起了他的几个好友。戈蒂耶·布热泽斯卡，1916年战死前线，是新一代雕塑家中最有天分的一位，他在伦敦挨饿的时候，是庞德的资助使他得以维持生计；温德姆·刘易斯是真正的漩涡派，是一个智商极高的人。刘易斯在1917年的春天访问了纽约，两周后——庞德在这里略微停顿，表示强调——美国对轴心国宣战了。在更早一些的时候，庞德也为刘易斯获得世人的认可出过力，就像他为乔伊斯、艾略特以及数十位有天赋的作家出力一样。现在他已经三十七岁，可以不用再为别的作家及一般的文学出那么多力了，可以结束教育大众的使命，而专心地去从事创作了。完成《诗章》将花去他好多年的时间，他还想写一部歌剧，另外还有别的计划。为了实现这些计划，他最好还是离开巴黎去地中海生活，这样他就能远离干扰，在他

---

[1] 法语：好色的凡人。

以前过 villeggiatura[1] 时发现的一座小城生活……

　　我回到了吉维尼，那是离巴黎一百公里远的一个村子，那年我住在那里（不是为了过乡居生活），重新阅读了我能够搞到的所有英文版的庞德诗集。比起第一遍读时，我更喜欢这些诗了，对于诗中大肆炫耀冷僻的学识也没那么抵触了。现在吸引我的是这些诗歌里的新词句、新的节奏、新的形象，以及对诗歌宝库里的词语的彻底弃置不用。我能看出艾略特从中学到了多少（尽管我当时并不知道艾略特曾把《荒原》的手稿交给庞德让他提意见，而且几乎全盘接受了庞德提出来的修改建议）。我也能看出 E.E. 卡明斯在创作讽刺诗时借鉴了《休·塞尔温·毛伯利》，我还能看出其他仿效的地方。庞德发明的那些手法为别的诗人所用，从这一点来看他获得荣誉是应该的，然而我还是觉得，有些作家——特别是艾略特和卡明斯——比他有更多的内容。庞德用那些新词句一直在说的无非是"为艺术而艺术"的老传统，不然就是小酒馆行吟诗人的更老的传统。他反复地说大众是愚蠢的，诗人住在阁楼里会活得更好。他写诗是为了使大众震惊，在他的读者都死去之后，他的诗仍将永存：

　　　　去吧，赤裸的、粗鲁的小曲，
　　　　用一只脚轻轻地跳着，去吧！

---

[1] 意大利语：乡居生活。

（或者用两只脚轻轻地跳，如果你高兴！）
去吧，去无耻地跳舞吧！
去吧，去肆无忌惮地寻花问柳吧！

……

把一本正经的裙子揉皱，
聊一聊她们的膝盖和脚踝，
但首先，去找讲究实际的人——
去吧！去按响他们的门铃！
去告诉他们，你不工作，
再告诉他们，你将永垂不朽。

他在这样的诗中有意打破常规，这在当时是急需的，他还在写一份诗人的独立宣言——可是在这些诗歌的血管里没有多少新鲜血液，你叫它们怎么能永垂不朽呢？另外，在庞德说他要和读者保持距离的话里，我发现了他的诗歌还有一个弱点：他不停地踏入尚未有人探索过的领域，就像艾略特和乔伊斯，但我觉得他的动机是不同的。从他的早期歌谣到《还击》，再到《驱邪》，再到《毛伯利》，他的诗人生涯与其说是在追求着什么，还不如说是在拼命地摆脱着什么。我把他描绘成被一群崇拜者追逐着的一只红狐，他领着他们穿过荆棘，跑入沼泽，有些人跑到一半放弃了，又有一些人加入进来。目前，在《诗章》中，他逃入了高耸的岩石地，气味在那里消失了，如果猎狗还要继续追下去就会磨破脚掌，不过我觉得即使逃到那里，他们最终还是会追上他的。他们会嘴对嘴地围住他，不是为了吃掉他，仅仅是为了获得可以向他发出赞美之吠的特权。然后，带着他蔑视大众、寻找特别单纯的解释、怀着怪异的想法的弱点，这只狐狸又会逃到哪个新的角落里去呢？

1922年11月，我们听到了马塞尔·普鲁斯特的死讯。他的去世就像是一个象征的完结。他的志向和庞德、乔伊斯完全不同，他既不想超越大众，也不想凭意志力写出天才之作。在乔伊斯身上，这种愿望过分强烈，而在普鲁斯特身上，这种愿望似乎完全萎缩了。他无法控制他的激情，也无法控制一时的奇思怪想，他冷冷地看着自己做傻事——活着的马塞尔·普鲁斯特就像是在他大脑的房间里漫游的一个阴郁而又迷人的游客。尽管如此，他还是给自己安排了一个任务，而且把它完成了。他决心对这个虚弱的、反复无常的马塞尔·普鲁斯特来一番改造，把他自己改造成一件不朽的艺术品。

趁他还有力气，他迫切地想要完成这个计划，他把自己封闭起来，远离朋友、社交生活、全世界，大部分时间都打发在一间不透风的密室的床上——人家说他能嗅到隔开三个房间的一缕新鲜空气，并为之苦恼。就连鲜花也被禁止了，因为会引起他哮喘。他几乎终日不见阳光。有时候，在天黑下来以后，他会穿上皮衬里的大衣，翻起领子包住耳朵，去参加在近郊圣日尔曼区举办的招待会。不过，他晚上通常都会待在为了避开大街上的喧闹而在墙壁上垫满软木的书房里奋笔疾书。他在和时间赛跑，时间就是他的敌人。在这样的隐居生活中，他竭力在过去消逝之前，捕捉它们并把它们保存起来，就像软体动物在死前会造出一层壳。我当时在一篇文章里这么写，他的死"只是一个向外拓展的过程，他像一只橘子那样把自己的内瓤翻到了外面，并把自己彻底吸干，或者说是把自己刻在了纪念碑上。他的观察，他的情感，他的矫情，他身上所有的优点和缺点，全被他用在了小说人物身上"。

当我读着他那本书的最后一节，那本书直到1920年代末才得以出版，我发现普鲁斯特是在用不同的语言表达关于自己的相同的见解。"让我们允许自己的身体分解，因为分解出的每一粒新鲜粒子都是灿烂的、清晰的，这些粒子会汇聚到我们的作品里并使之完善——尽管代价是对于那些更有天才的人来说它们全都是多余的，随着情感一点一点地蚕食掉我们的生命，它们会使我们的作品越来越充实。"这个句子肯定是在他最后一次发病的几周前写下来的。那时，他的生命几乎已经被完全蚕食掉了，生命中每一个光辉灿烂的粒子都进入了他的作品。就在这个过程中，那本书逐渐成为他写过的书里最长的一部。普鲁斯特去世时，这部《追忆逝水年华》其实已经完成了（只有两小节还有待修改），对我们来说，普鲁斯特就是实现了雄心壮志的象征。不过，这个象征还是太冷太远了，我们无法与之亲密接触。我们没有这种愿望，也没有这种经济能力，更没有这种知识储备，把自己关入一间垫着软木的房间，埋头探索我们的记忆。而且，普鲁斯特通过为自己选择这条道路的方式，对我们封锁了这条道路。他把他的任务完成得这么彻底，以至于再也不会有人把这个任务重新完成一遍了。

1921年，保尔·瓦雷里五十岁，不久前刚刚进入他的第二次文学生涯，而这很快会将他领入法兰西文学院。他的第一次文学生涯开始于三十多年前，尽管十分辉煌，却是昙花一现。他对文学生涯的放弃，他对为出版而写作的长达二十年的刻意拒绝，比他同意再做一个像别的作家那样的人之后出版的高尚诗歌和尊贵散文给我们留下的印象更深。

他在1892年的秋天来到巴黎，那时他是一个从外省来巴黎求发展的小伙子。很快，他就加入了以斯特芳·马拉美为核心的象征派诗人的圈子。他后来写到了当时的情形："在这些新一代的诗人中，有某种很严格的东西……在对所有艺术的深厚而审慎的崇敬中，他们认为自己找到了一条律法，也许是一个真理，一个不容置疑的真理。几乎可说是建立起了某种宗教。"他又写道："这是一个崇尚理论、好奇心、注释、热衷阐释的时代……在那么短的一段时间里，从未有那么多热情、勇气、学识,那么多理论研究,那么多争论,那么多虔诚的关注探讨纯美的问题。你也许可以说,各个方面都在攻击这个问题。"

瓦雷里自己选择了理性的一面。他的抱负和早期的T.S.艾略特相似:他纠结在不断前进和"超越"这个念头里。每首诗都可以解读为一个可以解决的问题,可以提供能够运用于别的诗歌创作的一项原则。可是,为什么要费事写诗呢?"从某项原则被某人认可、掌握的那一刻起,"瓦雷里说他曾对自己这么说过,"运用这项原则就会成为一件浪费时间、徒劳无功的事。"于是,他总是被逼着往前走,去解决新问题,去发现新原则,直到在这个过程中到达了某个点,然后就会明白文学本身就是一个可以解决的问题,因此这只是一个中间目标,一个被经过且被超越的阶段。一个诗人有放弃写诗的自由,有致力于实现更本质的目标的自由。

对一个二十五岁的小青年来说,瓦雷里已经获得了令人羡慕的地位。他做了马拉美的得意弟子,成为象征派里青年人的领袖。他的前途应该是有保证的,可他几乎在一夜间放弃了。这个故意的选择,你也许可以称之为背叛,对追随他的年轻法国作家造成了极大的影响。突然间,他们的最高价值观遭到了质疑,而且这个质疑并非来自愚蠢的大众。突然间,人生最大的抱负似乎并不是要写出一部伟大的小说或诗剧或无论怎样的天才之作。毕竟,阿波罗也许只是一尊不入流的神祗。

瓦雷里自己觉得他的论点是极有说服力的,以至于他在二十年后费了很大的力气才去解释他为什么会再次从事诗歌和散文的写作。他在各种场合为自己辩解说文学是一项运动,是一场值得玩一下的游戏,值得玩的理由就和我们打网球、下棋或打桥牌的理由是一样的。所有的游戏都有复杂且武断的规矩,但是我们为了玩好就得遵守它们,也许正是出于同样的理由,人们才遵从古典诗歌里的那种武断且复杂得多的惯例。你也许甚至可以这样断言,这些规矩和不变的要求是诗歌的真正目的。"它确实是一项运动——它本意如此,人们一而再再而三地做这项运动,一项需要特别全力以赴的运动,然后我们再做第二次努力,把第一次努力的痕迹擦掉就是它的艰巨任务。对于那些知道怎么读我的人来说,他将从形式上读到一部自传。内容并不重要。"——我觉得,他的辩解可以再确切一些,如果他一开始就承认写作这项运动并不完全是非职业性的:他从他的诗歌收获的赞美中得到了愉悦,他为杂志编辑的约稿写文章,并因此获得了丰厚的稿酬。不过,在你阅读瓦雷里时,总是会发现一种伴随着他的敏锐而来的极度的矫揉造作,它会冲淡、有时甚至会隐藏他真正的敏锐。

不管他在1917年后发表的文章是为了写着玩还是为了稿酬,它们都宝贵地记录下了他在沉默年代里的那些思想。

他研究的起点,他在诗歌领域以外的第一个大课题,似乎就是去重新创造出"全才"的头脑,去找出一种能够把科学、战争、机械、艺术(像列奥纳多·达·芬奇那种天才的艺术)

等全然不同的成就整合在一起的方法。在他放弃文学生涯的两三年前,他写的有关达·芬奇的评论文章,是对有意识的头脑、"假设诗人"的有力辩护,以此来对抗专门写四行诗的诗人或者耐心的事实收集者。它还提出了一种新式的抱负。通过发现他的方法,难道我们不能创造出一个新的达·芬奇,来自由地处理现代无比丰富的材料吗?但是瓦雷里拒绝了这个想法,他似乎想说把这种思想付诸行动是毫无用处的。对任何一个一流的个人来说,行动仅仅是一项运动,它有可能会因为大脑的枯竭而终止,因为它就等同于选择一种可能性,而放弃掉在大脑里充盈着的其他所有的可能性。就连"全才"也成了一个可以被归纳为一项原则的问题,一个"运用起来只是浪费时间,毫无意义的"东西。

　　瓦雷里再次出发,这次是为了解决他现在视为最深远最复杂的一个问题:"为了自身缘故的自我研究,对这种关注本身的理解,和想要弄清楚自我存在的性质的欲望。"但是我们很快就清楚了,就连这个问题也是可以进一步推敲的。在"自我"范畴内,什么才是普遍的、不变的本质?不可能是肉体,肉体每天都在变;也不可能是感官,感官具有诱惑性和欺骗性;也不可能是大脑,大脑里的记忆会衰退、思想会消失;甚至不可能是我们的个性,我们会粗心地误认为个性是我们最内在的品质——就连个性也是一种可以被观察、被总结为图表或统计数字的**东西**。不,在这一切的底下还有别的东西,**我**,赤裸裸的自我，一种本质，这种本质最终可以被归纳为单一的意识，在最抽象的状态下的意识。"我们存在的深邃的**调子**，一旦被听见，就会立刻控制住所有复杂的情况和多样的存在。把这种实质性的关注从错综复杂的普通事实中分离出来，这难道不是有着伟大心灵的人们终极的、秘密的任务吗？"

他又写道：

> 意识觉得自己便是纯粹的普遍性和难以超越的一般性，在这两者面前一切事物都得屈服。……它敢于把"肉体"和"世界"视为是强加于功能范围上的几乎武断的限制……而这种对于外部环境的关注不会反作用于自身，只要它远离所有的一切，只要它竭尽全力不使自己成为它所想或所做的事物的一部分。它就像一个吸收了所有的光线、但不反射出任何光线的黑团。

他又写道：

> 他的雄心壮志独一无二，他为此忘乎所以，他的热情指引他走向全能，具有伟大思想的人超越了世间万物，超越了所有的作品，甚至超越了他自己的崇高目标；而与此同时，他又抛弃了对自己的所有柔情，以及对自身愿望的所有偏爱。就在刹那间，他牺牲了自己的个性……在这个

点上,他的骄傲引导了他的思想,而他的骄傲又在这里被耗尽。起引导作用的骄傲在思想发展到极致时抛弃了它,令它显得震惊,赤裸,无比单纯。

这是一种弃绝了快乐的抱负,这是保尔·瓦雷里时隔三十年后为追随他的青年作家们提供的一条道路,或者说一个目标。他们应该把诗歌仅仅视为是一个起点:从这里起步,他们应该走向诗歌创作的方法,再走向整体的方法(尤其是天才的方法),再走向决定所有方法的全能的自我,再走向唯一的意识,因为它是自我中唯一不变的元素。到达了这个点后,荒凉的道路并没把他们吓得止步不前,他们会发现意识本身是一个脱离所有事物、所有感情和知觉的永恒过程。这时,为了防止他们继续前进,瓦雷里会画一幅示意图来把他们拉回来:"被不知疲倦的头脑指挥着的这个人,就像一个活着的幽灵,和极端纯粹的存在联系在一起,察觉到自己的贫穷与凄凉,因为自己是一股没有目标的力量而陷入了赤贫的境地……他没有本能、几乎也没有形象地生存着,他不再有目标。他不像任何东西。我说**这个人**,我说**他**,只是一种类推的手法,因为缺乏合适的词。"最高的天才甚至都不再是一个人。

但完善了的意识,"与虚无仅是一线之差",不仅仅是一个目标和一个抽象概念。就像所有的理想,这是体现在一个吃饭、生活、受苦的人的身上的东西。《与泰思特先生在一起的某个晚上》，在这篇他漫长的隐退期里唯一发表的文章中，瓦雷里做了这项化身的工作。泰思特先生，就是"脑袋先生"[1]，是一个思想者，是现代的达·芬奇，但又是一个几乎没什么人味的人。他什么也不做，也没有任何欲望，没有任何职位，几乎是一个和社会完全脱节的人（尽管如此，社会依然给他提供养料）。他看人的目光就像那人根本不存在。到了晚上，他躲在自己的房间里，伴随着他的只有三种现实：思想、失眠和偏头痛。他得了无药可治的头疼病。——可是为什么，在看这篇故事时我们会问自己，对一个走到了非人境地的天才来说，受苦受难就是他唯一的现实呢？为什么他要活在一间密室、一间病房的氛围里？为什么要拉上窗帘阻断大街上的活力和阳光呢？为什么室内不能有任何活物，甚至连一盆火红的天竺葵都不能有呢？一切似乎都指向同一个方向，詹姆斯·乔伊斯的目盲、普鲁斯特的哮喘（尽管一半出于想象，但还是一样的真实），甚至是艾略特反复抱怨的体弱多病，说他自己像"旱季里的一个老人"——这一切似乎都具有同样的象征意义，就好像生活在报复这些人，因为生活在他们的思想里没有地位。他们是我们这个时代里的文学伟人，他们为我们提示了一种未来，这种未来冷得就像摸到一双冰冷的手，在这一点上他们彼此相似。

我们并没有失去对他们的崇拜，只是转过头去思考着我们

---

[1] 法语 teste 是脑袋的意思。

自己的时代里的作家们都在法国做些什么。他们也许没什么天才，但他们肯定更年轻，也许还更温暖，更贴近我们自己。

3. 巴黎快车

　　我并不想给你们留下这样的印象：我和我的朋友在欧洲时把时间全都花在了寻找文学的向导上。我会在早晨的一小段时间内写作，研究莫里哀和拉辛，坐在咖啡馆里玩多米诺骨牌，钱够的话我们还会去旅行——总有一座新的城市，那里的生活更便宜，也更愉快。在巴黎待了一个月后，在第戎的葡萄棚里生活过后，我去了南边的蒙彼利埃，在那里注册进了大学。导师问我是否认识米切尔先生，他也是一个可爱的美国青年。我当然认识他，他就是诗人斯图尔特·米切尔，他在哈佛大学和后来在纽约担任《日晷》的总编时，我都和他有过接触。

　　三月里我参加了一场考试，获得了法国研究的文凭。我本想继续在大学里深造，但这座地中海海滨之城的五月骄阳变得越来越令人难以忍受。人们戴着墨镜在街上走，阳光下的蒙彼利埃简直像一座盲人之城。我和妻子向北漫游，在巴黎又待了一个月，在布鲁塞尔待了三周，在慕尼黑待了两天，在维也纳待了三天。去维也纳旅行就像是一种使命，我随身带着格勒姆·B.芒森和马修·约瑟夫森为他们的小型刊物《分离》的第三期收集到的材料。在维也纳，只消花上二十五美元就能印刷五百份这样的杂志。接着，我们在奥地利蒂罗尔地区的伊姆斯特待了六周，在那里我们听说约瑟夫森即将担任另一本杂志《扫帚》的副总编，那本杂志是用优质纸张印刷的，而且给供稿人稿费。在伊姆斯特邮政旅舍幽暗的阳台上，老板娘问我是否认识Herr Braun von Amerika[1]。我回答说："Jawohl, gnadige Frau[2], 我认识美国来的布朗先生。我和他很熟。"他就是威廉·斯莱特·布朗，就是格林威治村和马萨诸塞州韦伯斯特的比尔·布朗，就是和卡明斯一起被监禁在一间巨大的房间里的哥伦比亚大学的小伙子。那个时候，年轻的美国作家漂泊在西欧和中欧的各个地方，在火车相向驶过时，他们会在窗口互相挥手致意。

我们再度向北旅行：那是在1922年10月，德国进入了通货膨胀最疯狂的时期。在我们越过国境时，德国马克的售价是八百马克兑一美元，到慕尼黑后跌至一千，到拉蒂斯邦再跌到一千两百，第二天到了柏林，用一美元竟然可以换到两千纸马克[3]，或者买一条全羊毛的大衣。约瑟夫森和《扫帚》的出

---

1 德语：美国来的布朗先生。

2 德语：是的，仁慈的太太。

3 德国在1914至1923年间发行的货币，第一次世界大战后纸马克价值暴跌，于1923年被国家马克取代。

版人哈罗德·洛布到车站上来接我们,他们俩共同编辑这本杂志,每月的开销别说我搞不懂,就连他们自己也搞不懂要多少美元或马克。艺术是液态的东西,会流过国境线寻找最低的价格。对一个每月一百美元薪水的人来说,约瑟夫森住在一间复式公寓里,雇了两个佣人,老婆还要去上骑术课,晚饭只在最贵的饭店吃,给伴奏乐队小费,收藏绘画,援助苦苦挣扎中的德国作家——住在柏林的外国人过的是疯狂的生活,没人会在那里觉得幸福。我们赶紧坐上国际特快回法国,车上挤满了走私贩。一个英国军官带了七只新箱子,里面装满德国黄油,他打算拿到比利时去卖,每公斤能赚四先令。一个法国人把一辆德国的婴儿车藏在座位底下。一名法国海关官员看见了,尽管法国人表示不满,但最后还是付了关税。——La Patrie[1] 鼓励大家多生,可是买一辆婴儿车居然要付两次钱!为什么,简直岂有此理,这是愚蠢的,也是亲德行为。——这样挺好,我觉得,能听到法国人在关于爱国主义、钱和绝对命令的争执中再次提高了嗓门。

我们在吉维尼过冬,八十岁高龄的克劳德·莫奈依然在这个村子里作画。他的继女嫁给了美国画家西奥多·巴特勒,巴特勒有几个朋友就住在附近。战前的吉维尼是一个艺术家的聚居地,有点像卡茨基尔山的伍德斯托克。留下来的大多数美国

---

[1] 法语:祖国。

画家都很一本正经，一股子学究气，看到新来的狂野的年轻人，他们显得一脸不屑。村庄坐落于艾普特河畔，这条河虽然只有十一米宽，却是诺曼底和法国之间的重要分界线。河西有一些零落的村镇，那里是海盗式的农夫的家园，他们谁也不怕，不怕上帝，也不怕法国人。河东是围绕着教堂的一座座紧紧相连的村庄，这样的布局是为了在精神上取暖和自我保护。吉维尼属于诺曼底，那里的人说到相距不到一点五公里的河对岸的村子里的马匹和女人时，会这么说："那里的马是劣马，是法国马。那里的女人是法国人，她们随便什么男人都睡。"我们住在铁匠铺楼上的三间房里。早晨我写作或学习，在短暂的冬日午后，我骑自行车去法国，或者欣赏山坡上的雨云和阳光的更迭移动。二月初，杏树开花了，没过多久我就开始在河边钓鱼，有谣传说河里有三条鳟鱼，我在六月里钓到了一条。每周一次，有时是两周一次，我会在巴黎待一天。

这些巴黎冒险是我史无前例的精神活跃期……你天不亮就起床，喝一夸脱奶咖作为早饭，然后赶紧去乘支线火车，火车上挤满穿着盛装去赶集的农民，然后在联轨站换乘巴黎特快——这么匆忙，加上睡眠不足，就像可卡因一般刺激着你。你无法安静地坐在车厢里，你在拥挤的走道上走来走去，看着塞纳河随着火车喀嚓喀嚓越开越快而在你眼前渐渐铺展。思想、诗歌、情节在你的脑海里闪烁，可你从没有时间把它们记下来。巴黎！你跳上车站外的第一辆没载人的出租车，让司机快开。

巴黎的地铁慢得离谱，出租车也开得不快，而你正急着要从一场约会赶赴另一场约会，从一家画廊赶到一家书店，而你在那里也没有多少时间可以逗留，然后你又赶去听一场音乐会，但在那里你也从来不会听到结束——再快点，再快点，总有什么在等着你，你也许这辈子就和它错过了，于是你拼命敲打隔板玻璃，让司机开得再快点。巴黎是刺激神经、削尖感官的一台巨大机器。绘画和音乐、街上的嘈杂、商店、花市、时装、衣料、诗歌、思想，一切都似乎在朝着一种半感官半理智的痴迷状态运动。在咖啡馆里，色彩、香气、味道和醉意可以从一只酒瓶或许多酒瓶里一股脑倒出来，从方的、圆柱的、尖锥的、高的、矮的、棕色的、绿色的或红色的酒瓶里倒出来——但你选择喝清咖，因为你相信巴黎本身就含有足够的酒精。而且，随着夜色的加深，它的酒精度会越来越高。到了深夜，你搭最后一班火车回诺曼底，幸福地回到你的乡村生活。

　　有一个礼拜三，我在巴黎第一次结识了达达主义者。"马蒂·约瑟夫森说对了，"我在那一周的一封信里如此写道，"他们是巴黎最有趣的人。安德烈·布勒东，他已经不再是三十岁的人了，一团淡棕色的鬈发从高高的额头往后梳——布勒东是这一派现在的领导人，他发现了一出他赞同的表演。至少他不是半心半意的赞同，而且他带来了二十个朋友及他们的妻子和情妇。他参加了彩排、首演、第二夜和第三夜的演出。我去看了第四天晚上的演出，达达派依然在楼厅里占据了三十个座位。开场戏是一出愚蠢的独幕剧，达达分子发出了嘘声；然后是一出伟大的、疯狂的戏。'注意了，注意了！'男主人公吼着，达达分子爆发出一阵雷鸣般的掌声。'可是他们永远也无法理解！'听到这句话，其实它可以适用于达达派的任何成员写的任何书、任何诗歌、任何小说，他们拼命鼓掌、大呼小叫，以至于警察不得不出来干预了。布勒东对着正厅前面的观众做了半小时的演讲。观众们分成一个个小组，展开了讨论。实在是太有趣了。"

那是在1922年12月初。到了第二年的二月，我开始更加严肃地描绘达达主义者。我发现他们分裂成两个敌对的派系，由布勒东领导的那一派人数更多，也更不妥协。"巴黎，"我写道，"是一座人们高高兴兴而来、了无遗憾而去的城市。我上次去那里时基本都和达达主义者待在一起。这是十八个月来的第一次，查拉、里贝蒙·德塞涅、皮卡比亚和布勒东、阿拉贡及他们的追随者碰面了。他们争论不休，当然，最终还是决定要发表一份联合宣言。我们大概有二十个人签了一份文件……他们对文学的爱出人意料的冷淡。在这场有纪念意义的聚会上，提出了一份在未来的三个月里他们不可以为达达以外的出版物写稿的议案。达达的出版物销量向来有限，而且不付稿费。要不是二十个人里有一个提出反对，这项提案本可以通过的。和他们在一起既刺激又累人。我带着五十种新想法和对达达主义者的憎恶离开了巴黎。他们是另一种形式的可卡因，他们不吸毒，但这个团体本身就是他们的毒品。上周三我认识的所有美国人都去参加了一个茶会,大家都喝嗨了。但是,参加这场三小时的法国人聚会要比那次茶会刺激得多,尽管在聚会上甚至连水都不供应。"

疲惫、刺激、疯狂、有趣……我开始觉得达达运动就是巴黎的精华所在。它的水平比乔伊斯的抱负和瓦雷里在形而上方面对自我所做的研究低得多,但至少它是年轻的,是充满冒险精神的,也是充满人性的。

第五章

达达之死

1. 达达简史

特里斯丹·查拉说，达达在 1916 年诞生于苏黎世有歌舞表演的伏尔泰餐厅。关于这个时间和地点仍存有一些争议，但查拉的话应该是权威性的，毕竟，是他创立了达达。他是罗马尼亚人，身材矮小，温文尔雅，出生于一个以前是富商的家庭，在法国和瑞士受教育，把法语作为他的母语。这个艺术和文学的崭新流派创立在一间歌舞餐厅里，创始人是一个和自己的祖国彻底断绝了关系的年轻人，他自己的母语最多只会说三个词，这一切都再合适不过了。达达运动转移到了塞纳河两岸，这一点也再合适不过了。

不过，查拉在 1918 年 3 月写达达宣言的时候，人仍在瑞士。当时，安德烈·布勒东和路易·阿拉贡还在前线打仗，后来这两人成为达达运动在法国的领导人。这两个年轻的士兵在停战后返回故乡，和菲利浦·苏波、保尔·艾吕雅及其他一些人联手创办了《文学》杂志，后来它很快成为一份达达的评论杂志。1920 年初，他们正式邀请查拉来巴黎。

这是达达的盛大演出开始的时期。在 1 月 23 日举行的一场日场演出里，查拉被介绍给了观众们。他大声朗读报纸上的一篇文章，同时一只电铃响个不停，因此没人听得清楚他在说些什么。这场演出是在香榭丽舍大道上的大皇宫举行的，观众达到数千名之多。查拉之后在为《名利场》写的一篇文章里说，他们"吵吵闹闹地表演着的东西是不可能说出确切内容来的，观众们或欣赏或反对，有人突然大喊大叫，有人哈哈大笑，为六人同时朗读一份宣言提供了绝佳的伴奏。报纸上说观众里有一个老头爬上台去表演了一番多少有些猥亵的行为，还有人点燃了闪光粉，导致一名孕妇被迫离场"。两个月后，在作品剧院的集会，有一千两百名观众被挡在剧院门外。"每个座位上都坐了三个人，剧院里气都透不出来。热情的观众还带着乐器来干扰我们的演出。反对达达的人在楼厅上往下扔一份份叫作《不》的反达达报，在这份报纸里我们这些人都被形容为疯子。这种丑闻达到了超越想象的程度"。不过，他们在夏沃剧院里闹的乱子更大。"有史以来第一次，观众们朝我们扔的不仅有鸡蛋、菜叶和硬币，还有牛排。这真是一场空前成功的演出。"

不管公众，愚蠢的公众，是通过牛排还是掌声来表达出他们的兴趣，达达已经启动了。它恰恰迎合了被战争搞得支离破碎的世界的氛围，难怪达达主义者说，这个世界是被"好战的疯子"统治着的。现在到了该开展一场文学运动的时候了，这场运动的疯狂程度将胜过疯狂的政客。达达主义团体在欧洲各地纷纷涌现，他们在每个地方都重复着同样幼稚又放肆的演出：他们粗鲁地耍弄着艺术、政治和纸娃娃。柏林的达达主义者有自己的杂志、出版社和一间达达俱乐部，俱乐部里不久就汇集起一帮才华横溢的人——查拉相信他们举行了很多次的示威游行促成了德国革命的爆发。在科隆,市政府批准了一个联合小组在一间公共厕所里举办一场达达展,展览免费入场。到了1922年,每一个欧洲国家的首都里都有达达主义者,甚至包括莫斯科;在苏维埃格鲁吉亚的第比利斯大学里举办了一场达达主义讲座,台下的听众是无产阶级。达达主义世界代表大会在法国召开。这次会议尽管展示了达达运动的力量,但在达达的队伍里也出现了分歧,出现了想要把运动推广到公众生活的一派,和满足于用恶作剧的方式表现憎恶、不想和政治有任何关系的另一派。于是友谊破裂了,拥护者退出了:在达达似乎开展得如火如荼的这一刻,其实在内瓤里已濒于死亡。不久,它就被一种新的运动取代了,就是超现实主义运动,现在轮到这个新运动来制造丑闻、招募拥趸了。你可以这样来总结:"这里躺着的人叫达达,生于1916年,卒于1924年。"

但是,现实中的达达历史要比这长得多。它的存在可以追溯至19世纪中叶前的一系列文学流派的诞生。那时有泰奥菲尔·戈蒂耶的为艺术而艺术派、有自然主义派(或者说至少是围绕着福楼拜和龚古尔兄弟的那个部分)、有帕尔纳斯派、颓废派、象征派;在英国有拉斐尔前派、有围绕着《黄皮书》的牛津唯美派——然后节奏加快了:出现了后印象派、立体派(融合了文学的流派和绘画的流派)、新古典派、幻想派;意大利有未来派、英国有漩涡派、美国有意象派、德国有表现派、俄罗斯有构成派——这支舞曲更快了,以至于像毕加索这样的画家可以先后隶属于各个派别，换流派甚至变得像换外套一样简单——然后，这个漫长的演化过程迎来了顶点，达达出现了，它就像给自己戴上高帽子的一块拱顶石，就像一出戏的最后一幕，使得之前的一幕幕戏全变成了闹剧。

埃德蒙·威尔逊是第一位看出门道的美国评论家，他指出有一种冲动始终贯穿着八十年来的各种主义的争论和各种流派的自我吞噬。在《阿克瑟尔的城堡》里，他提出象征主义这个名字是很宽泛的，足以涵盖当时整个的文学运动。他的书特别有启发性。在他之前，没有一位评论家曾如此出色地分析了叶芝、乔伊斯、普鲁斯特，而且，他没有把自己局限在阐释性的评论上：他把这些作家置于历史的大背景下，思索他们的作品里包含着的意义。然而，《阿克瑟尔的城堡》在结构上存在着明显的不足。在这本书的半当中，威尔逊改变了他的主题概念，因此尽管他继续用同一名称来描述，但讨论的其实已经是完全不同的一件事了。在第一章里，他把象征主义主要描绘为是一种方法，是"一种尝试，通过仔细研究的方式——一种复杂的思想融合，代表了一种隐喻的大杂烩——将它与独特的个人感受联系起来"。但是在这本书的结尾处，他又把象征主义作为一种态度、一种意识形态、一种在现实中被大多数作家采纳的生活方式来谈。

这种主题概念的改变造成了威尔逊犯了两个互补性的错误。

这种象征主义的方法并不像他认为的那么重要，它的历史更短，在国际文学界的影响也没有那么广泛。但他赋予叶芝、瓦雷里、维利埃·德·利尔-亚当的生活态度同样也属于许多从技巧层面上来说不可能归类于象征主义的作家。在漫长的历史进程中，这种态度不仅影响了不同流派的诗人、小说家，还影响到了画家、雕塑家、作曲家、剧作家以及怀着苦涩的自卑承认自己没有"创造力"的普通人，他们无法"用艺术的手段来表现自我"。在匹兹堡和芝加哥的和我同龄的小青年以某种方式行动起来，读某一类书——他们觉得自己和大多数浑浑噩噩的同学们不同，并且在心里觉得自己比同学们优越——因为他们受到了也许可称为"艺术信仰"的影响。

举一个例子就足以看出威尔逊说的两个主题概念之间的区别。在第一章里，他解释了象征主义是对如古斯塔夫·福楼拜这样的自然主义小说家、如泰奥菲尔·戈蒂耶那样冰冷又客观的诗人的一种抵制。但后来，当他谈到与象征主义相关的反社会的哲学时，我们会发现戈蒂耶是其创始人之一，而福楼拜也许是它最主要的哲人。在关于那个时代的保存得最好的许多非正式记录中，龚古尔兄弟的《日记》里记录下来的一段插曲显得尤其有意义。它反映了艺术信仰如一种生活方式一般以极快的速度表现了自己，而且这种信仰从本质上来说是反人性的……有一次，福楼拜和几个朋友去鲁昂的一家妓院玩，为了打一个赌，他当着朋友们的面连帽子也不脱、嘴上还叼着香烟

177

就和一个妓女做爱。这种姿态比下流的炫耀具有更多的含义。它宣告了对被社会尊为神圣的一切事物的愤怒的鄙视——就像他对他那个时代里的正直公民们说过的话："你们认为生活是有意义的，爱的行为是神圣的，可是你们这些芸芸众生中没有一个人能够写出一首像样的诗，甚至连辛辛苦苦刻在大理石上的一句名言也欣赏不来。"就好像他在宣告一切事物的本身都没有意义，在艺术世界以外的一切都应该坚决摈弃。"艺术足够庞大，"他在一封信里如此写道，"足以占有全人类。"

尽管这样一种主义也许会产生伟大的艺术作品、精巧的技术发明，事实上也确实产生了，但实现这个目的是要付出代价的。艺术信仰是十分非人性化的，因此它无法为富有的人生提供营养，也无法培养出能够引起人们崇拜的人物。"纯粹的诗人"、"真正的艺术家"，在生活中是一些跌跌撞撞的人，经常处于神经质的重压下。每个新的艺术家都会看出前辈们犯的错误，都会通过一些理论性的改变来防止重蹈覆辙。他认为有一点先见之明可以使他的地位更稳固：他开始在他的象牙塔外挖深护城河、拆掉一些薄弱的外围工事，不过它终究还是要倒塌的——而后来的更新的艺术家又会用改进的式样来重建这片废墟。必须一直有变化——甚至会有那么一刻，变化本身，为变化而变化，会成为某种主义的一项条文。

随着艺术信仰不可避免地走向极端，这也不是它所隐含的唯一倾向。艺术家们一旦被视为和这个世界上的芸芸众生不同的人，他的高高在上就会被强调，就会变本加厉。在艺术家的眼里，这个世界会变得越来越渺小，而艺术家会无视这个世界自顾自地发展壮大。这些倾向依次出现，然后还会出现更多的倾向。艺术将会被视为一个自给自足的实体，一个既非这个世界生产出来也不会对它发生作用的存在：艺术是没有目的的。没有了和大众发生联系的必要，艺术势必会走向更模糊、更复杂、更晦涩的境地。它将摆脱和它无关的所有元素，特别是逻辑和意义，统计和劝诫：它将成为**纯粹的诗歌**。艺术家的独立总是以一种相当强烈的语言被强调出来：他是个高傲的人，对家庭义务和家族律法不屑一顾，最终他会僭越上帝的一项职责，成为一个**创造者**。

但是，这项有特权的职责也有限制。创造者不可以是抄袭者，他不可以满足于复制自然，不可以使用别的艺术家的创造，甚至不可以复制他自己的创造。凡是被归纳为一项原则的——不管由谁来归纳——都必须丢弃给那些仍处在入门级的艺术家。"纯粹的艺术家"必须永远预见、探索、引领人们进入一个情感的新世界，他们不可以回头，他们必须去开拓边界，去超越在人类公式范围内的不断往后退却的疆域。他们首先被授权，然后就像被判刑似的往前走，去发现新事物，然后再把这些新事物抛在身后，以越来越快的速度向四面八方挺进，直到几乎无法分清他们是在全速冲锋还是在全速撤退。

然而，这些多样的倾向，这些向着四面八方不断分岔的道路，在一开始全都来自一个易于理解的原则：**艺术是脱离生活的，艺术家是独立于这个世界的人，是高于芸芸众生的人。**从这个原则出发，产生了彼此对立的流派，产生了彼此取代的宣言，也产生了完全无法理解的诗歌。因为这项原则指导了伟大的诗人和小说家的创作生涯，他们一生的追求也就有了各自的方向——于斯曼企图建设一座人造的天堂，马拉美创造了代数化的文学，埃兹拉·庞德竭力回避他的崇拜者，乔伊斯雄心勃勃要写出一部天才之作，普鲁斯特想写出一部以回忆过去为主题的有史以来最长的小说——所有这些都属于艺术的范畴，即便是瓦雷里对艺术的摈弃也是这种信仰的一种发展形式。有一种规则在支配着这样的发展，至少它会出现在某种特殊文化的生命周期里。这条规则：人类思想的抱负与倾向，一旦在文化中产生，是绝不会在所有可能的道路都走到终点之前消失，在所有的努力都被证实为无效和矛盾之前消失，甚至在探索者自己发现他的探索成为了别人的笑柄之前消失。从时代的背景来看，这一过程就像树木的生长一般合乎逻辑。我们也许可以这样说，在古斯塔夫·福楼拜的书信里，早已预示了达达运动的诞生和死亡。

埃德蒙·威尔逊相信象征主义者的生活方式会自然地走向两个极端。"就像我说过的，在现代社会里，对于那些不管是对社会进行科学研究、企图改革还是嘲讽社会都不能对社会感兴趣的作家来说,只有两条路可供选择:阿克瑟尔的或兰波的道路。"——他这是在形容维利埃·德·利尔-亚当写的一部小说里的主人公。黑森林里一座孤堡的城堡主,奥尔斯堡的阿克瑟尔伯爵是一个"肤色白到几乎令人目眩""脸上老是一副思考着什么的神秘表情"的年轻人。他参透了玫瑰十字会的神秘教义,他发现了一个金银珠宝的宝藏,他遇见了一个在容貌、学识和骄傲程度上都和他旗鼓相当的年轻姑娘,她邀请他和她共享全世界的荣华富贵,或者至少和她共度一个销魂的夜晚——阿克瑟尔拒绝了:他说服了她,说只是活着是没有意义的,出于对生活的单纯的鄙视,他们俩双双自杀了。

> 如果你选择第一条道路(威尔逊继续写道),阿克瑟尔的道路,把自己封闭在自我的世界里,培植属于自我的幻想,放纵自我的偏好,完全沉溺于自我的最荒唐的幻想,无视最令人咂舌的现实,把自己的幻想彻底当成现实。如果你选择第二条,兰波的道路,竭力把20世纪抛在脑后——在某个国家找到舒适的生活,在那里现代的生产方式和民主制度不会对一个艺术家产生任何影响,因为它们还没有传到那里。

在这里,威尔逊简单而雄辩地描述了被大部分"纯粹的诗人"和"真正的艺术家"所采纳的两条道路。但它们并不是唯一的选择。进一步说，威尔逊对问题的阐述存在着严重的错误。他所谓的兰波之路其实并不是兰波选择的路，而是保罗·高更选择的（或至少是在《月亮和六便士》里写的那个高更选择的，这本书在战后轰动一时，直到现在还有许多艺术爱好者会在它的感召下去塔希提、巴厘岛、马略卡和其他尚未被现代生产方式所污染的海岛观光）。这条道路一般会被描绘成是"逃避之路"——我们谁都碰到过说要逃离纽约、伦敦或巴黎的人，要寻找一个远离摩天楼、鸡尾酒会和神经质的"避风港"。

兰波自己并没有躲进艺术家天堂的愿望。他的气质是爱冒险的、积极进取的，而且他只用了短短的三年时间就在艺术领域里取得了令人惊叹的成就。如今他希望把全世界甩在脑后，不是因为他取得成就似乎太容易了，太不刺激了，就是因为他把一般文学和他与朋友保尔·魏尔伦的同性恋关系搞混了，而且认为"这一切"都很糟糕。在他脑子里非常清晰的想法是，凭借执著的耐心和坚定的意志，他同样可以征服生活的世界。当他经过十多次疯狂的尝试最终到达阿比西尼亚时，他没有坐在榕树的树荫下打瞌睡或作诗：他从土著民手里买咖啡，卖给他们新式步枪。即便一只脚得了坏疽，他依然骑着马长途旅行，他的精力如此旺盛，他的决心如此顽强……到最后，兰波悲剧性地被生活彻底打败了，就像他彻底战胜了艺术一样。然而，他依然提供了一条有可能性的道路，一条英雄的道路，而且有许多"真正的艺术家"都想效仿他。

在瓦雷里描绘的虚构的泰思特先生的肖像和他关于达·芬奇的两篇文章中（其实他自己的写作生涯也是如此），我们能看到又一种极端。他提出伟大的诗人也许会放弃文学，也许对生活没有兴趣，那只是因为他们想进一步脱离。文学被视为某种不纯的东西，被行为污染了的东西，一个"有着最伟大的头脑的人"会回避任何形式的行为，凭借缜密的思考，最终陷入一种昏沉的状态，在这种状态下审视自己的意识，就像东方的神秘主义者审视自己的肚脐。艺术信仰也会走向或者说很有可能走向另一种极端。瓦雷里在某处曾说过"我们用知识来下一盘棋"。一个具有非凡才能的画家也可能会为了下棋而放弃画画。当他发现自己成不了全世界最伟大的棋手时，他也会半心半意地放弃下棋，然后把时间花在把石头刻成一块块方糖上。他在书桌上放了一碗石头糖，其目的只是为了娱乐宾朋。而这个，也是一种有可能性的极端。如果它超过了某个点，艺术信仰就会在不知不觉中融入艺术的不信仰，融入一种为了表示对永远也不可能理解他的愚蠢大众的鄙视，而故意大肆浪费掉自己的才华的思想状态。

不过，我想要说明清楚的是所有这些极端——泰思特的，兰波的，阿克瑟尔的，逃离的方式和撤退到无用的状态——在达达运动中都是并存的。它们和青春、活力、战后的巴黎、对新奇和丑闻的并非不自然的兴趣融合在一起。

2. 墓前布道

可是,达达究竟是什么呢?没有多少人曾认真地考虑过这个问题,而达达主义者自己也竭力回避这个问题。由于对公众的蔑视如此强烈,对法国公众崇拜的偶像——明晰、逻辑性——也同样蔑视,所以他们几乎不屑于做出解释。"我在原则上是反对宣言的,"特里斯丹·查拉说,"就像我反对原则一样……做解释是傻瓜乡巴佬爱干的事。**达达是没有意义的**。"然而,这个没有意义的运动还是发表了自己的宣言,做出了自己的解释,用仇恨哲学家的同样语气提出了自己的哲学。它已经到达了超越逻辑的一个极点,但这一到达的过程是完全符合逻辑的。它在各个方面都有往极端发展的倾向,这一倾向也是我所谓的艺术信仰的内在倾向。

比如说,往极端晦涩发展。这种倾向已经持续了半个世纪,詹姆斯·乔伊斯很快就会把它推向顶峰,读者们必须先掌握几国语言,对各民族的神话、都柏林的地理都有所了解,才能理解他的意思。格特鲁德·斯泰因走得更远。诚然,她写出来的东西看上去像纯粹的废话,然而它又不是那么纯粹的:你会不安地感觉到,只要你有一把合适的钥匙,其中大部分的谜底还是能够揭开的。但是,你读达达的诗歌,基本上是找不到那把合适的钥匙的:就连写诗的人自己或许也没有那把钥匙。意义的大门已经关闭,还上好了两把锁,钥匙也被扔掉了。

在追求"绝对艺术"和"纯粹诗歌"的漫漫长路里,达达到达了一个极点。就这一主题的讨论来说,达达宣言是严肃的,也是雄辩的:

> 新画家创造了一个世界……新画家提出了抗议:他不再绘画(也就是说,不再用象征和幻想的方式复制这个世界),而是直接用石头、木材、铁和锡、岩石、能自己移动的机体创造,而画家瞬间的感觉能像柔风那样使这样的机体吹向四面八方。每一件绘画或雕塑作品都是没有意义的……秩序=无序;自我=非我;肯定=否定:一切都是绝对艺术的最高辐射。绝对性存在于纯粹的有序宇宙混沌中,永恒性存在于没有时间、没有呼吸、没有阳光、没有控制的一滴水珠里……艺术是一个私人的问题,艺术家是为自己工作的人,任何能够被理解的艺术品都是记者造出来的。

达达,不论在艺术还是在生活中,都是极端的个人主义。它否认人与人之间存在任何共同的心理基础。人与人之间没有可以分享的感情,也没有任何人都遵守的法律,甚至没有相互沟通的可靠手段。道德是一个陷阱,"是知识造成的一场瘟疫"。"思想对于哲学来说是个好东西,但它是相对的。没有终极的真理。""逻辑就是混乱。逻辑永远都是谬误。""我们眼睛里看见的一切都是虚假的。"一句话，没有任何东西是真实存在的，除了对个人的奇思妙想所做的不懈追求，这些艺术家们骑着的木马，即他们的达达。

但是，仅仅否认了它的真实性，世界是不会就此终结的。世界——尤其是法国民众——仍然是我们必须与之交战、必须羞辱它、迷惑它的一股敌对势力。至于那些想要取悦公众的作家，他们根本不值得你蔑视：他们只是在文学生意场上做跑堂的，他们没有意识到自己背叛了文学的理想……这种对大众和对通俗作家的极度鄙视向来就是艺术信仰中的一个传统，但近来对战争的厌恶导致了这种想法变得越发强烈，而达达主义者更是将这种想法推到了反人类的情绪的极端。这个世界，他们说："掌握在一帮匪徒的手里，处于一种好战的、彻底疯狂的状态。""大家都吼起来吧，为了破坏和否定，大家加油干吧。我们必须把一切都清除干净。""在我们心里依然神圣的是对反人类行为的觉醒。"他们的厌恶如此剧烈，以至于他们不相信用语言能够表达：宣言必须让位给表演，诗歌必须让位给行动，让位给"意味深长的姿态"。于是，"我宣告，哲学思想的工厂里生产出来的得了淋病的、腐败的太阳将遭到全宇宙能量的反对；我宣告，我们将拿起所有'达达主义者的厌恶'的武器去进行无情的斗争。可以导致否定家庭的厌恶的每一粒果实就是达达；人们在破坏行为中捏紧拳头表示抗议的，就是达达"。

在这样的文字里，我们不难看出有十字军精神的存在。尽管达达蔑视道德，但又被道德的热情激励着——在这个方面，它也是漫漫长路上的一个极点。将近一个世纪以来，艺术家们在不断地挑战"艺术品必须和民族的律法保持一致"这个要求。他们从无数德国浪漫主义哲学家那里找到了这么一条原则：美学和伦理学是完全分离的——"艺术和道德没有任何关系"。在一场涉及小说和绘画的审查制度的著名审判中，他们成功地让法院部分接受了这条原则，也让一部分民众完全接受了它。然后，在赢得这场胜利后，他们开始宣称美学的律法高于被教会和国家实行的道德律法。但达达主义者走得更远：他们相信公共道德应该被消灭。艺术家应该遵守的唯一律法就是个人的律法，艺术的律法。不管怎么说，这些律法不仅适用于他写的书或画的画，而且控制住了他的职业生涯和对这个世界的判断。去冒险——去探索，去发现生活，就像发现艺术一样——是一种绝对命令。达达就应该是如绘画一般的行动。"好生活"，如果真的有这种东西的话，就应该是令人惊讶的、新奇的、如图画一般的、没有目的的、抽象的、公众无法理解的——应该配得上用于达达主义杰作的每一个形容词。

但是，还有另外一个倾向，它有助于我们理解那些在达达运动中产生的艺术品。那些参与达达主义运动的人不仅被道德或反道德的严格法则引导着，而且被一种自由的感觉鼓舞着，直至再次走向极端。他们相信新艺术家已经从过去的艺术手段的局限中解放出来了。他已经不再局限于绘画、撰文或雕刻：

他可以自由地使用促发其灵感的任何方法或材料。举例来说，他可以把钟表的弹簧、滚珠轴承、厨房间的火柴布置一下，然后把它拍下来（曼·雷[1]就是这么做的）；他可以把旧的邮购目录本里的插图剪下来，然后把它们摆弄出精巧的图形，最后像一幅绘画作品一样拿出去展出（马克斯·恩斯特就是这么做的，后来他画的这种画卖出了天价）；他也许致力于用密封蜡和烟斗通条做雕塑（就像伊达尔戈）；他也许把写的诗像神经补药或癌症治疗药的广告一般印刷出来（就像特里斯丹·查拉），或者创造出一套新的标点符号体系（就像E.E.卡明斯）；他甚至可能抛弃造型或语言艺术的一切形式，并把自我表现的相同原则运用于商业、政治，或者，如果他如此选择的话，恶作剧。不管怎么说，没人有权利指责他们这样做。

确实，达达运动似乎为作家们打开了一个新世界。他们隐隐地感觉到一切都被说过了，一切都被写过了，诗歌和小说所有的伟大主题都被人使用过、挖掘过了，因此现在不能再用了。如今，他们又可以振作起来了。这里有新的主题等待着他们去书写：机器、屠杀、摩天楼、小便池、性狂欢、革命——对达达来说，没有什么太平凡太新奇，或者太残忍太震惊而不可以写的东西，作家可以按自己的方式写任何东西。他也可以，如果他突发奇想，彻底抛弃主题——他可以登上他的戏剧舞台，

---

[1] Man Ray（1890—1976），美国著名摄影师，艺术家，达达和超现实主义运动的参与者。

把他的玩偶统统抛到角落里去；或者再次利用他的特权，无视可能性的限制——如果他想写一部关于现代巴黎的小说，他不必犹豫是否该写入一支印第安部落、一条章鱼、一只独角兽、拿破仑或圣母玛利亚。突然间，过去的作家显得全都被束缚在现实里了：他们的任务被局限于复制这个世界，而新一代的作家可以无视这个，可以创造一个由他掌控的、属于他自己的世界。他终于获得了自由！……他可以自由地沉醉在他自己的奇思妙想中，他可以指挥他笔下的人物向前进，就像亚历山大大帝指挥部队向着未知的国度进军。但实际上，他的自由是虚幻的，他的创造是非人的，是永远都不会有生命的怪物。他至多是率领一支幽灵的军队迈入鬼魂的国度。

在阅读达达运动时，没有人不会注意到这么一点：在它那丰富而复杂的背景和它取得的那点可怜的成绩之间，存在着荒唐的、带点悲剧味道的比例失调。这是一个年轻人的团体，也许是欧洲人中最有才华的团体：他们中没有一个人缺乏成为优秀作家的才能，或者，如果他想的话，成为一个广受欢迎的作家。他们身后有法国文学的悠久历史（他们对此完全了解）；他们以尚在人世的大师为榜样（他们为此思索过）；他们对艺术充满热爱，并渴望超越。可他们究竟实现了什么呢？……他们写了几本有趣的书，影响了一些人，发掘并激励了半打优秀的艺术家，制造了丑闻和小道消息，过了一段开心的日子。大家都禁不住要想，尽管他们有能力、有道德热情，对原则提出了挑战，为什么他们所做的仅限于此？

达达主义者总在忙碌地活动。我已经描述过早期的聚会，它们的主要目的是迷惑、侮辱大众；后来又在教堂墓地举办了一场反宗教的示威活动（那天下雨，谁都听不清演讲者的话）；还有对莫里斯·巴雷斯的达达审判，之后在所有的日报上都出现了这条愤怒的头版新闻；还有戏剧表演，就像我参加的为特里斯丹·查拉举办的那场，那场表演以舞台上的斗殴和警察的介入而告终。多年后，发生了路易·阿拉贡和《新文学》之间的著名事件——他发誓如果这份杂志上再提到他的名字，他就去砸掉编辑室；他的名字被再次提及，编辑室被砸掉了。之后，阿拉贡又威胁说他会揍那些胆敢评论他的新作的批评家，这部新作恰巧是一本佳作。没有批评家敢评论他——然后呢？尽管充满暴力，达达的表现都是无效的，因为它们没有直接指向任何一个社会阶层，也没有得到任何一个社会阶层的支持。他们所有意味深长的姿态都是徒劳无功的姿态。

有些达达主义者会花上数周或数月来有意识地修改、润色几行诗句；有些人狂热地赞美潜意识；有些人用华丽的文章（充满了最尖锐的评论观察）辱骂评论界和评论家；有些人致力于自动写作，然后按照他们的说法，一字不改地出版了他们的实验性作品；还有许多人故意培植恶趣味的美术。有一个时期，像美国人一般忙忙碌碌也成为了一种时尚。我记得有一个达达主义者同时写小说、谈四场恋爱、结婚、投入最疯狂的商业冒险——第二年一整年他都在疗养院里疗养。我记得,有一个人追寻高更的足迹出发去了塔希提;还有个人坐船去了里约热内卢。有个才华横溢的诗人除了写寄给朋友们的明信片外啥也不写。有一个达达主义者收藏硬纸火柴:他的藏品为全世界之最。他是一个很认真、很文雅的人,他决定去美国碰碰运气。他靠借来的旅费来到了纽约,随身携带的是一件浆得笔挺的衬衫和两只装满介绍信的行李箱。他交了几封介绍信,做了一阵卖私酒的勾当,发现干这一行的已经人满为患,于是去收藏赫斯特报业出品的连环漫画,娶了一个美国老婆,吸毒,自杀——他的名字叫雅克·里戈,死后成为了达达圣人。我记错了时间:实际上雅克活得足够长,长到他成为了超现实主义运动的圣人,不过这两派有许多共同的理念和成员,因此常常难以区分。他死后没多久,一整批前达达主义者声称他们抛弃了诗歌改为信仰共产主义,他们对共产主义的态度相当认真,但还没有认真到让共产党接纳他们的程度,共产党怀疑他们也许很快就会改弦更张。他们中很少一部分人在多年以后真的成为了共产党员,但这是另一回事。大部分人在等待着一场革命,随便什么革命都可以,他们无所谓,同时他们把时间都花在彼此争论上。

但是,这些争论的有趣之处正在于它们是无法避免的:这场运动从一开始就带有为了原则而争论的性质。我说过,达达主义者受到了激烈的道德信仰的刺激。他们相信生活应该是冲动的、冒险的,文学应该剔除任何不纯的动机,尤其是商业动机——所以说,给商业杂志写文章(就像我在前面引用过的查拉为《名利场》写的那篇文章)就几乎是一种亵渎圣灵的行为。但实际上,他们不能按他们的宣传行事。他们没有生活在一个自由的社会里,他们也不属于现实社会的统治者。他们大多是从需要为未来打拼的中产阶级家庭出来的穷小子。他们迟早会背叛自己的高标准;选择忍饥挨饿的人并不多。坚持到底的那些人辱骂责备其他人——然后他们也相继被迫妥协,然后再遭到别人的指责。达达开始分裂为越来越小的派别。其中的一个,人数最多的那一个,发表了超现实主义宣言,在一段时间里很出名,获得了许多拥趸,但是分裂的步伐仍在继续——几年后,还留在达达运动里的有才能的作家几乎只剩下了路易·阿拉贡和安德烈·布勒东。阿拉贡是最积极、最聪明的达达主义者,布勒东是性格最刚毅的达达主义者。他们俩从童年起就一直是好朋友,但最后他们还是像其他人一样为了原则的问题争吵不休。你也许可以说达达就是死于原则的:它是自杀身亡的。

至于说到艺术信仰,达达喜欢的那种极端表现的倾向,在它濒临死亡的时候似乎变得越来越流行了。每年都会增加许多拥护者。很少有人读他们中最重要的作家——他们的圣人——的作品，因为他们的书对公众来说好比天书，但他们的影响极为广泛，在大众社会里的名气也很响。

埃德蒙·威尔逊解释说在这一传统下的战后作家的声誉"主要归功于与文学无关的偶发事件"：

> 为战争付出的巨大、共同的努力仅仅以全欧洲的贫穷和疲惫收场了，再加上大众对政治的普遍绝望……西方人特别对不关心行动或派别的文学产生了好感。此外，许多关心社会的作家因战争的影响在理智上丧失了道德观，其结果就是无可救药地不讲信誉，尽管还有别的作家——叶芝、瓦雷里、乔伊斯、普鲁斯特——保持住了一份坚不可摧的正直。

还需要补充的是，1920年代的知识界在重复着过去的模式。为艺术而艺术的传统最初出现在19世纪中叶，当时法国知识界的氛围和战后的欧洲还是颇为相似的。许多法国作家在感情上或行动上卷入了1848年的革命——譬如，波德莱尔在街垒里和工人们并肩作战——革命失败后，有些人对社会事业失去了信心，开始在艺术中寻找理想，他们对在现实中实现理想已不抱希望。兰波和其他人在1871年（即巴黎公社时期及以后）也有相同的经历：这位个人主义的伟大诗人一度想要起草一份社会主义国家的理想宪法。在1914年的战争和凡尔赛的背叛之后,这一进程在全球范围内再次提速了。

还有另外一个原因,就是当时的文学与社会的对立。艺术信仰根本不是穷人的信仰:一定程度的经济自由对于那些追求绝对美学的人来说是必要的条件。在1930年前的十年里,有比以前更多的作家和画家,尤其是更多的美国人,有空闲的时间去思考艺术和自我的问题,去表现自我,去从事创作。艺术家们现在被一群有文化的艺术爱好者包围,这些人没有自己的信念,热情地供养那些艺术家,接受他们的信仰,纵容他们的恶习。在一个大家都觉得失落、没有方向的世界里,艺术家们常常会不由自主地被迫成为传教士。

然而,艺术信仰正在走向终点。它在近一个世纪的时间里在文学中扮演着重要的角色,首先是在法国,然后是整个西方世界。它激励着有才能的人们去奉献,去创造出伟大的作品,去完善诗歌和小说的创作方法——甚至开始追求绝对,尽管这种追求有把他们带入艺术疆域之外的危险。他们的继承者更加狂热地继续着这种追求。但是,在达达之后,所有分岔的道路显然都已走到了尽头,尽头总是相同的——每一条道路似乎都通往繁忙的徒劳,如暮色中的萤火虫之舞。达达之后,这项运动的历史角色已经完成,剩下的只有忙碌的鬼魂。因此,达达的死并不是一个孤立的事件。这个事实足以说明它的重要性。从某种角度说,艺术信仰也伴随它一起彻底地死了,它们被葬在了同一座坟茔里[1]。

3. 个人记录

但是，达达在 1923 年的冬春之际还在努力地存活着，当时我正在亲身经历这一运动。争吵造成的分裂似乎并不致命。达达的拥护者们已经开始带着点怀念回忆起它早期举行盛大表演时的日子——当时，阿拉贡不止一次这么说过，他们太忙了太兴奋了，甚至没时间和情人睡觉——但是他们依然在期待着一个更忙碌更有意义的未来。

那时我常常和达达主义者会面，和两派人都会面，不仅是我待在巴黎的每周三，而且在吉维尼的漫长的几周也一样。阿拉贡在那里住了两个月，写他的新作品：每天下午，我们会漫步在刚刚绽放出樱草花和雏菊的草地上，他会一连几个小时背诵诗歌给我听，或者向我阐述他的写作理论。周末时，查拉常常会带一个很漂亮的美国姑娘来拜访我们，那姑娘每天抽三包烟，对法国政府的烟草专卖做出了很大的贡献。查拉喜欢说双

---

[1] 原注：这是我在 1934 年的想法。我没有预见到艺术信仰会在另一场战争结束后（或者在战争期间）复活，而且又像 1920 年代那样繁荣；我也没能预见到新时代的作家们从他们的前辈的错误那里获得的教训么少。

关语，发明各种各样的游戏，因为怕输而不断修改游戏规则。有时候，安德烈·布勒东的所有朋友都会在礼拜天来，不过都是在查拉不在的时候。达达主义者和他们的老婆或情人，或两者都带，组成了一个完整的演出团。他们基本上都是一些很严肃的、愤怒的年轻人，但他们也常常哈哈大笑、寻欢作乐，你要不喜欢他们都难。

我不认为自己是达达的一分子。我想要冷静地评价他们，我也不介入他们的争论；毕竟我是一个外国人，不久就要回到自己的国家。然而，我还是不由自主地被他们对于文学行为的见解所吸引，就好像这是我需要的一种空气。有天晚上，我老婆不在，多斯·帕索斯和卡明斯从巴黎过来。我们和阿拉贡一起去了一家饭店，吃了一顿舒服的晚餐，喝了几瓶葡萄酒，然后我们回到我在铁匠铺楼上的工作室。我对盲目崇拜书本发表了一番演说。事实是我无论住在哪里，书本都会越积越多，有些是借来的，有些是赠品，有些是寄来的，还有些我自己也不知道是怎么来的；它们像亲戚一样搬进来和我同住，然后很快房间里就挤满了。我和德·昆西有同感，他以前租房子住，等到房子里堆满了书就搬家，把那些书丢在原地。这里是法国，我的那些美国书卖不掉，白送也没人要，然而我对印刷文字有一种不可理喻的、几乎像中国人似的崇敬，所以我不会把书毁掉。每个人都有弱点，我们应该采取有力的手段来战胜它们……我走到书架前，取下一批糟糕的评论书籍和我不再需要的法国大学里的教科书。我撕掉了几本书后,把它们全部堆在火炉前的石棉垫上;然后我对它们划了一根火柴。这是达达运动的一种姿态,但不是一个成功的姿态,因为只冒烟没有火。我们说着,蹩脚作家写的书冒的烟更浓;然后,卡明斯走过去,用自己的小便灭了火,以此证明自己是一个更好的达达主义者——至少在别人的工作室里是这样的。

杰克·惠尔赖特带着许多昂贵的行李来拜访我们,住了更长的时间。杰克的父亲是坎布里奇的《嘲讽》杂志社的建筑师,在这一行已经有了名气:他是唯一一个因为一个单词的拼写错误被哈佛大学开除的大学生。这个单词是"恶心"(nausea),他当时已经陷入了困境,本不应该使用这个词的。在发生了一系列的小失误之后,杰克又仅仅因为忘记参加一门课程的期末考试而受到了留校察看的处分。受到这种处分的学生必须上每一堂课,或者提供一个能够说服教务主任的理由,教务主任是很难说服的。杰克有一节课没上,然后带着一份书面的解释出现在教务主任办公室:"我昨天没有上英语 I4,"——或者是别的随便什么课——"是因为我看完电影《破碎的花》后得了急性恶心(nausia)。"他被直接打发回了后湾的老家。现在,他带着一捆自己的诗稿来到了吉维尼。他写的诗里充满新鲜的形象和独创的字眼,还有一份戈勒姆·芒森为接下来的两期《分离》杂志准备的手稿;杰克打算在意大利印那两期,因为当时意大利的印刷费用甚至比维也纳还便宜。我不知道经过不懂英文的意大利印刷工的排版以及这辈子都别想在哈佛毕业的那个不会拼写的人的校对（尽管他也许可以在拼字比赛上与来自普林斯顿大学的司各特·菲茨杰拉德打成平手），这本杂志会弄成什么样子。我想给芒森发一份电报："让杰克递交校样。"可转念又想如果他不交校样，其结果就会是武断的、令人惊讶的，彻底达达式的。

重读我在那年春天和夏初写的那些信件，以及做的笔记，我可以看出自己的思想受到那些新交的朋友的影响程度。"出彩的两年结束了，"我在7月5日从诺曼底寄给肯尼斯·伯克的最后一封信里写道，"成绩不多，学到不少。然而我还是觉得它们的价值不在于使我学到了很多书本知识和写作技巧，而在于帮助我建立了自己的哲学。"我用了一个很大的字眼。我的哲学其实是一种态度，或最多是一种信仰的集合，其中有些是我自己形成的，有些仅仅是从我的那些法国朋友那里批发来的。就让我们把它们作为个人记录写下来吧。

首先，我相信一个文人唯一值得尊敬的抱负就是想成为一个文人——不单单指成为小说家、散文家、剧作家，而是指把整个文学纳入自己的视野。"他会为文学献身，"我热情地写道，"就像人们为上帝或穷人献身一样。"

我相信文人在保持自己的观点的同时，主要是诗人的观点，也应该关心人类活动的各个方面，包括科学、社会学和革命。

我相信过早成名比没有名气更能毁掉一个作家，因此为了避免出名我情愿拿自己开涮。

我强烈反对我所谓的"低调的谬论"。"作家们，"我在笔记本里写道，"常常会说到'要养精蓄锐'，就好像每个人都拿到了一块五分钱的镍币，他可以自由使用———分钱用于爱情，一分钱用于生计，两分钱用于艺术或别的浪费行为，剩下的一分钱买一只又大又红的苹果……对我来说，诗人的头脑就像财神爷的钱包：花得越多，进账也越多。

"有许多作家故意缩小他们的兴趣范围。他们拒绝参与他们的时代里的社交生活，甚至不愿参加社会问题的讨论。他们回避大众思维，觉得它'无聊透顶'，对它'满不在乎'。他们把自己局限于文学领域——到最后，就成了文学八卦。他们无视那些将人类的大脑推向思想和感情的极限的作品，而我却认为，这些作品恰恰是文学的目的所在。"

在那段时期，我喜欢用华丽的辞藻；我还非常注重道德，但是是以我的达达朋友们教我的方式。一个作家可以盗窃、谋杀、酗酒或滴酒不沾，欺骗朋友或老婆。所有这一切，我说，都无关紧要；但我的忍耐并没有延伸到写作，我对写作的要求是要有高度的勇气，要绝对真诚，要有本身就是一种精神品质的睿智。我也是一个浪漫主义者，从这个词的严格意义上来说。在过了一段崇拜法国古典主义的时期后，我开始阅读和欣赏浪漫派时代的作家，从蒙克·刘易斯到拜伦，再到热拉尔·德·内瓦尔和佩特鲁斯·博雷尔。同时，我也对将他们的方法运用于这个技术和强行推销的时代里的新素材产生了兴趣。我决心不要幽默,我对"对自己的弱点一笑置之的那些被打败的人"充满了愤怒的蔑视。我也有反复出现在我的文章里的口号:"无私""轻率"(我认为它是一种很高的品质)、"蔑视""意味深长的"或者叫"武断的姿态""暴力""宣言",还有"勇气"。

我的信里写了许多不切实际的计划:

"肯尼斯,"我在6月29日的信里写道,"昨天我突然觉得获得了某种启示,我觉得到了我们应该写一些政治宣言的时候了。我们不是批评家,也不是短篇小说作家;我们是诗人:换句话说,我们对人类行为的方方面面都有兴趣。被别人贴上某一类作家的标贴来打发掉,对我来说是一件很痛苦的事。另外,我也非常想做一些既轻率又有意义的事。给哈定总统写一封公开信。就审查制度给邮政局局长写一封信,在信里我会承认他们有审查的权利,我会指出我的观点有多危险,甚至在书评中的观点也是,我会问为什么我还没有被封杀。另一种表现:比如,号召选举人不要投票,攻击自由党,攻击社会党和共产党。设想一下,把这些文件统统汇编到《扫帚》的政治特刊里去,这会造成多大的丑闻啊。但是丑闻将意味着什么?在一个像美国这样虚伪的国家里,只要你列举一下违反了多少条法律就是一种意味深长的姿态。如果文学领域的法律和秩序全都站起来反对我们,我们可以随时退隐农田或是去做校对。好好考虑一下吧。不是要你明天就去走这条路。我觉得,肯尼斯,我们应该选择这种勇敢又轻率的道路，如果我们不甘心和埃兹拉·庞德、罗伯特·麦卡尔蒙，甚至是弗洛伊德·戴尔展开无聊的文学论争的话。"

于是，我计划着要把文学理想引入政治世界；我考虑着展开一场十字军运动，我也准备好了做这场运动的领袖之一。但我也是一个学徒：我这辈子里第一次也是最后一次承认我有一个老师。

"我一直想给你写一封信谈谈路易·阿拉贡，"我在6月4日的信里写道，"因为他的性格需要你去详细地解释……想象一下这个优雅的年轻人，出身于一个社会地位无可指责的家庭：一个才华横溢的小伙子，自从四岁写出第一篇短篇小说起，他就完全配得上'天才'这个称号。光辉的职业生涯铺展在他面前。他学了无数知识，而且全都掌握了。在到了一定年龄后，他突然抛弃了家庭和社会关系，带着对早年成功的无比蔑视，对大家说了他的真实想法。而且，他依然保持成功。他很有魅力，如果他想施展的话，他要花上好几年时间才能树敌；不过，通过反复的侮辱对方，他也达到了这个目的。他一向憎恨妥协，这可说是青年人的一个特征——拥有那种我们从来没有真正拥有过的青春的青年人。他不赞同《新法兰西评论》，因此他拒绝为它供稿，尽管别的发表渠道都已经对他关上了大门。

"文学是他的生命。如果我对他说波德莱尔有一首诗写得很烂，他也许会扇我耳光。他主要通过精神品质来评价作家，比如勇气、感情的强度、拒绝妥协的精神。他宣称自己是一个浪漫主义者。其实这只意味着他对女人的态度恶劣透顶：他不是念诗给她们听，对此她们会很快厌倦，就是企图和她们睡觉，她们说那也是同样的单调乏味。他总是一本正经地谈恋爱，从不拈花惹草。他往往是一个令人厌烦的人。他自私自利，爱慕虚荣，但对朋友很忠诚……我遇见过许多因作品吸引我的人，但阿拉贡是唯一一个因为性格力量给我留下强烈印象的人。我应该补充一句，他对安德烈·布勒东的崇拜就像小狗崇拜它的主人。

"我要为这么长一段的跑题道歉，但我觉得这样做大大有助于我的解释。"事实如此，阿拉贡对我的影响超过了我愿意承认的程度。在他的影响下，我不由自主地成为了一个达达主义者，接受了无数达达主义的标准，甚至准备把这些标准付诸行动。

4. 意味深长的姿态

在我回美国前的最后三个礼拜里，我一封信也没写。我太兴奋了，无法写信；实际上，我从来没过过比那时更骄傲、更忙碌、更带劲的日子。我还因为揍了一位咖啡馆老板的下巴而被捕、受审。

他活该挨揍，尽管我和他没什么特别的仇恨。我和他没有任何个人恩怨。他的圆厅咖啡馆，长期得到各国革命者的光顾。我听别人说，列宁以前常常坐在那里；晚上，有些人一边喝咖啡一边悄悄地策划着无产阶级政变，他们对在旁边的桌子前大声争论的瑞典和罗马尼亚艺术家充耳不闻。咖啡馆老板——他的名字我不记得了——常常在旁边偷听。根据多少有点可靠的证据，这个老板是一个拿报酬的密探。据说他曾将几个无政府主义者出卖给了法国警方。更有甚者，据说他还侮辱美国姑娘，用法国咖啡馆老板对待妓女的那种冷酷态度对待她们。他是一个十足令人讨厌的家伙，我们觉得，我们应该和他算算账了。

我们在位于蒙帕纳斯林荫大道的穹窿咖啡馆，在拥挤的人群中，我们十个或十二个人围在桌前。那是在1923年7月14日，也就是法国国庆节。一排排的中国灯笼悬挂在树丛中；每个街角都有乐队在演奏；大街上到处都是在跳舞的人群。贵族、银行家、政客都去别处度假了，一批批的游客也相继离去，巴黎城沉浸在一个盛大的平民狂欢节里，所有的人都欣喜若狂，我们也热切地参与其中。此时，我们跳舞跳累了，坐下来喝喝饮料，为了在音乐声、杯盘的叮当声、人行道上杂沓的脚步声里能够听见彼此的说话而放大了嗓门。我两只手撑在桌子上，试图模仿特里斯丹·查拉跳上一列开动着的火车时的滑稽动作。"我们到那边去，"劳伦斯·维尔说，一边把盖在前额上的黄色的长发往后甩，"把圆厅的老板揍一顿。"

"好呀。"我说。

我们一起走到马路对面,有几个姑娘穿着色彩鲜艳的晚礼服,还有几个穿着花呢衣服。路易·阿拉贡穿着无尾礼服,显得颀长、庄重;劳伦斯光着脑袋,穿着雨衣,在这个炎热的、星光灿烂的夜里,他一次也没把雨衣脱下来过;我没有穿外套,只穿了一件工人的蓝衬衫,一条长裤,一双粗绳底的鞋子。我们被街道上的人群冲散了,结果是一个一个进酒吧,而我是最后一个到的。阿拉贡正在用优美的声调说着圆周句[1],表达着他对告密者——mouchards[2]——的看法,并质问像圆厅老板这种可鄙至极的人,怎么会有这么多体面人来光顾他的店。侍者们闻出了火药味,纷纷围在他们的老板身旁,用衬衫前胸组成了一道人墙。劳伦斯·维尔推开了那道人墙;他用语速极快的法语愤怒地说着什么,我只能听出其中的一些短语,但我知道他说的全都是骂人的话。老板向后退,眼珠子不安地打转,脸色吓得煞白,和一把黑胡子形成鲜明对比。哈罗德·洛布戴着一副眼镜,下巴突出,叼着烟斗,脸上露出尴尬的微笑,在一旁观察着。

我对这几个朋友生气了,他们竟然眼睁睁看着这一事态渐渐演变为一连串无用的姿态,但是我对那个老板有一种更为强烈的本能的厌恶,他的表情就像一条狗在偷鸡时被当场逮住,

---

[1] 主要意思在句尾才明白的句子。

[2] 法语:奸细。

一心想着如何逃跑。我推开侍者，冲过去对着他的下巴就是一拳。接着，还没等我来得及打第二拳，兴奋的人群就裹挟着我奔向了门口。

五分钟后，我们这些人再次汇聚在穹窿咖啡馆的平台上。我已经忘记了刚才的事，脑子里空空如也，只剩下一种模糊的兴奋和蠢蠢欲动的感觉。我一门心思想着我们应该 changer de quartier[1]：这个晚上余下的时间不要待在蒙帕纳斯，应该去巴黎的别的区转转。尽管似乎没人对我的建议感兴趣，我还是尽量说服了他们，于是五组情侣十个人犹犹豫豫地沿着蒙帕纳斯林荫道向东南方向漫步而去。

走到第一家咖啡馆，我们停下来喝一杯啤酒，在栗树下跳一曲华尔兹。有一对情侣决定折回穹窿。余下的八个人走向下一家咖啡馆，在那里喝完烈性黑啤后，又有两对儿脱离了队伍。"我们再换个地方。"我又一次说道。在下一家咖啡馆里，鲍勃·科茨和他的伴侣商议着。"我们要回到穹窿去。"他说。只剩下我们两个了，我们伤心地继续往前走。我们看见了蒙特鲁日，更多的中国灯笼，呜哩哇啦的手风琴，男工人和女店员在大街上翩翩起舞。然后，我们也调头返回了蒙帕纳斯。

子夜已过去很长时间，但街上还是像之前一样人头攒动，我心里也依然渴望着冒险。我在穹窿遇见了特里斯丹·查拉，

---

1 法语：换个地方。

我抓住他的手臂，坚持说我们一起出去散会儿步。我们探讨了达达运动能否复活的问题。在栗树下，我们看见了一个穿得五颜六色、肤色深褐的女人；人家说她是塞内加尔的公主。我用英语和法语夸张地恭维她；查拉又用法语、德语和三个罗马尼亚词语补充了几句。"走开，白人小子们。"她用哈勒姆[1]口音说道。我们调头走，经过了圆厅的拥挤平台。那个老板又着双手站在那里。一看到他，我的火气重又蹿了上来。

"Quel salaud！[2]"我对他的六百个顾客吼道，"Ah, quel petit mouchard！[3]"

然后，我们再次过马路，慢慢地向着穹窿走去。但是，我走到半路时两只手臂各被一个穿蓝制服的小警察抓住了。"跟我们走一趟。"他们说。他们押着我朝警局走，查拉急冲冲地去拿我放在大衣里的身份证件。人群在我们后面散开，只剩下我们几个了——我和两个 flics[4]，还有圆厅的老板。

两个警察中的一个决心要找点乐子。"你很幸运，"他说，"在巴黎被捕。如果你给纽约的那些野蛮警察抓住了，他们就会抢你耳光——就像这样。"他大吼一声，扇了我一记耳光，"但在巴黎我们只会轻轻地拍拍你肩膀。"

---

1 美国纽约黑人聚居区。
2 法语：你这个下流胚!
3 法语：你这个小奸细!
4 法语：警察。

我知道我碰上麻烦了。我一言不发,安静地走在他们旁边。

"嗯,巴黎的警察人都好得不得了。如果你在纽约被抓,他们就会揍扁你的下巴颏儿——就像这样。"他说着就揍了我的下巴,"但在这里我们不会那么干。我们会冷静地把你带走。"

他搓了搓双手,然后把脸凑到我面前。他的呼吸带着一股白兰地的臭味。

"你喜欢巴黎的警察,hein[1]?"

"当然。"我说。圆厅的老板走在我们旁边,用红红的舌头舔着胡子尖。另一名警察一声不吭。

"我不会像纽约警察那样把你打出鼻血来。"那个醉鬼说,然后猛击我的鼻子,"我只是要求你走在我前面……走在我前面,猪猡!"

我走在他前面,从腋窝里偷偷往后瞧。他的一只手放在枪套上,正在解开枪套盖。我读到过有人"因为企图逃跑"被击毙,于是开始走得很慢很慢,他不得不踢我的脚后跟催我快点爬上警署门前的台阶。我们站在警长坐的办公桌前,他指控我无故殴打圆厅的老板以及暴力抗法。"呃,"他说,"他踢我的小腿,还留下了伤疤。你瞧!"

他卷起裤脚管,露出一条一厘米多长的刮伤。不管我怎么解释我的粗绳底鞋子甚至不会刮伤一个婴儿都没用。法国的警

---

[1] 法语:不是吗?

察法庭，就像别的国家的一样，是在警察的话永远比被告的正确这么一个理论基础上运作的。

在我朋友到来前——劳伦斯、路易、雅克·里戈，还有我老婆——我的前景看上去不妙。他们带来了我的身份证件和一笔钱，我们商量了一下，都同意有必要贿赂那个醉酒的警察，他也接受了我们的贿赂。在一片混乱中，我们重复给了他两次贿赂。他总共收下了一百三十法郎，至少高出必要的四倍。他站在警长台前，内八字的站姿，脸上的表情既尴尬又仁慈。他声称归根结底我还是一个好人，尽管我踢了他的小腿。他希望撤销对我的暴力抗法的指控。

看得出来，我的前途光明起来了。大家一致同意两个罪名中诬陷更严重。因为如果仅仅是殴打告密者的话，我将接受的最严重处理就是坐一个月的牢。也许一个礼拜就能出狱。

在监狱里关了一个晚上，第二天白天不断有警察来访和关心我的朋友们打来的电话，我想睡但怎么也睡不着，第三天晚上要举行预审。我在穹窿那里寻找证人；幸运的是那天晚上有个派对，找证人并不难。证人包括九位穿晚礼服的年轻女士，她们中没有一个那天晚上在圆厅现场，不过那没有关系：她们全都用结结巴巴的法语证明我那天晚上也不在现场；整个事件都是强加在一个以性格严肃著称的作家头上的；这是咖啡馆老板策划的一场骗局，他是一头猪，对美国姑娘的态度非常粗鲁。

审理案件的法官被她们说服了。他后来对安德雷·萨曼透露说圆厅的老板只有咖啡馆侍者来支持他的说法，而我却有九名证人，而且全都是正派人，des gens tres bien[1]。他的看法帮助了萨曼为我摆脱困境，尽管萨曼也运用了自己的影响力。他是一个诗人、小说家，还是一个著名记者，专门为《晨报》报导所有严重的杀人案件。法官想和他建立良好的关系，就设法使审判一再延期，到最后不了了之。

但这件事最好笑的地方在于，以及我不厌其烦在这里解释的理由在于，它在我的法国熟人间产生的影响。他们用我无法理解的崇敬目光看我，尽管我认为法国作家很少会发火打人，但他们对我的这种异常行为还是给予了很高的评价。多年后我认识到，我揍咖啡馆老板的下巴的行为其实就是在实践他们偏爱的每一句口号。首先，我这么做是为了公共道德；我和被害人并没有任何个人恩怨，我的做法是公正无私的。我实施了草率的行为，我的暴力行为是对法律的藐视，我展现了一种武断的、意味深长的姿态，我发表了一份宣言；在他们看来，我的行为彰显了勇气……我这辈子第一次成为了公众人物。我受邀出席宴会和鸡尾酒派对，报社向我约稿，阿姆斯特丹、布鲁塞尔、里昂和贝尔格莱德的达达主义者请我为他们的杂志写评论文章。我写的小说被译成匈牙利语和德语。当时来巴黎访问的一支苏联作家代表团带着我写的几首诗回到了莫斯科，然后把

---

[1] 法语：大好人。

它们登在了他们自己的杂志上。

这些诗从基调上来说没有一点革命的成分，但它们涉及的主题，在苏俄及其后的苏联实行新经济政策的时期，引发了其国内作家的热情。这些诗是关于美国的，诗里谈到了电影、摩天楼和机器。带着我历时两年之久的流放生涯里的思乡情绪，我详细地阐述了这些主题。我对美国也充满了热情；我在千里之外学会了欣赏它那多姿多彩的面貌。我将带着一套与美国生活没有任何关系的价值观回到纽约，同时我相信在这个连达达的名字都没怎么听说过的国家里，人们绝对会误解它的意思，而且这个国家在文学方面的道德判断向来被认为是品位低下——在这座城市，一个作家只出于三种理由写作：为了赚钱，为了让自己的名字登在报纸上，或仅仅因为喝醉了。

第六章

愤怒之城

1. 法国轮船码头，1923

　　当爱好艺术的流放者三三两两拖着疲惫的脚步回家时，没有政府方面的人士来欢迎他们归来；没有摄影师让他们在船舷边摆好姿势拍照，以自由女神像作为照片的背景；没有记者来问他们对欧洲的经济形势怎么看，或者问他们全世界最漂亮的姑娘都集中在美国这一说法是否正确。他们到港时，警察的摩托艇依然停泊在码头，市政公园里的鸽子依然在悠闲地觅食。百老汇没有张灯结彩。顶多，在他们开车前往不知名的住所的途中，会看见几张旧报纸像欢迎的旗帜一般在夏日慵懒的热风中飘动。

　　那是在 1923 年 8 月初，就在我二十五岁生日的前几天，经过了停泊在下湾的闷热难当的一个晚上之后，我坐的轮船终于抵达了纽约港。船上挤满了在战地参观后回来的慰问团的姑娘们，她们的访问是雷·约翰逊在募捐方面的最新冒险的胜利果实。昨天晚上，她们聚集在甲板上，举行了一场大学校园式的大合唱：

　　　　一，二，三，四，
　　　　我们为了谁？
　　　　美国，美国，美国！

二,四,六,八,
我们感谢谁?
法国! 法国!

　　酒吧已经关门,考利夫妇来到拉蒙·格思里的客舱喝掉了他从表兄弟位于南希附近的农场里搞到的最后一瓶黑刺李酒。拉蒙以前是救护车司机,然后又去开飞机,最后回学校做了学生。他是一个高个子,瘦骨嶙峋的,有一副宽肩膀,做起动作来往往很突兀,就像用铁板和钢丝拼起来的机器人。他驾驶的飞机在1918年失事后,医生给他动的手术造成了这样的结果;这是一架笨重的双翼机,德国人可以像打圈养的野鸡一样把它打下来。有一次,一个新上任的少校急于要表现一番,命令他的中队在德国人的防线上做一次集体飞行,结果拉蒙成了唯一一个幸存者。战后他在法国上学,如今他带着来自洛林的黑眼睛的老婆和图卢兹大学的博士文凭回了家;他想写小说,就像我想写散文和诗歌一样。我们对法国的了解远胜于慰问团的姑娘们,但我们也像她们一样既满怀希望又盲目无知。

　　我们在法国轮船码头和格思里夫妇道别。没有人来接我们,我甚至不知道该把大箱子送到哪里去,因为我口袋里只有五美元,住不起旅馆。在海关人员急匆匆地翻一遍我们的行李时——看它们的样子也不像有什么要纳税的物品——我打了几通电话,结果就是我们面临的问题暂时得到了解决。我们的两只箱子将被送往我远在下城区的一个朋友家,他家几乎就在伍尔沃斯大楼的阴影里。我们自己则去马修·约瑟夫森的公寓度过这个早晨,他最近刚从柏林回来,想在格林威治村出版《扫寻》杂志。

我们叫了一辆出租,沿着十四街向东行驶,经过一排肉类批发市场,有几张破报纸在它前面无力地飘着,经过了第九大道上的高架铁路站,这个车站的样子看上去像中国的宝塔,经过了两排高耸的褐石房子,还有瓜达卢佩圣母修道院,其标志仅仅是一个十字架,然后是九团的军械库,然后在第六大道的高架立柱下向南折去。一切对我都是陌生的:令人疲倦、沮丧的热气,房屋的颜色,笔直的街景,穿着鲜艳的上衣走在人行道上的姑娘们,和法国女店员穿的那种色彩单调的衣服截然不同,最重要的是,没有任何绿色的东西来打破方形的街道、玻璃、砖石和钢铁建筑的单调。下一年——其实是接下来的三年——我的时间都将花在调整自己,使自己再次适应这曾经熟悉的环境上。

我不得不面对的第一个问题是如何维持生计。在我面前有一个选择,在求职和文学市场都很景气的那段日子里,每个没有独立收入的见习作家都不得不做出的选择:是做一个自由作家,还是去做文职工作。如果选择前者,就意味着从事一份我自己喜欢的职业,尽管我写的任何东西都难免会受到市场需要的影响。如果选择后者,我的五分之四的时间都会浪费掉,然而剩下的五分之一时间,我还是会致力于自己喜欢的创作,为了文学艺术进行忘我的实践。这就是我选择做职员的理由,另外就是刚巧碰到一个工作机会。直到两年后我才意识到,当你的写作和你的生活失去了实质性的联系,当写作变成了消磨夜晚时间的方式,你写出来的作品就会失去一部分本质内容。它顶多会具有一种非真实性,人们一般都会看出来,一种由修辞、幻想和夸张情节营造出的闲散氛围,这种氛围是环境决定的,也是由环境解释的:作家在为职业生涯里丢失的品质寻求补偿。更多的情况是,夜晚往往并不闲适;写作从他的生活中消失,沉溺于自己高于职业这种不健康的想法,因此他感觉灰心,他必须奋力逃脱,去写小说,写剧本,写史诗。但是这种他的杰作也许是一部失败之作的担忧始终存在:每周六都能拿到工资,每周六晚上喝醉酒后大谈那本未完成的小说岂不更好?……

我摆脱了这种情绪,用另一种错误的方式,那种错误几乎是致命的:我肩负着太多的义务。我的工作,至少在第一个月里,意味着每天在压力下工作九到十个小时;但那只是我的义务的开始。在为斯威特的《建筑目录》做校对、广告撰写员和杂务工的同时,我还是《扫帚》的副主编,这是一个没有收入和荣誉的职位,工作内容包括审稿、校对、写信——还有写文章,如果我有一小时空余时间的话——安抚订阅者、责骂投稿人、收取订阅费。我和老婆想要重新装修一下我们位于多米尼克街的公寓,那是你在纽约能够找到的最破烂最简陋的房子。

我去参加通宵的文学茶会。我给邮政局局长写了一封公开信，也给《日晷》的编辑写了一封，这两封信在语气上都非常傲慢。我想方设法获取额外的收入。我为坎比博士的《文学评论》杂志写书评，我也写诗，但不为特定的任何人。

与此同时，我和约瑟夫森、格思里及另外几个朋友一起试图解决第二个问题，即如何在纽约复制那种我们在国外时觉得很舒适的环境，如何继续欣赏、赞美机械时代和新经济年代的五彩缤纷的美国生活，尽管我们生活在这个时代的阴影里。

此时的总统是柯立芝，一个新的时代已经开始了。在我离开巴黎的8月2日，哈定在旧金山去世，在我的航程尚未结束的时候，报纸上就已经明确了他的历史地位：一个被万世永记的伟大的和平倡导者。法国军队在鲁尔宿营。雨果·史汀斯，据说比洛克菲勒还富有，像一个独立君主似的和法国人谈判。列宁在隐居，引起各种猜测。据报道说，新经济政策在苏俄产生了效果——也就是说，这些政策偏离了共产主义。人们全都听厌了"是的，我们没有香蕉"。禁酒令和3K党成了美国报纸上最常见的头版标题，尽管人们同样关注小麦的丰收，以及由此引发的低廉的麦价。除了新英格兰，全国各地的工厂又忙碌起来；到处都在大兴土木。股票市场，在经历了春季的低迷后，正向着一个令人目眩的高度缓缓爬升；美国文学也进入了一个兴奋的、高产的时期。对于年轻作家来说，也包括我自己，可以在被他们的艺术前景弄得眼花缭乱之时，能够无视鲁尔、法西斯主义、赔款、新经济政策和繁荣。

在主要的文艺评论刊物上，每周都能发现新生的天才，基本上是每篇评论都有一个不同的天才，天才的泛滥成灾简直令人咂舌。老作家们突然成为过时的保守派，牢骚满腹、荒唐无比。现代派的小说、散文、戏剧在内容上都显得无比丰富，抒情诗歌即将步入它的黄金时代。"坐火车出行时，"伯顿·拉斯科写道，"我总是数着自爱伦·坡以来的第一流的抒情诗人。"他编了一份名单，上面的人是浪漫主义时期或伊丽莎白时代的诗人们几乎无法企及的——至少是在第一流的抒情诗方面：

艾米丽·狄金森，是啊，只要用两三首抒情诗就能够证明——萨拉·蒂斯代尔，非常接近了，总之，非常接近一流诗人了……艾德娜·圣文森特·米蕾，绝对的，因为她是自莎士比亚以来能够在十四行诗里注入生命的为数不多的几位诗人之一；阿瑟·戴维逊·菲克是另一个，还有卡明斯！但我们以后再谈他——华莱士·史蒂文斯当然也是……还有康拉德·艾肯，如果你去研究他的抒情诗，就会发现它们的神奇和永恒性——还有T.S.艾略特，他是爵士时代的桂冠诗人和挽歌作者……埃兹拉·庞德，如今我们将他视为天才，但他写过的抒情诗有超过一首吗？……反正，我们先把他放一下吧——接下来还有谁呢？桑德堡？博登海姆、林赛、马斯特斯、洛威尔（艾米）、克兰伯格？——我们把克兰伯格也算在内吧……罗宾逊、惠洛克……

还有谁？到底还有谁呢，除了今天下午我们即将会面的那个家伙以外。如果自从济慈和史文朋（我把他们两个都算在内）以来还有更优雅的抒情诗人，忘掉叶芝吧，在英语的使用上，我希望你能把我介绍给他。不公平吗？好吧，我同意你的意见！上帝也不公平呀。

E.E.卡明斯，这段文字的主题，是一个极有天赋的诗人。拉斯科对他的才华认识得很清楚，即便是在大多数评论家都在嘲笑他对小写字母"i"的使用的那个时期。但卡明斯对人们把他赞美为宇宙小姐，把他放在和济慈、史文朋平起平坐的地位，其实就是放在上帝的右手的位置，肯定会感到尴尬的。

我之所以引用伯顿·拉斯科，是因为他每周在《纽约先驱论坛报》上有固定的书评栏目——后来从书评栏目里选取几段，不用改动文字，作为《一个文人的日记账》重新出版——给这个狂热的时代画了一幅绝妙的肖像画，没有任何一位历史学家能与之媲美。他在文学记者中因热爱自己的职业、说话又快又坦诚、在表达爱憎时完全不考虑自我保护而出名。他攻击徒有虚名的人，不管这给他们带来多大的麻烦，以及给自己带来多大的危险（最终的代价就是他为此丢了饭碗）。他试图发掘并赞美在当时还默默无闻的作家们的作品——好的、坏的、一般的作品，卡贝尔的、普鲁斯特的、艾略特的、门肯的、西马诺夫斯基的（"自瓦格纳后冉冉升起的最伟大的音乐幽灵"）、亨利·布莱克·富勒的（"当然比司汤达更好读""构思更精致，文质彬彬的讽刺语具有更丰富的内涵"）。就像任何一个优秀记者一样，他把一切都看得比其本身更为重要。每个礼拜在咖啡屋俱乐部或阿尔贡昆旅馆的圆桌前和一些新生的、无可比拟的名流会面，他沉浸在一种狂热的、星光灿烂的氛围里，记录下他们之间的谈话，就像在记录柏拉图在某次宴会上调侃亚西比德[1]一般。

"只有非常年轻的作家，"他说，"或者是那些说的比写的多、说的比写的好的作家，才会去讨论艺术、风格和文化；其他人则更关注于流言蜚语和奇闻轶事（如果艺术和艺术家构成了对话的主题）。"他本可以想到，人们一般愿意谈那些最吸引他们的话题。如果他遇到的名流不怎么谈及艺术或风格的问题，那也许是因为这些话题已经和他们没有什么关系了；写作也成为了一种工作，就像别的任何工作一样。流言蜚语和奇闻轶事——某某人和某某人的老婆私奔了、某某人家里有上佳的鸡尾酒、某某人拿的稿费最多——是他们最钟爱的话题。

---

[1] 雅典政治家、将军。苏格拉底的生死之交。

他继续写道：

卡尔·桑德堡吹单簧口琴、弹吉他、唱酒吧间的小曲；罗伯特·内森拉大提琴；本·赫克特拉小提琴；H.L.门肯在钢琴四手联奏和小型乐团里弹低音钢琴；埃德蒙·威尔逊会表演戏法；乔治·吉恩·内森是木屐舞的好手，在杂技场的夜场业余演出中获得过无数个一等奖（匿名的）；约翰·多斯·帕索斯会玩杂耍；阿尔弗莱德·克兰伯格会弹曼陀林；麦斯威尔·博登海姆会舞蹈表演；卡尔·凡·维克顿是一个通灵者；厄内斯特·博伊德精通用玻璃杯演奏音乐；埃莉诺·怀利能把自己的拇指拉脱臼；司各特·菲茨杰拉德擅长高台跳水，有时能从很高的地方跳进一只仅放了半缸水的浴缸；萨缪尔·霍芬斯坦会表演口技；F.P.亚当斯会吹口琴；罗伯特·本奇利擅长解字谜和模仿秀；帕西·哈蒙德会跳水手的号笛舞；华莱士·史密斯和阿哈默德·阿卜杜拉会吞剑；弗洛伦斯·凯珀·弗兰克会跳足尖舞；威尔·卡皮会弹钢琴曲《少女的祈祷》；弗洛伊德·戴尔会跳哥萨克舞；詹姆斯·布朗奇·卡贝尔会表演神奇的空手舞剑；鲁珀特·休斯会唱山歌；约瑟夫·赫格斯海默擅长睡觉和寄信；查尔斯·汉森·汤尼和乔治·查普尔专门在滑稽歌舞剧里表演鬼哭狼嚎……

文学的生意就像通用汽车公司一般欣欣向荣,就像四十街和五十街之间的高级夜总会,就像非法传销,然而……在这场热热闹闹的歌舞表演中,对于一个不知道客厅礼仪的愤怒青年来说是没有多少立足之地的,这些愤青们喜欢一本正经地谈写作的问题,喜欢吹嘘自己没有半点幽默感。他们为新的历险制定计划,以此自娱自乐,也为了推动文学事业向前进。但他们唯一真正的希望,不是希望成功,而是希望凭借彼此间的团结一致(要吵的话只和大众吵),始终把脑袋浮起在水面上。

大约在10月1日,《斯威特建筑目录》终于付印了,办公室里的紧张气氛就此一扫而光;每天不用再紧张地工作十到十二个小时,只要装出一副勤奋的样子工作六七个小时即可。有时间思考文学的事情了,尤其是我和《扫帚》的关系。马蒂·约瑟夫森刚编好十月号,按照原定的计划,它将是一期政治宣言特刊:这是一段伤心的往事,它至少证明了我们和那些为我们供稿的人对政治思想的无知。斯莱特·布朗,我们的同事,计划去伍德斯托克附近某人的夏季工作室过冬。吉尔伯特·赛尔德斯从巴黎回来了,继续在《日晷》担任总编。还有肯尼斯·伯克,今年夏天他代理了总编一职,正住在他家的新泽西农庄里。不久,我就给他写了一封急切的信:

"下周五(10月19日)你有空来一下吗?你的到来对我来说是很重要的。《扫帚》也许已接近死期,但死也要死得体体面面。在退潮时平静地死去，不是我脑子里理想的死法。芒森在为《分离》杂志考虑新的计划。等到考虑成熟，我估计他会告诉我们的，并约我们为他的杂志供稿。其他人似乎都满足于这样过冬：偶尔喝顿小酒，聊聊生活条件。最伟大的美国作家是乔治·摩尔和阿瑟·施尼茨勒。……如果大家都能保持愤怒的力量，那么形势就不会变得那么令人沮丧。但是，如果你强烈憎恨某人，你可以说出来的最厉害的一句话就将是：'我对此人毫无兴趣。'

"肯尼斯，我和马蒂决定召集为《扫帚》或《分离》工作的全体人员开一个会，和布朗、伯克、科茨、考利、克莱恩、弗兰克、格思里、约瑟夫森、芒森、桑伯恩、施耐德、图默、韦斯考特、威廉姆斯一起开会，如果他们对不远的将来不无担心的话。如果我们能汇聚一堂，我们至少能搞清楚各自的情况，能讨论我们是否要制定计划继续下去。永恒的主啊。满足于为艺术而艺术的人，出三期无害的小型杂志，偶尔来一杯混合型杜松子酒，同样会感到满足。看在上帝的分上，让我们酿造一些更凶的酒吧。"

我们准备酿造的酒并不具有潜在的危险。我们准备，比如说，租下一家剧场，在某天下午举办一场文学表演会，对当代最著名的作家展开猛烈的、粗鲁的攻击，对著名的评论家展开军事审判，戏仿舍伍德·安德森、弗洛伊德·戴尔、保尔·罗森菲尔德和其他人的滑稽表演——中间穿插扑克牌戏法、单簧口琴独奏、无意义的对话，凡是能够表达我们对观众和神圣的美国文学的蔑视的任何东西。我们打算在剧院区散发传单，在联合广场上做诽谤性的街头演讲。我们打算在资金和贷款的允许范围内继续把《扫帚》办下去；我们希望把它做成发表优秀散文、实验性诗歌、言辞激烈的评论文章的园地。我们愿意策划任何能够给我们的生活和写作增加乐趣的事情。我们做的第一件事，就是在位于王子街的高架铁路的阴影下的一家意大利餐馆里开会。

我这封信里提到的大部分作家都来出席了，有些还带上了老婆或和文学没有半点关系的朋友，总共应该有三十个人。沃尔多·弗兰克、吉恩·图默和威廉·卡洛斯·威廉姆斯没有出席。戈勒姆·B.芒森因为生病还在卡茨基尔山疗养。在我的要求下，他寄来了一份声明让我们在大会上宣读；声明里包含了大量对约瑟夫森猛烈攻击的内容，这一点让我着实吃惊。我知道他们以前基于个性冲突吵过一架：芒森留着涂蜡的小胡子，有点一本正经的样子，而约瑟夫森喜欢作弄人，对于受害者来说，这种恶作剧有时并不好玩。在他们勉强合作编辑《分离》的时候，芒森为第四期杂志接受了一篇写得很糟糕的浪漫的长诗。约瑟夫森在柏林印刷了该期杂志，把这首诗删得只剩下了最后两句：

对我而言，你并不比中国人高明，哦月亮，

你并不比中国人高明。

"我认为只有这两行诗本身具有一定的价值。"他一本正经地解释说。芒森是该诗作者的朋友，他没看出约瑟夫森的评价有趣在哪里。另外，约瑟夫森和我也是杰克·惠尔赖特的朋友，芒森也许认为惠尔赖特在意大利印刷的那两期《分离》里出现的绝妙的错误应该由我们负一部分责任。在这两位编辑之间还有别的宿怨，我不知道到底有多少，也没有意识到这些宿怨最终会导致芒森的极端情绪。

不幸的是，我丢失了这份声明，但对它的重点记得一清二楚。马修·约瑟夫森，它实际上是这么写的，是一个自私的、不负责任的、自相矛盾的、容易陷入（我引用的是另一封信的内容）"如保尔·罗森菲尔德、厄普顿·辛克莱、F.P.亚当斯那样谬误的精神状态"。他的写作没有指向"对生活的更热切的领悟"。简言之，他就是一个"知识贩子"，因此他协助编辑的杂志和他倡议的文学活动对所有值得尊敬的作家和评论家，包括该声明的签名人戈勒姆·B.芒森来说，是不值得介入的。

因为他的情感如此强烈，芒森不自觉地使用起了一种浮夸的文体。他的修辞就像西塞罗一般高贵；他的造句都经过精推细敲；我有这么一种印象，他写的声明与其说是散文体，还不如说是无韵诗体。我开始认真地对观众们读起来，但是读到半中间，一种荒唐感攫住了我，之后我读得就像一个蹩脚的演员在背诵哈姆雷特的独白。结果惨不忍睹。有几个芒森的朋友也在场,他们说我这么做对他是不公平的(他们说的没错)。他的反对者们反驳说,这篇声明本不值得我给它如此待遇。会议开始后只过了一刻钟,会场里就已经是一幅自言自语、互相争吵的场面。

我试图对我们的问题展开一场广泛的讨论,但没人听我的。杰米·莱特,刚参加完一场鸡尾酒会,有他自己的议题,他用一种热情的、低沉的声音对他的邻座阐述着自己的观点。"他们把我们踩在脚下,"他说,"他们在打压我们。他们把我们推倒在烂泥里。他们踩在我们的头上前进。"哈特·克莱恩,像一个愤怒的律师一般摇了摇手指,就芒森的那封信与约瑟夫森展开了一场激烈的争论。一瓶瓶酒端上来了,有人把一杯红酒泼翻在桌布上。伯克,蓝黑相间的一头乱发一根根刺出来,在说着他邻居家的狗的搞笑事情。汉娜·约瑟夫森徒劳地敲桌子让大家保持安静。"我们来这里是为了谈正事的。"她绝望地啜嚅道。有人让杰米·莱特转变一下语气。众人的喧闹声更响了。伊西多尔·施耐德,激进诗人中最和蔼最平静的一个,坐在那里沉思人与人之间怎么能这么不友好。格伦韦·韦斯考特在桌前站起来,脸色苍白,表情严肃。"你们这些人怎么可能期待达成任何共识,"他一本正经地说,"你们连最起码的客厅礼仪都不懂。"他大步走出了餐厅,那架势就像披着一件隐形的斗篷。我太失望了,也不想去嘲笑他;真的,我很想学他的样。我第一次意识到,在如今尚存的最统一化的文明中,美国作家们的那种极端的个人主义有多么可悲、可笑。"政客们开会是为了分赃,"我想到,"商人开会是为了制订促销计划,那我们为了文学事业为什么连十分钟都谈不下去?"哈特·克莱恩,脸涨得通红,怒发冲冠,烦躁地走过来走过去,反复说着:"客厅,见鬼去吧,客厅。"桌子上摆好了更多老酒。"他们把我们推倒在烂泥里。"杰米·莱特自信满满地说。

"哦,闭嘴。"五六个小混混吼道,他们是王子街本地人,从通往泥土铺成的保龄球场的后门那里突然冒了出来。不一会儿,他们又出现在前门,用更大的嗓门吼着:"哦,闭嘴。"

我们在长桌上安静下来,不是因为顺从或害怕,而是仅仅因为意识到有另一个世界的人们正在观察着我们的一举一动。哈特·克莱恩给自己倒了一杯酒,一口气喝了下去。"问题是,"约瑟夫森说,"我们要在下一期的《扫帚》里放些什么内容?"我们无精打采地讨论着这个问题,对另一个问题(我们是否应该举办更多轰轰烈烈的活动),我们已达成心照不宣的共识。有人背诵了一首打油诗。会议大约在十一点半结束了。

我们的朋友——那帮小混混,目送我们离开会场;此时他们已经聚拢起二十或三十个人。他们问我们要二十五美分,作为给我们叫出租的小费,要不就立马在这里打一架。在痛苦的沉默中,我们拖着沉重的脚步往家走,就像从莫斯科撤退的拿破仑的榴弹兵。在最近的垂死挣扎中,我们尚未开始就已经被打败了。我们应该认识到，连我们自己都不能达成一致的话，或者说连在一家意大利地下酒吧里保持基本的社交礼仪都做不到的话，我们是不可能把自己的想法强加给别人的。

王子街的会议导致了另一种争吵；时间在十天后，地点在离纽约一百五十公里远的一个地方。约瑟夫森坐飞机去了伍德斯托克，表面上是去那里享受十月的新鲜空气，和他的编辑同仁斯莱特·布朗进行一番商谈。芒森去他的朋友艺术史家莫雷尔·费什那里渡秋，费什的小木屋仅隔了一点五公里之遥。有天下午，约瑟夫森去拜访他，并建议说他们之间的分歧纯属私人问题，最好用拳头解决。芒森不同意。最后，他的东道主加入了这场讨论，他也支持拳斗，于是把这两个武士带到了一片泥泞的牧场。费什事后解释说，他想这样的话就算他们倒地也不会受重伤。拳斗开始了。

它在秋天的细雨里进行。关于这场拳斗，他们谁都不愿多谈，但我估计没多少看点，多半是一场躺着的战斗，而不是站着打，不停地摔倒，在烂泥里打滚，最后这两位英雄全都打得满身是泥、伤痕累累，手脚僵硬得抬不起来，只得放弃战斗；他们各自一瘸一拐地离开了战场。直到八个月后，这场《分离》的战争才在歌曲和小说里被提及。然后，在独立日那天，斯莱特·布朗、杰克·惠尔赖特和我决定效仿六十年前的亚伯拉罕·林肯的伟大榜样，为这场战争竖一座纪念碑。它由散落在牧场各处的一堆石头构建。我们排着队围着它兜圈子，嘴里高唱着高教会牧师惠尔赖特专门为这一场合谱写的入祭文。布朗做着葛底斯堡演讲，但谁都听不懂。我念了一首颂歌，就像所有的颂歌一样，开头是向掌管历史的缪斯祈祷：

> 哦，缪斯，荷马用那支羽毛笔，
> 从一头老鹰身上拔下来的笔，召唤着——
> 克利俄，我想，她的灵魂已摆脱
> 品达罗斯的束缚，依然
> 翱翔在凡人的目力不及之处——
> 灿烂的克利俄，处女，即将被遗忘的存在，
>
> 抓住我，和我一起飞向高空，
> 激起你那英雄式的忧郁
> 我也许会讴歌凡人，点燃起
> 你们干事业而不是干蠢事的雄心。
> 他们对缪斯的崇敬通往那
> 芒森流血之地，名声受辱之地。
>
> 你知道，缪斯，那样的英雄依然存在
> 他们的怒火容不得半点调解，
> 以牙还牙，以拳对拳，

"《分离》万岁!"芒森喊道。
"打倒《扫帚》。"他吼着,
战士们气喘吁吁去捍卫他们的文学。

整整一下午,战局悬而未决
时而,命运之神朝着约瑟夫森微笑,
时而又皱起眉头,令强壮的芒森颤抖,
"《扫帚》是打不败的,我差不多赢了。"
对方发出讥笑:"差不多,你可真能说!"
两个英雄躺在厚厚的烂泥里,两脚朝天。

战斗仍在持续,直到气力和阳光
双双消失。然后,费什站起来
坚定不移地把疲惫的斗士们分开。
目光迷离的骑士,流血的鼻子,
这幅光景,在另一个命中注定的日子里,
半死的阿喀琉斯躺在半活的赫克托尔旁边。

壮实的赫克托尔像一只羽毛垫
里面填满鹅尾巴上的绒毛,
染成红色的羽毛漏出来;
阿喀琉斯的血灌满了水桶,

他喘着粗气说:"我打瞎了他的眼睛。"

赫克托尔叹息道:"这是一场精神的胜利。"

此时,凶恶的大屠杀终结了,
黑暗笼罩住泥泞的大地。
阴森森的暮色降临了:
英雄们不会屈服,但白昼会屈服,
山坡上一片静悄悄
山谷和树林在永恒的宁静中。

2. 有一只乳房的女人

《扫帚》1923年11月号,在王子街灾难性的会议之后编辑的一期,是在纽约出版的五期中最好的一期,最接近于我们理想中的杂志。除了 E.E. 卡明斯、华莱士·史蒂文斯、威廉·卡洛斯·威廉姆斯的诗作,从法语翻译过来的罗歇·维特拉克和路易·阿拉贡,斯莱特·布朗写的一出华尔街传奇剧外,还有一篇出色的小说,《可怕的烈火,或者我和她去探索太阳的秘密,由一位猜出神秘谜语的作者创作》。作者是查尔斯·L. 德博罗，一位芝加哥的裱纸匠，他的天赋还包括用方言写作以及直言不讳。如果粉丝再多点，他在文学上的地位也许可以达到"关税员"卢梭在绘画上的地位。《可怕的烈火》讲的是一个街头搭讪的故事。"在全世界最大的城市之一，站在繁忙的街角上，一边抽烟一边等着一辆街车"的男主人公，一个女人走上去和他搭讪，没过多久她就承认说："我以前是个妖艳的女人，不过我们不说这个了。"她把他带到她的公寓，对他说她"能像看书一般看懂男人"。她领他参观了客厅、厨房、卧室，然后故事情节突然变为一个奇异的梦，梦里有个如鳄鱼一般黑得发亮的形象，还有一团熊熊的烈火，那女人彻底被烈火吞噬了。故事的结尾有一则道德教训："我确实知道人类的法律因我们的罪而惩罚我们，我也知道人类的法律取自自然法律的原则，所以说自然用另一种方式像人类的法律一般惩罚我们也是理所应当的。"不幸的是，对《扫帚》的编辑来说，这个故事、这个道德教训等等，都太通俗易懂了。邮政审查制度对小型杂志特别严格，但这些杂志里轻微的色情内容往往非常抽象或复杂，审查机构看不出来。但《可怕的烈火》通俗易懂，正符合审查机构的理解力。审查官婉转地警告我们，内容最好修改一下。

当时，纽约的各家杂志社都把邮政审查官称为"史密斯先生"，此人的真实名字我不记得了。政府给他一份优厚的薪水，还有几家发行量巨大的色情杂志会给他更多的钱。他对他们的义务就是在每期杂志出版前阅读样本，然后做些改动使之符合邮局规定的标准。也许可以说,主要的标准是关于人体构造方面的。每个女人只有一只乳房,这是史密斯先生的职业信念:他可以放行任何淫秽的文字出版,只要所涉的女人不是有一对乳房的。当然,他为那些付给他大价钱的杂志考虑得很周到。有时为了走走形式,他会禁止某几期的杂志邮寄,但他会时刻注意着不让这样的查禁影响到他的经济收入——在杂志送达订户之后才开始查禁。为了弥补这种宽松的做法,他对发行量不大的小型杂志格外严厉。他对《可怕的烈火》非常生气,尽管这个故事符合他的单乳房标准。他和我们认识的一家色情杂志的编辑商量此事,说他看到那篇小说时已经太晚了,已经没法采取任何措施了。"不过,这些家伙最好给我小心一点。下一期我会在它们被邮寄前读的,如果再被我发现一点点带颜色的东西,我就会立刻把它查禁掉……"

这句威胁困扰着我们。对于邮局的审查我们经历了太多,知道它对那些有影响力的杂志来说,反而能增加发行量,因为这些杂志有足够的资金对之加以宣传。可是对那些没有资源、每个月都在那里苦心经营的期刊来说,它就是灾难。最近,《扫帚》的所有资源都消失了。这些资源也包括,自八月以来,一个对现代艺术兴趣十足的印刷商,他愿意亏本出每一期的杂志。但是,亏本比他的文学热情更厉害:他通知我们11月号的《扫帚》将是他印的最后一期,除非我们用现金预付方式。

在每一本为艺术而出版的杂志的生命中，总会碰到所有的援助统统撤销的时刻。编辑们会伤心地聚在一起；他们说说各自为文学做出的贡献；他们互相安慰说，像他们这样的杂志毫无疑问会有市场和读者群；他们做出决定，是继续挣扎下去，还是在恶风里静静地死亡。他们各方呼吁，但读者们向来充耳不闻。他们寻找新的赞助人，寻找可以赞助几千块钱的人，寻找可以赞助几百块钱的人，寻找好心肠的人，到迫不得已时，哪怕可以赞助五块或十块钱的印刷费的人也好。他们开始征集订户，但那注定会以失败告终，因为成功的征集要花钱。他们不付稿费，他们缩小开本，以此来节约经费。

一般来说，一本小型杂志的历史可以用它的版式来做总结。比方说，创刊号有六十四页，有铜版纸印刷的网版插图。第二期也有六十四页，有线刻版插图。第三期只有四十八页；第四期是三十二页，没有插图；第五期夭折了。《扫帚》超越了这个公式：它可以吹嘘自己已出版了二十期，时间跨度有三年；在罗马出版后（由哈罗德·洛布和阿尔弗莱德·克兰伯格共同编辑），又在柏林出（编辑是洛布和马修·约瑟夫森）；然后又在纽约出；但在它走向死亡的时候，它遵循了常规的模式。它的版面当然在缩水，它的供稿人再也拿不到稿费。约瑟夫森，他的编辑工作本来有一份菲薄的薪水，现在在华尔街谋到了一份工作，按我的说法，那就是一份拉皮条的工作，为证券交易所拉皮条。我们俩同意在业余时间编辑这份杂志，只要斯莱特·布朗继续在伍德斯托克给我们提供所需的援助。我们找到了一家新的印刷商,尽管这家更小气,但它的价格很便宜:我们下一期三十二页的杂志只要花二百五十美元。接下来就只剩下去筹集二百五十美元的事了。

一部分钱由我们自己出。余下的不得不去问熟人借,我们的熟人里没有一个有钱人。我还记得,在十二月里我们不是和这个人就是和那个人一起吃午饭,不断向别人阐述我们的计划,漫长的恳求有时候会收获一张五十元或十元的支票,有时候会被尴尬地拒绝。我们没有时间思考。在我们接近目标时,我们会安慰自己说,下个月日子会好过一点的,我们会争取到新的订阅户,书店会付钱给我们,赤字状况不会超过用我们白领的工资能够弥补的范围。

早晨,我有时在办公桌上打盹,但淡季已经结束,办公室工作很快就堆积起来。晚上,一直工作到在未看完的手稿上睡着。约瑟夫森和我就在这样的状态下进行着1月号的编辑,而12月号则在我们俩的默许下省略掉了。这一期不会是我们最好的一期,但我们非常看好肯尼斯·伯克刚刚完成的一篇哲学论述,他在这副"伦理的面具"里巧妙地融入了他对生活和艺术的所有见解。确实,《兰恩王子》在有些地方写得太露骨,不符合邮政当局的要求,但这恰恰是《扫帚》这种杂志的存在理由——如果我们不能出版,那我们继续斗争还有什么意义?我们安慰自己说它写得够深奥了,史密斯先生看不懂的。我们实在太疲倦了,没有发觉在杂志的第一页第三段里提到了双乳的女人。

在我们继续筹款、写信、编辑手稿时,我们的大脑越来越昏沉,精神越来越恍惚。我们相互争吵,还和满世界的人吵。人群的声音、汽笛声、出租车飞驰而过的声音,城市里的每一种噪声都是对我们的侵犯。在我忐忑的睡眠中,市内地铁驶离了运河街车站,以飞快的速度从我的身体下面开过,我不由地发抖。我做噩梦,在梦里因为人们对当代艺术的恶意而遭罪。大众是否在阴谋诽谤我们?爱默生·霍夫,在他去世后不久发表的一份声明中,指责现在的青年知识分子们都没有爱国精神,他们的东欧人血统在身体和精神方面都不洁,腺体肥大,嘴里有大蒜味道,而且是梅毒患者。这些话都太强烈了,因此并不危险,但别的评论家采用了更微妙的攻击方式。我终于相信一场针对现代艺术的总攻即将展开,这场总攻基于这样一个理论:所有的现代作家、画家、音乐家都是同性恋。位于国王街45号的《扫帚》杂志社收到了好几封提到奥斯卡·王尔德的读者来信。信封上写的收件地址是"同性恋街45号"。我感觉受到了侮辱,我想要和人打架,就像奥布里·比亚兹莱被迫捍卫自己的男子汉气质,来抵制小道新闻。在《美国信使》的创刊号里,有一篇厄内斯特·博伊德写的一个现代唯美主义者的肖像,我想这篇文章里肯定会出现污蔑和诽谤,结果却没有。

其实它里面也有诽谤,但诽谤的式样不同。《唯美主义者:

1924型》是一幅综合型的肖像画,根据吉尔伯特·塞尔德斯、肯尼斯·伯克、埃德蒙·威尔逊和马修·约瑟夫森的早期生涯写出,我可以说,它所用的文笔是从约翰·多斯·帕索斯、E.E.卡明斯、我本人、戈勒姆·B.芒森和约翰·法勒那里借来的。文中的主人公,一个扒手扒脚的、身体比例不协调的家伙,被他的作者赋予了一个名字、一段历史,以及几种娘娘腔的姿态。他的朋友是那些发誓说自己"不想做硬汉"的人;他的梦"纠结在索多玛和哥摩拉的恐惧中";但十年后重读这篇文章,我能看出博伊德先生说这番话并不是故意的,他并不想堕落到普通的宣传小册子的水平。

写宣传册的一般方法毫无高尚可言:它们主要诉诸于读者的成见。因此,说你的对手提着一根手杖去上哈佛,他的北欧血统比较可疑,就成了攻击他的文学地位的一种方法,至少那些对哈佛人、提手杖的人、犹太人抱有成见的人是这么看的。博伊德先生的笔下的那个唯美主义者具有所有这些不受人欢迎的特征,再加上,他在战时是一个逃避兵役者,是一个"凭运气或狡猾……成功地逃离了战壕"的人。如今他住在格林威治村,写自由体的诗,喝混合型的杜松子酒,编辑一本小型杂志,沉湎于性爱中。而且——这里我们将做一种更严肃的批评,不是为了谄媚低俗的读者,而是为了真诚地表达一种发自内心的埋怨——"唯美主义者想要独霸当代外国艺术的园地"。

为了发挥这个主题,博伊德先生制造了真正的诽谤,必须指出的是，这种诽谤具有纯粹的商业式样。作为评论家、翻译家、编辑顾问，他自己在当代外国艺术领域已混得风生水起，但现在他面临新的挑战。捍卫他的经济地位的最有效的方式就是诋毁他的挑战者们的学识。于是，他指出他们在翻译上存在的或真实或虚构的错误，对他们所犯的错误进行添油加醋的加工，捏造出他们并没有犯过的错误——简言之，就是一系列无聊又夸张的歪曲事实。他就像一个散布谣言的烟草制造商，说别人家的烟草里掺入了苜蓿。

今天，当我带着一丝兴趣、时而打着哈欠看这篇文章的时候，它给我的印象就是这样的。但是，在我第一次读的时候，我没有看出这些经济问题，因为我的注意力集中在从巴黎带回来的道德-艺术的标准上。我仅仅觉得，这是一个有些名望的评论家站在市侩一边来对抗他的天然盟友，诉诸某种形式的危险偏见，影射了许多人的个人隐私，其中有不少是我的朋友。"应该给他的下巴上来一拳。"我说。我说的这句话被别人听见了，还去告诉了博伊德先生，而且夸张地说我是一个流氓，是文学界的土匪：我不仅要揍他的下巴，用我那长满硬茧、沾满鲜血的拳头，而且要骑在他身上，把他的小胡子一根根拔下来。博伊德先生声称自己是个胆小的书呆子，并不想隐藏起他的恐惧。

我知道这篇《唯美主义者：1924型》是针对其他人的，而我自己在这幅综合性的肖像画里所占的部分是可以忽略不计的，不过是两三个小细节，我觉得我的愤怒是出于高贵的公正无私。

我把自己视为是一个西得克萨斯州的法警，发誓要捍卫文学行为的法律。我下定决心，无视从下西区传到格拉默西公园的嗜血谣言，去见一见博伊德先生，告诉他我不同意他这篇文章，要求他就文章里的某些段落对我当面道歉。我打电话过去和他约时间。博伊德先生犹豫了一阵后说，他看不出我有任何理由要和他会面。他的声音里有一丝恐惧，让我觉得既奇怪又有趣。我向他保证我们的会面绝对是讲礼貌的，但他还是拒绝。"那么你不打算和我见面了啰？"我问。

"是的，我只能这么说，真的。我的意思是我们之间根本没什么好讨论的。"

他的声音尖细、颤抖：这有点让我想起了上次在圆厅咖啡馆的那个晚上，侍者们狂奔，老板吓得脸色煞白、眼睛瞪圆。我突然爆发出像上次那样的狂怒，我在电话里开骂，在挂断电话前足足骂了三句。第二天，我怒气未消，给博伊德先生写了一封短笺，我为自己的辱骂向他道了歉，说我只是想对他说，他是一个奸细、骗子、懦夫。

这件事，对双方来说都没什么光彩可言，标志着唯美主义者的战争的开始，也标志着博伊德先生被广为宣传的受苦受难的开始。有一段时间，他确实过得很不舒服，尽管他的对手只有部分责任。他们给他发了一封自认为风趣的电报；有一次，在一场派对开到一半的时候，他们往他家打了一个电话，和他进行了一场装腔作势的、骗人的对话,然后发现在巧言善辩方面他堪称他们的老师。我对这件事满不在乎,觉得没什么好多说的;真的,在我这一方面,我没有多说什么。可是,博伊德先生的坏朋友不想让这场战争这么突然地偃旗息鼓:这个话题可是流言蜚语的绝妙题材。利用他出名的懦弱,他们向他保证他的性命正受到一个残忍的、愤怒的、扛着大棒的唯美主义者的威胁。他们建议他报警寻求保护,然后到处去说他听从了他们的建议。他吓得不敢走出公寓。伯顿·拉斯科在攻击博伊德的敌人时,以一种好玩的、夸张的方式把他描绘成一个"把自己埋在书本里,靠微薄的粮食维持生计,被攻击和骚扰弄得面黄肌瘦、疲惫不堪的人"。有一次,走在大街上,博伊德碰到了吉尔伯特·赛尔德斯,这位作家的相貌也出现在那幅唯美主义者的幻想肖像里。赛尔德斯没有记仇,他举起手杖友好地打了个招呼。然而,博伊德先生把这个手势视为威胁,赶紧逃走了。赛尔德斯跟在他后面,他有个消息要告诉博伊德。博伊德先生加快了步伐。赛尔德斯喊他的名字,也加快了步伐。你很容易就能想象出当时的场面:两个知名的评论家,两人平时的性格都称得上沉着冷静,一个吓得在前面飞奔,另一个高举手杖在后面猛追,尽管他心里没有半点不良企图。

博伊德先生毫无疑问会逃回他那用书本筑成堡垒的工作室,在那里他会怒斥那些挥舞着拳头的、胸口毛茸茸的、威胁着他的性命的唯美主义者。他激动地写着,用激烈的文字痛斥着格林威治村、小型杂志、以及我本人；他用18世纪最出色的文笔倾泻着谩骂和嘲讽，他是在费尔奈挥舞着智慧的大锤消灭敌人的伏尔泰。像伏尔泰一样，他有时就代表了一种修正版的真理。他用一种他从伟大的榜样那里学来的"你看我是谁"那样的神气态度宣布，他以前从来没听说过他的这些对手，直到有一天他们闯入了他的生活。这个纯属策略的谎言势必要将他引入另一个谎言：他还有什么方法来解释他的恐惧？于是，他坚称我在电话里明确说我要揍他。

我认为，这些谎言全都是策略上的错误。如果真相本身足以伤人的话，就没有必要再去歪曲你的对手了，而在这件事情上，真相本身就足以伤人了。我把道德标准运用在一个适合推销术标准的地方，实在是在出自己的洋相。我的行为就像在巴黎过国庆节时一样，但是我曾经欣赏过的每一句口号如今都反过来嘲笑我。纽约有自己的口号，我故意把它们忘记了。我的公正无私在这里表现为多管闲事，我的多管闲事硬是把我自己推上了报纸的头版。我的意味深长的姿态是一种愚蠢的小心眼，是一种没有任何具体对象的冒犯。我的表现彻底失败了。我的行为暴力、武断、鲁莽。要使我陷入混乱，还需要再多说什么吗？我的证人和盟友不再是 des gens très bien[1]。他们可以被称为是格林威治村的无赖。而我的对手们，利用了他们的优势，正

---

1 法语：大好人。

摩拳擦掌准备大干一番。

那一年的博伊德先生[1]，是个文学精英，成功的商业人士。评论家开出的清单上没有一份不提到他的名字。没有刊登一篇他写的幻想肖像，一本杂志就不算是完整的。《美国信使》登载了该系列的第一篇，从此走上了赚钱的道路；1月号，报摊上已经售罄，黑市里卖出了高价。"唯美主义者的战斗"独占了文学新闻；唯美主义者本身成了笑柄，他们哑口无言。就算他们想反击，他们已经没有一本杂志来发表他们的反驳了。1月14日，在这场战斗引起的骚乱中，又来了一个打击。《扫帚》因触犯邮政法第480条遭到了查禁，该条的内容是禁止邮寄避孕用具及淫秽物品。

那天早晨，我在去办公室上班前听到了这个消息。一辆邮政卡车停在多米尼克街的房子前面。两名邮局员工从车上跳下来，指名要找我，两人简短地交谈了几句，然后把装满我们的1月号杂志的六只大麻袋费劲地拖进了地下室。我给约瑟夫森打了电话，他已经接到了查禁的通知。我们急急忙忙地和一个律师商量了一下，他没有给我们任何鼓舞士气的点子。打击真的来了，而且是致命的。如果我们有钱继续维持下去，那损失

---

[1] 原注：博伊德，身上兼具都柏林人的聪明和悲观，在我写这段文字的时候他还是个出名的文人。在他晚年，我们成为不常往来的朋友。他在1946年去世，享年五十九岁。

就不过是一期杂志。但现在,它意味着我们将损失我们为了将来而储备的全部资源。我们当然可以把前几个月的努力再做一遍,我们也许能募集到足够的钱来付给印刷商,然后在史密斯先生敌视的监管下出版下一期,但我们已经疲惫不堪,而且士气低落。我们做了在当时的情况下我们所能做的一切。我们第一次尝试在报纸上做宣传,我们想这样也许能挽救这份杂志:我们给名人打电话,请求他们发表声明;我们检查收到的所有稿件、计划好的声明、社论;但所有的努力几乎都是机械式的,我们的灵魂不在里面;我们累死了,我们被打败了。

我们曾试图在曼哈顿岛再造在巴黎的达达运动中刺激过我们的那种氛围,那种融合了智力的兴奋和道德的义愤的氛围。我们曾试图证明,为了纯粹的美学目的而斗争,出自己的洋相、被别人打破头都是值得的。我们曾试图写作并出版一种新文学,这种文学要赞美美国机器的各种品质及美国的商业文明,但我们发现机器时代的美国商人没兴趣阅读以他们为主题的诗歌。《美国信使》,连同它那轻易的怀疑态度、中年人的视角、好斗的市侩习气,反映了当时盛行的一种情绪。《扫帚》已经死了,围绕着它的各种计划好的活动也成了陪葬品。"我们要坚持下去。"我说,但我从欧洲回国才过了五个月,就已经精神沮丧、身体疲惫了,史密斯先生、博伊德先生、和我争吵的朋友们把我打败了。但我主要是被自己打败的,被我想把从一个国家搬来的标准运用于另一个国家的企图打败的。

3. 曼哈顿旋律

华盛顿的诞辰恰逢周五。办公室里的工作再次松弛下来，周六早上也没有必要打卡上班。周四下午我动身去伍德斯托克，这周剩下来的时间想在卡茨基尔山过。我随身带着一叠白纸、一瓶杜松子酒和一小捆稿件，那是为下一期《扫帚》准备的，如果我们有办法出版的话。

威廉·斯莱特·布朗将成为我的东道主。他一个人生活，住在一间作为夏季工作室临时搭建的小木屋里，天花板很高，墙上都是裂缝，一扇巨大的北窗在烈风中咔嗒作响。比尔实际上已经放弃了在房间里采取保暖措施的打算。他打了个手势，表示火炉里生着火，一堆闷烧着的栗树枝，但他已经学会了即便室温降到零度以下也可以照样工作。他工作确实卖力，每天十二小时，写小说，然后撕掉重写，对着他的打字机来上一段长长的自言自语。他一边吃饭一边把书支在咖啡壶上，不是看《项狄传》，就是看一本埃斯库罗斯的译本。每周一次，他在雪地里跋涉去伍德斯托克，去采购一些他买得起的食物，并和杂货店老板交谈几句。他常常招待客人——画家亨利·比林斯或者是艺术评论家默雷尔·费希尔；他们俩中的一个会在黄昏时分提着一罐苹果酒和一只提灯，穿过树林蹒跚而来。在我访问期间，他们俩都来过。比尔在那个周末碰到了许多人，甚至比他在融雪后将要碰到的人还多。到了夏季，艺术家们就会像毛蕊花一般在这片风景里绽放。

礼拜四晚上，我们几乎喝光了和苹果酒掺在一起的杜松子酒。礼拜五早上，我们匆匆浏览了为下一期《扫帚》准备的稿件，结果发现大部分都平淡无奇。尽管我们勇敢地为将来做着谋划，但还是被昂贵的印刷费用吓坏了。我们俩都觉得束手无策。下午，吃完咸猪肉和炖扁豆的午餐后，我们拿着三支铅笔和三十张白纸坐下来，尝试自动写作，这个练习非常累人。我们以最快的速度书写，一写就是三个小时，把跃入我们脑子里的任何主题都写下来。第一个小时基本属于浪费，但是在第二和第三个小时里，我们大脑里的意识彻底迟钝了，此时就有可能写出有趣的短语和幻想的文字，有时候写出来的故事完全像我们的达达朋友写的，这种自动写作的方式在达达主义者中盛行一时。比尔和我之前从来也没有尝试过，我们对试下来的结果感到失望，这样写出来的东西只有心理学家会感兴趣。三小时后，太阳落山了，又到了我们吃咸猪肉和炖扁豆的晚餐时间。

黄昏时，我们沿着两边都是高高的雪堆的比尔斯维尔路散步。比尔一门心思地阐述着他的美学理论，那是他在凝视工作室窗外的一株松树后得出的。艺术，他说，应该像一棵树，而不是像一台机器。完美的机器是增加任何一个部分都无效的，是减去任何一个部分都会损害到它的效率的。而另一方面，每棵树都有无数多余的树枝；艺术应该像树木，应该比机器有更高的安全系数。艺术可以有多余的枝节……我强烈反对他的看法，以至于滑了一跤，一头撞进了雪堆。

寒冷、宁静的夜，天空的颜色如涂了油的铁板。我们裹着毯子、大衣、从地板上拉起来的小地毯睡觉，早晨起来只觉得全身麻木，好像有石块堵在胸口。整整一天，黄色的太阳都在蓝色的天空里照耀着，屋顶上的积雪融化了，变成了挂在屋檐上六十厘米长的冰凌。我们做饭，砍柴，长时间散步，不停地交谈，但一次也没提到办公室工作、杂志的事（在不愉快的第一天早晨之后），以及文学界的争执。周六夜晚，乔什·比林斯来了，还有默雷尔·费希尔，他们各自带了一罐烈性苹果酒。周日下午，拿着一只旅行袋在厚厚的积雪中走到伍德斯托克后，我搭乘一辆巴士去金斯敦车站，再坐火车到终点站威霍肯，最后是乘渡船去不下雪的曼哈顿。

晚上十点，我到达多米尼克街的楼房。我丢下旅行袋，看着屋檐下的窗户，我们在那里占了三间房。整幢房子或隔壁的那幢都不见灯光。街道在弧光灯投下的阴影里沉睡。我的大门钥匙在楼上的五斗橱里：我今晚不得不住旅馆吗？我摁了两次门铃，等待着，但没有反应。我用拳头砸门，然后继续等待，但楼梯上没有传来脚步声。我把耳朵贴在锁眼上。我觉得，从房子的后方传来了微弱的声音，然后又消失了。我再次砸门，等待。我终于失去了耐心，用身体撞门。锁被我撞开了，我一下子冲入了前厅。

"我们在这里，弗朗西斯。"黑暗里传来一个声音，"上来喝一杯吧。"

在二楼靠里的一间放着一张帆布床、一只五斗橱和一把椅子的房间里，我碰到了吉米·德怀尔，他是我的同班同学，现在在华尔街打临时工，还有特里·卡林，一个流浪汉哲学家及神秘主义者，以这辈子没有上过一天班而自豪。吉米二十六岁，特里六十九岁。那天晚上他们两个看上去很像，脸色都特别苍白，脸上的表情显得不是那么不友好，但也难以亲近：在一连畅饮了三天后，他们进入了自己的宇宙。房间里的空气温暖、潮湿、凝固，因为这是一间煤气炉从早烧到晚的密室。刷了绿漆的墙壁上有点水珠。五斗橱上有八只空酒瓶，还有一瓶喝掉一半的酒，以及三个空酒杯。那天早晨，百叶窗紧紧地拉上了，不让阳光照进来，这样的状态一直持续到了夜晚。

"喝一杯吧，弗朗西斯。"吉米·德怀尔说，"哦，你不是弗朗西斯，对吗？真有趣。反正，喝一杯吧。"

"谢谢，我已经喝过一杯了。佩吉在哪里？"

"哦。"他做了一个幅度很大的手势，"她走掉了。弗朗西斯骂了佩吉后也走掉了。她是这个礼拜一走掉的。"

"那是多久以前呢？"我好奇地问。

"我来算算……礼拜一、礼拜二……现在是礼拜三晚上，对不对，特里？"

特里用肌肉发达的长手指卷好了一支烟,尽管他上了年纪,但手一点都不抖。他把地毯上的布尔·德拉姆牌香烟的碎屑扫掉,然后把它们干干净净地倒回到袋子里。"时间是相对的。"他说,"抽象的时间是不存在的。在火星上今天也许是星期三,在金星上是星期四,在木星上是星期五。我活在一个超越了时间的世界里,这个世界里包含了所有的时间。在地球上,我想,现在应该是星期二的早晨。"

"是星期三晚上。"吉米·德怀尔坚决地说。

我离开他们,又爬了一层楼,点亮了我书桌上的煤油灯。房间里很冷,不像比尔的乡下小木屋,倒像一座密封的坟墓。给壁炉点上火是浪费时间,因为再过十分钟我就会上床。我拿出了笔记本,给水笔灌好墨水,开始写信:

"亲爱的马尔科姆,"我写道,就像一个远方的朋友给我自己写信,"承认你错了是一个明智的选择,因为你在为斯威特目录服务公司工作的同时,不可能再去做编辑、自由作家、酒友、文学评论家。相反,你应该专注于那些本质的东西:思考、阅读、对话、写作、谋生,基本上是这么一个顺序。此时,你应该去除与这些目的无关的一切,尤其是编辑、自由作家、酒友和文学评论家的职责。你应该安排好你的生活,使其免受干扰;你必须睡觉、运动、赚钱,并把余下的时间花在台灯下或谈话中。令人兴奋的事太多了:这一刻,你觉得疲倦、灰心……你还没有谢幕就已经离开了舞台。"

纽约，居住着六百万陌生人，是一个新奇而猜疑的大都会。这是一座没有地标的城市，一个持续改变的、充满活力的、坚不可摧的家园。它是猛烈的情绪中心，憎恨、欲望、嫉妒、轻蔑，所有的情绪无时无刻不在改变，所有的情绪都集中于神经末梢。这是一座愤怒的城市……但在愤怒的背后有另一种情绪，一种永恒的忧郁，它枯燥、放肆、失败、变态。

纽约，对于一个从巴黎或伦敦回来的人来说，简直就是一座最没有人情味的巴比伦。纽约的生活是用几何学和机械学术语来阐释的：建筑的高度和立方容积，像指缝里挤出的黏土一般将这些建筑朝上拱的压力，使某个地区人烟稀少而另一个地区人满为患的吸力，从地铁站发散出去的磁力线，交通的密度。纽约的居民具有一种纯粹的数字功能：他们被视作每天通过某一特定地点的单位来加以考量。他们的情绪就是考虑是否可能做成某种生意的系数。于是，把饥渴的系数运用于百老汇的合计人口，你就可以判断出在哪里开一家酒馆、在哪里摆一个卖橘子水的摊头比较合适。根据爱慕虚荣的系数就能判断出开设美容院的最佳地点。那么，艺术的系数又是怎样的呢？在每一百万份股票或可征税的每十亿房产中，我们可以计算出有多少天才呢？

当流放者从欧洲归来时，他们出于本能想要改造环境，想用道德价值来取代机器价值，想创造一种让他们的生活更丰富更刺激的背景。他们的企图失败后，就竭尽全力调整自己以求适应既存的环境。有些人为了逃避这一环境，已经搬家去了康涅狄格或新泽西的农村，肯尼斯·伯格也是搬到乡下去住的人之一。从1923年至1924年冬我写给他的信里，不难看出我当时的思想状态：

"我活在时钟里，可时钟误导了我。我八点四十五起床，到达办公室也是八点四十五。我九点零五分起床，到达办公室是九点二十。我八点起床，到达办公室是九点半。我从来不准时赴约，但那也不是出于什么原则。我无论做什么都没有时间。"我又写道："我的生活都是片断式的，这令我恐惧。我一旦把什么东西放下，就再也不会把它拾起来。要找出我的个性特征，我不得不重读我自己写过的信……我们估计一下，我每天最多只有两小时的思考时间。每天的主题都不同，我的兴趣也在逐日改变，我不太消沉了，或者更消沉了，我谋划各种各样的将来。我要认真阅读。我要构建一种美学。我要写一本小说。我要在经济上保持独立。一个个目标互相冲突，我们的生活仅仅是被日历、报纸、一连串如空括号一般的周六和周日连接起来的。城里人眼睛尖得像松鼠……考利先生你写作对吗，问号。不，逗号，史密斯夫人，逗号我可以写也可以不写。诗歌的作用是使这个世界适宜居住，句号。省略号。我突发一阵歇斯底里的冲动，想要读柏拉图，于是我奔向图书馆。"

柏拉图是逃跑主义的象征：读他不是为了理解他的思想天

赋,而是仅仅为了让自己置身于离百老汇六千五百公里及两千年之遥的地方。我第一次对美国的人文主义者感到一种有趣的同感,基于他们不会接受的理由。"我们从保尔·埃尔默·莫尔那里,"我在给肯尼斯的信里写道,"得到了一份伟大真理的陈述,所谓伟大真理就是哲学的目的是为了达到 ataraxy,《牛津简明词典》对该词的解释是'无忧无虑',或者用更通俗一点的说法,斯多葛派的冷漠,该词源自希腊语 a(不)和 tarasso(干扰)。哲学就是一种不受干扰的力量。在纽约生活了半年后,你会在这种全神贯注的状态里寻求逃避。纽约的氛围是一种歇斯底里的古典主义,和地中海的古典主义有明显的区别。地中海的古典主义来自和周围环境的和谐一致,而不是相互抵抗。让我们反复地说吧,我不受干扰,不受干扰,不受干扰。"

有时候,道德的义愤会爆发。"我对文学生意和文学贩子极度厌恶、蔑视。你们的典型作家——对不起,应该说你们的造物主,因为雇佣文人篡夺了上帝的主要功绩——是被读者们宠坏的孩子,是在哈哈镜前搔首弄姿的轻薄儿,是在台上谢幕谢得不肯下来的独唱演员……"我有时候会做愉快的噩梦,我梦见纽约毁于一场地震:高楼如松树在风暴里折断,洪水涌入街道,把虱子一扫而光。可是,尽管有这些反叛,我还是一点一点地调整自己,适应了这种旧形势。

"上周的某天下午,"我写道,"办公室里开了一场派对,跳了很多舞,有漂亮的速记员;我的脑袋里还有爵士乐(还是拉格泰姆?)在嗡嗡作响。之后,我和尤金·奥尼尔、艾格尼丝、哈特·克莱恩一起去了里奇菲尔德。我用爵士乐散文体写了一首爵士乐的诗,并发誓我再也不写诗了。马蒂出版了《被暗杀的诗人》,来减少或增加《扫帚》的赤字——这种事情谁也闹不清。芒森显然已经和我绝交。尤金·奥尼尔先生说一种和我们完全不同的语言,以至于我们觉得是在和遥远世界里的人对话。卡明斯的书出版了。啤酒的味道越来越差。纽约笼罩在拉格泰姆音乐的迷雾中,这种音乐是能给人带来忧郁的一种幸福的诗。"

十天后,我回到了同一主题。"诗歌的功能是使生活变得可以忍受。纽约变得让我越来越难以忍受了。在我独自一人的很难得的时间里,我发现自己已经悲惨到了一种别人无法相信的程度。办公室的舞会在一定程度上救了我:它让我的脑子里充满爵士乐,充满胡思乱想,充满美女,所有这些都是曼哈顿特有的雄壮又粗俗的诗歌。之后,不规则的红砖建筑又有了一种不同的意义……"我重新学习一门已经忘记了的学问:纽约有自己的民间传说,有自己的音乐,并不像它看上去那么的没人情味。

实际上,归来的流放者一旦放弃掉雄心壮志,一旦向这座城市屈服,甘心过一种土包子式的平凡生活,就会发现还有许多好处会来补偿他们。冬天,哈勒姆区有舞会,格林威治村有酒会,也许在看完国立冬宫剧院的滑稽表演后,可以去第二大街喝杯白葡萄酒,欣赏着莫斯科维茨先生用辛巴罗琴演奏的《心与花》,起劲地鼓掌;有各种音乐会、桥牌会,还可以去四十街到五十街之间的花天酒地耍耍。夏天可以去康尼岛旅行,可以在乡下过一个悠长的周末;一年四季都有归来的流放者们聚集的地下酒吧,聚集起来的流放者的数量之多向来令人惊叹——他们一边喝着柠檬汁杜松子酒,一边交流着来自蒙帕纳斯的消息,或者谈谈对蒂罗尔的印象;在这种地方,就连酒吧招待也都是曾经在巴黎生活过的;他说:"你今晚想去蒙马特的泽利咖啡馆吗?"弗洛西·马丁会这样回答:"不了,我还是坐在精选咖啡馆外,笃悠悠地喝一杯酒吧,除了喝酒,啥也不干。"这样的对话都有一种回忆的色彩,但对于归来的流放者来说,这样的话题显得越来越遥远了。他们已经知道,纽约有另一种生活——地下生活,在这座城市里凡是有人情味的东西几乎都具有这种性质——一帮子作家们在上午的工作结束后,午餐时间在饭店或咖啡馆碰面,聊聊刚刚着手的写作或者是尚未出版的杂志,甚至是为将来制定的一些最微不足道的计划。他们会谦卑地开始写诗,这些诗值得在喝咖啡的时候读给他们的朋友听。他们会谦卑地再次反叛。他们没有时间愁眉苦脸,大部分的时间都花在谋生这件事上了。然而,他们想要逃离的欲望越来越强烈,希望到别处去生活,希望生活环境能够更舒适一点,也许是去他们的故乡,他们至今仍常梦见它,也许是去康涅狄格州的某个农庄。

第七章

岛屿时代

1. 康涅狄格谷

在之前的章节中，我描写了一种进程，我一开始把这种进程理解为是一种地理上的进程。整整一代的美国作家——还有无数其他人，建筑师、画家、债券销售员、教授及他们的夫人，所有更勤奋更敏感的中产阶级的青年人——被连根拔起，去远方的学校念书，我曾说过，他们和任何地点或地方传统之间的关系纽带都被扯断了。这一进程持续了好几年，从小学、中学到大学，再到战争年代；他们的进程总是离家乡越来越远。最后，成千上万的他们成为了名副其实的流放者，生活在巴黎或法国南部，信奉着这么一种艺术理论：有创造力的艺术家都是绝对独立于地方、国家或阶级的。但他们中的大多数人并不终生保持流放状态。他们一个接一个慢悠悠地回到了纽约，尽管他们是作为外国人回来的，他们中的许多人都认为他们将度过一个艰难的调整时期……那之后又发生什么了呢？这个进程一旦发生逆转，会以加速度带着他们回家，直到他们的身心全部回到自己的城镇吗？

像这样的事情也许真的会发生，如果旅居海外的流放者能够保持行动的自由。但他们中的大部分人都失去了自由。他们都是穷人，他们结婚成家了；他们要谋生，要考虑职业前景，没有多少时间能在合乎逻辑的范围内追求理想。在这个点上，我在描述着的这一原本很清楚的进程变得模糊了：文学流放者的生活失去了鲜明的轮廓，与美国社会里的芸芸众生的生活融合在一起了。

也是在这个点上，作者开始从他写的这本书里消失了。在前面的章节里，尽管我试图书写一代作家们的故事，但我依然觉得追述我自己的冒险经历还是合情合理的，因为它们在某种程度上也代表了其他作家的经历。但在随后的几年里，这样的情况有些已不再是现实了。《扫帚》被查禁后，我没有力气再去开展新事业了，在一段时间里，我只是一个厌恶自己的工作的广告文案。我存了一点钱，足够买家具和园艺用具，然后我们在1926年的夏天搬去了乡下，就住在我们的朋友斯莱特·布朗和哈特·克莱恩的附近。在那里，我通过法语翻译和为杂志供稿养家糊口，最后我在一条偏僻小路上买下了一座农庄，付了七十五美元的首付，是从《诗刊》杂志给我的一百美元的奖金里拿出来的（余下的钱用于购买食物）。对我来说，我的冒险经历是有趣的，甚至可说是迷人的，但它们中有许多已经失去了自由或新奇的元素，它们中的大部分也不再具有代表性；相反地，它们只是成为了一种类型。当我回顾那段时期，我觉得自己仿佛是在看一张班级合影或什么团体照，我自己的脸在一大堆脸里变得模糊不清了。

纽约很快就会被像我们这样的人挤满。随着美国商业进入繁荣期，需要越来越多的宣传员来帮助推销越来越难卖的商品，商品一年比一年多，但每个家庭的收入并没有增加，因此必须利用一切艺术的、文学的、科学的手段来诱惑人们的购买欲，让他们把未来的收入拿出来换一辆汽车或一套卧室家具。做生意需要公共关系顾问，需要广告画师和广告文案，需要专门写浪漫故事的作家来填满一页页登着商品广告的杂志，需要插画家把这些浪漫故事变成一幅幅直观的画面（还需要心理学家来说明怎样才能强化这一过程）；需要设计师、造型师、编辑，这些专业人员全都涌向了曼哈顿。不久，事情就明确了，这个阶层里所有的青年人经历都差不多，中西部出身，如果是男的就有几年当兵的经历，如果是女的就有几段不幸的恋爱经历，然后是去法国的漫漫旅程；还有一件事也明确了，就是他们中的大多数人都在新环境里迷失了自我，都觉得不舒服。

流放者们并入的就是这个阶层。它的所有成员在本质上说都是个人主义者，然而他们却像普鲁士军官一般严格按照他们的社会阶层的准则生活，而且为了维持肤浅的个人主义，他们不得不表现出无意义的矫揉造作和真正的道德败坏。"他们每个人都有沃特金斯、阿尔贡昆和施托伊夫桑特[1]的电话号码，全都住在格林威治村……对他们的所作所为我一清二楚。他们会相互打招呼、打电话，倒上一杯杯鸡尾酒，喝酒，紧张兮兮的手指上夹着香烟，抽烟。八点钟或更迟一点的时候，女人们会挤

---

[1] 这是三家旅馆的名字。

在卫生间的镜子前，男人们会从支在壁凹处的床上的一堆乱糟糟的衣服里翻出大衣，把胳膊伸进大衣袖子；人们会嘻嘻哈哈拖着脚步走下楼。我们全都会吵吵闹闹地聚集在人行道上，在安静的、敌意的楼房底下……"

他们过的那种生活是要把人塑造成一种严格的模式，我的朋友罗伯特·M.科茨在1933年写了一本关于他们的小说，他在那本书里写的主人公就是他们中的一员。那本书的名字叫《昨日的负担》，主人公的名字叫亨德森。"每当我看见他，"科茨说，"我总有一种感觉，他是几个人的合成体：就像尚未选定领导的一群人，向着既定的目标展开行动，他还没有完成自我整合，还没有找到他的最终方向。"下午，亨德森"出现在更有名的广告画家的公寓里；出现在正要去好莱坞或刚从那里回来的作家们的公寓里；出现在以适中的热情收藏有浮雕图案的玻璃器皿、每隔两三年都会赞助一部不成功的音乐喜剧的证券经纪人的公寓里。他沉稳、机敏、无忧无虑，他喜欢现代风格的家具"。亨德森，就像这本小说里其他大多数的人物一样，极度的不幸。

随着时间的推移，流放者们渐渐和所有这些人融合在一起，此时他们的收入略微上升，文章卖给了杂志，出版合同已签订——所有这些人都生活在一系列的矛盾中。他们引以为豪的主要是自己的专业水平，他们运用文字、线条、色彩的技能，他们权衡大众口味的能力，然而他们的技能是指向他们谁都不相信的目标的。他们作为一个阶级的作用是守卫智慧，然而他们却为了谋生在做着广告员的工作，在这份工作中智慧只占很小的比例。他们在出卖自己的才能，常常是以高价售出，然而他们不知道用赚来的钱干什么，除了买车买酒买漂亮的房子以外，他们的行为和他们为之写作或绘画的愚蠢大众别无二致。他们搬去了大都会，在那里多少取得了一些成功，实现了他们童年时的梦想，然而他们中的大多数人却想去别处生活：他们想放弃一切，想回到某种状态，也许是回到他们的童年。

他们当然回不去了：他们的故乡或中西部的城镇不会提供能让他们施展才能的空间，也不会提供他们业已习惯的那种生活。他们命中注定要和纽约捆绑在一起——不过，他们也许能够做出妥协，他们可以在距离曼哈顿一百五十公里以内的地方买一处农庄，这样他们就能去乡下避暑，同时又不会失去城市的收入来源，从而享受到这两个世界的有利之处。大约在1924年，大批人群开始涌向康涅狄格、卡茨基尔、新泽西北部、宾夕法尼亚州巴克斯县。许多之前的移居海外者也加入了这一队伍，不久，这个流放-归来的模式就又重新开始了，而这次几乎是以大规模移居的形式进行的。

罗伯特·科茨的书里写到了它对人们的感情产生的影响。"我现在的职业是，"讲述人说道，"图书评论人，但我住在乡下。"他继续描述他的日常生活，他对亨德森的回忆；然后他说："当然，我是否属于这里这个大问题是存在的。我们到处可以看见作家、画家、服装设计师在购买几十亩耕地或牧场，然后在那里栽种漆树、金菊和黑莓。这是为了报仇吗？艺术家们的嗜好，似乎永远都具有返祖性；他会摧毁城市，他会把新英格兰改造成一片荒野。可是，土地本身又会怎样呢？"

"有时我感到一种奇怪的不安：树木看上去不怀好意，青草在用一种恶毒的眼神瞪着我。我买下了这片田地，我肯定会把它荒芜掉的。你能否告诉我在普遍法则里是否有这样的规定：土地有权利要求它的所有人对它进行精心的耕种？"……也许这样的法律是存在的，尽管尚未成文；也许它会悄悄地惩罚那些买下了多石的土地却不耕作的人，或者是住在社区里却不参加社区活动的人。

不管怎么说，移居康涅狄格并没有达到人们预期的效果。我凭经验就能做出这样的报告，因为我在科茨写过的那个山谷附近的另一个山谷里生活了多年。在漫长的冬季，那里几乎没什么人。不超过三十个选民参加了十一月的镇议会，而原本的预计是两百。十二月里下起了大雪，除了旅客通行的道路以外，所有的道路都将封锁到来年的四月；山谷进入了冬眠期。然后到了暮春，在杨梅的花蕾初放的时节，城里人又结队回来了。开启百叶窗时乒零乓啷的声音、人们在院子里拍打地毯的声音、从十多根烟囱里冒出来的第一缕炊烟，与在群山里沉睡的春天的雾霭交织在一起。

五月里，家庭主妇们计划着要在这里用岩石建一座庭院，在那里搭一座露台,在原先是户外小屋的地方设一处凉亭。把挤奶房改建成工作室是一件好事——或者是干脆拆掉它,这样就能一览无余地观赏山谷里的美景了。她们沿着山坡漫步,她们的脸蛋被春风吹得红艳艳的,她们因老烟草田里长出了漆树和羊齿植物而发出一声叹息。有一小群羊就能解决这个问题,但冬天里谁来照顾羊群呢?当地人剩下的没有几个,而且大多数都不牢靠。然后,她们望着山顶,山顶上的岩栎结着烟绿色的花苞,她们说道:"这一切多美啊!我们住在这么可爱的山谷里,多开心啊!"

七八月间,来避暑的人们不断从山谷的道上过来。他们把车开到硕果仅存的一座奶牛场,购买牛奶和鸡蛋;他们把车开到莫法特家去打槌球,开到丹尼森家去喝一杯掺苏打水的威士忌,开到绿池去游泳。他们有自己的社交聚会,有酒会、乒乓球会,有谷仓派对,有许多人都去参加的音乐晚会。到了周末,他们的屋子里会挤满城里来的客人,这些人会边喝酒边咋呼:"哦,我多么羡慕你这个可爱的老农庄啊!""是啊,这山谷多美啊!"来避暑的人们会表示同意。如果他们在室外的月光下散步,就会发现山谷不再是白天那副雾霭缭绕的样子:没有屋顶的谷仓看上去完美无缺;山坡上的金菊看上去像一片熟麦田。

秋天,当无人照料的果园里结满了苹果,田野里点缀着如秋霭一般颜色的龙胆草,来避暑的人们就准备回去了。他们在壁橱的四处放上樟脑丸,锁好百叶窗,把放在草坪上的色彩鲜艳的家具收入空谷仓。他们的汽车等在大门口，上面堆满了行李箱、未完成的手稿或油画、凡士林玻璃瓶、他们用极低廉的价格买来的两把希区柯克式的椅子。他们在发动马达前稍等了一会儿。他们看了看山坡，那里有红棕色的橡树，又看了看更高处的牧场，那里有一片酒红色的漆树；他们俯瞰沼泽地里火红色的枫树。田野里，一条猎狗闻到了什么气味，吠叫起来；用斧头砍柴的声音从山上飘下来。"十月里的山谷多美啊！"来避暑的人们重复说，就好像他们在尽义务地赞美一幅名画。"我们住在这里多开心啊！"他们一边说一边驾车离去了。

总有人来避暑——而且，随着时间的推移，来避暑的人越来越多了——他们中也有人会在这里过冬，会参加镇议会的选举，会让他们的小孩去当地的学校念书；他们有点被乡下的生活迷住了[1]。还有些人对园艺和钓鱼产生了浓厚的兴趣，就连感觉最迟钝的人也受到了新环境的一些影响。不过，他们中的大多数人住在乡下的房子里就像住在避暑旅馆里一样，这也是一个事实。拥有一间里面有波士顿摇椅和希区柯克式椅子的老房子并不能使他们拥有一个过去。他们估价过高的这片土地并不

---

[1] 原注：在康涅狄格州的谢尔曼，情况尤其如此。这座小城，或者叫城镇，就是科茨小说里那个讲述者生活的地方。谢尔曼在1920年有超过一百座农场，到1950年只有二十一座了，然而它并不是一个濒临灭绝的社区。谢尔曼人比那些来度周末的居民更关心当地事务，从1930年代末开始，社区生活又在这里蓬勃发展起来。越来越多的新住户养成了在谢尔曼过冬的习惯。许多没田可种的农民开始靠给来避暑的人们造房子维持生计。

真正属于他们；他们的手没有粘上这里的泥巴，他们的思想也没有因为住在这里而变得丰富多彩。他们和这片土地没有机能上的联系：他们不会去开垦农田、种庄稼、靠季节吃饭，或者叫靠田里的收成过日子；他们在康涅狄格的山谷就像在曼哈顿一样，依然存在着"我是否属于这里"这个问题。

他们也许会走得更远，但依然无法回避这个问题。现代化的交通工具把一切都变简单了：我们有飞机、巴士、火车、四通八达的混凝土公路，甚至可能直达你的出生地。从纽约驾车西行，一个作家也许会突然发现到了自己的故乡，他在那里上过学的那个村庄，他在那里摘过山核桃、听过红松鼠唱歌（它们一边唱一边把长在幽谷斜坡上的铁杉树的球果啃下来）的那片树林。他也许会路过他的老祖母曾住过的房子；他也许会把车子停在路边，琢磨着他是否应该从陌生人手里买下这幢房子，然后把破旧的院子翻新。他可以像他的祖先那样生活在这里，长眠在这里——可是不，这扇门对他关死了，这幢房子并不能让时光倒流。

他在寻找的东西在那里已经不存在了。童年的情景已所剩无多，当然，童年是一去不复返了。童年其实是他还记得的一种特质，一种有了归属的感觉，一种生活在和你说着同样的语言、和你有着同样的兴趣的人们中间的感觉。如今，他已经没有归属感了——自从混凝土公路铺好后，乡村的风貌就发生了改变：树林没有了，茂密的铁杉被砍伐了，在原先是树林的地方只剩下了树桩、干枯的树梢和树枝，还有野草。这里的人也发生了改变——他现在可以写他们的事，但他不会为了他们而写，不会成为他们中的普通一分子。他自己也发生了改变，无论他生活在哪里，他都将是一个陌生人。为过去伤怀没有任何好处，还不如继续驾车前行呢。

我正在描述着的这一漫长的进程并不像我一开始以为的那么单纯。压在美国作家身上的孤独、不安的感觉，不是一个纯粹的地理进程的结果，不能靠原路返回的方式来治愈它——他们可以返回艾奥瓦，但只能做个外来的观察者；也可以返回威斯康星，但只能像格伦韦·韦斯考特那样，仅仅是去说一声再见的。他们与自己的出生地、某座乡村、某座城镇失去了联系，但还不止如此。他们其实是被社会本身流放了，他们原本可以真心实意地为社会做出贡献，可以在共同的社会信念里取得力量。

2. 查尔斯顿监狱

整个1920年代期间，许多，也许可说是大部分的美国作家都对自己的祖国产生了一种陌生感。他们想和祖国深深地联系在一起，不管他们用什么样的借口来声称自己的中立和国际化，但他们隐隐地感觉到祖国在拒绝他们。当时，这个国家是由一批他们觉得对他们的职业有敌意的人控制的。这是一个董事会比内阁会议更重要的时代，国家的命运被掌握在人到中年的金融家和大公司的总裁手里。你每个礼拜都能在印刷精美的杂志上看见他们的照片，他们穿着高领的、白拷边的马甲，裁剪得很合体，正好遮住了他们那圆滚滚的小肚子。有时候他们一脸严肃，有时候面带微笑，但他们的眼珠就像石头，镶嵌在柔软的、苍白的、皱巴巴的脸上。

这些美国的统治者们，杂志上就是这么称呼他们的，对书籍和思想都没什么兴趣。他们对媒体发表的那些声明全都空洞、浮夸，然而这些声明表达出了一种几乎为全世界所奉行的信条：美国人应该更加卖力地工作，应该更长时间地工作，应该生产出更多的商品，应该消费更多的商品，应该存下更多的钱为国家的未来投资，因为这个国家由一群靠得住的人统治着。

显然，这个信条就是美国之所以能繁荣的秘诀所在。年复一年，工厂开得越来越多，雇佣工人也越来越多，每个工时的产出也越来越多；年复一年，公路上的汽车越来越多，大街上的人流越来越多，路灯越来越明亮，配备无线电、电冰箱、真空吸尘器、弹出式烤箱等全套设备的郊区住房也越来越多。年复一年，广告栏变得越来越厚颜无耻，他们用哄骗、诱惑、奉承、威胁或恐吓的手段来迫使人们以旧换新或干脆扔掉去年刚刚买下的商品，为了赢得邻居们羡慕的目光；以每个月分期付款的方式去购买最新式的、超外差式的、超大功率的、超迷人的商品,而分期付款的购买方式让越来越多的人陷入了债务问题;人们拼命工作为了获得更高的报酬和特别的奖金,而他们在家里享受这些新式武器的时间却越来越少了。年复一年,股票市场节节攀升,它们的价格与其说是基于去年的业绩,还不如说是基于对未来的信念。制造、销售、服务、废弃的整个过程会以不断加快的速度永远持续下去,这一点似乎是理所当然的。但是作家们发出了埋怨,他们说这个过程使人们不再有时间阅读、做园艺、晚上陪伴家人,也使人们不再重视独立自主、正直诚实的美德。

作家们还抱怨说——在几十本书里,在小众杂志登出来的几百篇文章里反映出来——除了大量生产出来的真实的商品外,整个的美国文化几乎都变得虚假、肤浅了。本该反映这些问题的舞台上表演着与我们的日常生活无关的东西,电影院里提供着对于一个女店员来说豪华得不可能实现的梦境,流行杂志不过是打广告的工具,时尚报纸不为选民们提供所需的信息,从而有效地剥夺了人们的公民权,它们用越来越夸张、越来越华丽的丑闻来麻痹大众。许多作家说,最糟糕的是虚伪作风已经占领了各行各业,商人说的服务其实是指利润,政治家声称他们热爱广大人民,但其实他们听命于华尔街(有时还收受石油巨头用黑袋子送来的钱),禁酒官员冲击一伙私酒贩子,其目的只是将扣押的私酒卖给另一伙贩子。

在那个年代,几乎没人对自己的工作有信仰——不管是生产线上的工人，还是在丧失代理权的威胁下，不得不每个月向越来越不情愿购买的顾客推销更多的商品的商人，或是用一只脚卡住别人家的门，然后重复那一套他已烂熟于心的推销说辞的推销员，或是嘲弄自己写的文章、仇恨他的总编、蔑视他的读者、收入菲薄的记者——就连处在社会体制最高层的人们也一样，比如住在K街的绿房子里的金融家、证券发起人、政客；每个人都在为钱奔命，每个人都想一夜暴富，然后去逍遥自在。赞美美国繁荣的牧师和诗人去从事广告业，真是莫大的讽刺。周末夜，人们常常会听见他们醉醺醺地说着，他们只是在误导大众，他们想要抛开一切——工作、妻子、孩子——逃到某个海岛上去画画、写作，或者只是晒晒太阳。

"那你们为什么不这样做呢？"作家问他们，一边在心里觉得自己比他们优越，因为他们曾经也在办公室工作，但现在已经脱身而出了。不管怎么说，他们也像广告人一样觉得很不舒服，觉得受罪。有什么东西在压制他们，有什么力量在阻止他们发挥出最大的能力。他们不知道那东西的性质，但他们试图用给它起名字的方式来消除它的魔力——它叫"愚蠢的大众""纷乱和繁忙""批量生产""市侩作风""我们的商业文明"；也或者叫"机器"，把它们研制出来是为了满足人的需要，但现在它们反过来控制了人的需要，通过无处不在的广告和庸俗化的手段，把它们的标准产品强加在我们头上——这叫"机器的声音"，或者叫"群氓的暴政"。喂饱了我们、给我们衣物蔽体的同时，这个社会机制切断了通往创造力和自我表现的每一条道路，从而使我们的精神饥饿、困乏。

没有一种政治理论能为我们的个性提供一个避风港。所有温和的改良派，包括右翼社会主义者，都因为战争和《凡尔赛合约》而名誉扫地；所有的激进分子都不切实际、愚蠢不堪。行会社会主义者、无政府主义者、工团主义者，都属于一个怀抱着天真理想的被遗忘的时代。

在那个年代里，似乎没人能够加速或引导历史的沉重进程，或希望历史问题能够得到政治解决：个人必须自己解决问题。他要么调整自己以适应社会，服从社会的标准；要么寻找新的地方、新的理想、新的生活方式来逃避社会。如果他非常骄傲，不愿意接受社会准则的话，他要么屈服，要么用逃跑的方式来维持自己的独立自主。

然而，在1920年代末，发生了令许多作家为了一个共同的目的联合起来的一起政治事件。它的影响还不止于此，它还唤醒和团结起了一个作家们多少隶属于它的更大的团体。在这点上，我指的不是由住在曼哈顿或康涅狄格的作家们在社交活动中常常遇见的编辑、广告画家、广告人组成的团体。我指的是另一个分散在全国各地的团体，一个因为思维方式而非经济利益联合起来的团体；这个团体最合适的名字叫"知识分子"。

没人喜欢这个名字，但没有别的名字能取代它，"知识界"显得外国腔太重，"精英"太谄媚，"卖弄学问之士"或"趣味高雅之徒"太不友好，"自由主义者"太容易引起争议和迷惑。知识分子一词可以用来形容想要独立思考的一部分人，在评价某种思想时不考虑个人利益和主流观念的人。根据他们喜欢的书籍和杂志的销量来看，他们现在为数众多，然而这个阶层的历史在这个国家里短得令人惊讶。1900年后他们才开始意识到自己的存在，他们对战前的文艺复兴起了很大的作用，但战争使他们震惊，造成了他们在战后的政治冷漠。1920年代初，他们的兴趣主要集中在道德反叛、激进的教育和弗洛伊德心理学上。但是，1927年的萨科-范赞提案件使他们在发展道路上迎来了又一个转折点。

这个案件的一些特性深深地影响到了知识分子。首先是两个人遭到了不公正的审判，被判处了死刑，这是一个身处险境的无辜者的古老故事。事情是这样的：他们俩是激进分子，在帕尔默袭击事件中被捕，当时有许多知识分子都受到了威胁。扬扬得意的马萨诸塞州的官员们，成为了艺术家们所憎恨的资产阶级的代表，成为了画家笔下的漫画形象。这一案件还带来了国际反响：巴黎、柏林和伦敦的暴动，罗萨里奥、蒙得维的亚的大罢工，索菲亚、尼斯、巴塞尔和布宜诺斯艾利斯的炸弹袭击。不过，让所有这一切失色的，还是这两个人的人格。他们在命悬一线中度过了七年，在这七年里，他们被恐吓、被赞美、被诋毁，然而他们还是没有放弃希望。大多数囚犯会精神崩溃，或产生自己是伟人的幻觉。而这两个人——矮小的、冲动的、信任别人的萨科，高大的、留着八字胡的范赞提——以各自不同的方式保持住了他们的怀疑精神及人性的态度，他们感谢他们的好朋友，给他们的律师送了礼物，写了比那些支持或反对他们的名人们——艺术家支持，政客反对——所作的演讲更为雄辩的文章。他们激起了人们的盲目憎恨和狂热的崇拜，这一点不足为奇。

是知识分子而不是劳工组织，实施了声援他们的行为。有些工会组织了罢工游行；激进党组织了成千上万场集会（尽管他们只将萨科和范赞提视为阶级斗争的两个牺牲品）；但实际上是知识分子负起了大部分的责任：他们募集捐款，发表声明，向新的法庭提起新的上诉。"艺术家和作家为萨科申诉。"报纸上这样报导。"知识分子请求萨科案缓期执行。""由成百上千名职业男女签名的申诉书送达富勒手中。"最后甚至有些知识分子走上了大街，遭到了逮捕，就像罢工时被冲破的纠察线上的工人。

行刑之夜的波士顿是一座笼罩在暴乱恐惧中的城市。公共建筑都派人警戒了；大街上到处都是巡逻警察。查尔斯顿监狱周围的居民都收到了不要外出的警告。监狱本身也加强了警卫，还派兵驻守，好像是遭到了军队的进攻。五百名临时的巡警、侦探和州警也被召集起来补充监狱的警卫。防爆枪和催泪弹堆积在大门里。监狱的围墙上三个一组布满机关枪和探照灯。一支骑警前卫队被布置在离监狱有一段距离的外围，以防有人群冲击监狱。另一方面，水路上有海军的巡逻艇在监视着监狱，艇上有耀眼的探照灯和照明弹。所有这些水陆方面的军备，所有这些步兵、骑兵和炮兵，都被派到那里去保卫监狱——去对付谁呢，又为了什么呢？这是一个马萨诸塞州政府几乎无法回答的问题。他们可能阻止的唯一的挑衅行为就是三百个知识分子的抗议游行，该游行由鲁斯·黑尔领导，他们在那天的傍晚时分向查尔斯顿进发。他们不带武器，是和平游行，骑警第一次对他们发动冲击时，他们就散掉了。

后来，我和参加了此次奇异的夜行军的几个人聊了一下。他们知道这样的行动是完全无效的，能做的一切都已经做过了，但只要萨科和范赞提还活着，他们就不能光坐在大堂里讨论、等待；他们必须组织一次最后的联合抗议。然后，行刑开始了，这是一场没人相信真的会发生的灾难。他们一下子哭了起来，或者是陷入了沉默。他们散开来，许多人一晚上都独自在大街上徘徊。为了一个共同的事业而战，使这些知识分子们团结了起来，然后失败又使他们再次分散，各自回到了原先的孤立状态。

在一段时间里，萨科和范赞提似乎被人们遗忘了。然而，这起案件在持续地发生影响，以一种隐密的方式，多年以后，它的影响将再次浮出水面。

3. 吵闹的小子

要书写 1920 年代末的事，要回忆它是以怎样的不幸来收尾的，你就会不由自主地思考起那个年代里发生的每一件事，如今看来带有预示性的、狂热的或被误导的每一件事。关于那个时代的特征，人们往往说得很简略：它的昂扬精神、它的勤奋、它的坦率、它的肆无忌惮的自由。人们会说到那些盛大的派对——尤其是最后结束于歇斯底里大争吵的派对——会忘记提起上午漫长的办公室工作，下午在花园里度过的时间，晚饭后在煤油灯下阅读的时间，在厨房里的炉火余烬透过缝隙闪光的时候。

我们在乡下一直待到深秋——我现在在说的是我的亲密朋友——但我们大多在纽约过冬，住在带家具出租的、没有热水供应的公寓里。我还记得冬天我们常常每周在佩里街的斯夸奇阿鲁皮饭店聚会两到三次。那时我们全都写诗，晚饭后我们坐在饭店里间的长桌前，常常大大方方地朗诵自己写的诗，知道在场的每个人都不会因此而觉得无聊，或无知地对其妄加评论。肯尼斯·伯克会一边用餐巾纸擦眼镜，一边表示肯定地说"嗯，嗯"。"这首诗写得真好，值得再读一遍。"艾伦·泰特也许会这么说。"我想搞清楚这首诗的韵律。"约翰·斯夸奇阿鲁皮会站在厨房门口听，两只手上各拿一瓶红酒。他是个没有做成演员的歌剧男中音，他以前常常在深夜里为我们演唱，在别的客人都回家以后；如果我们的鼓掌足够热情，他会给我们的酒水免单。我们当时都是二十六岁左右的年纪，正当青春年少，看上去甚至更年轻一些；我们只对写作以及一边写作一边谋生感兴趣，我们都觉得自己坚不可摧——我们看不出这世上会有什么东西能影响到我们，赚钱和消费的欲望当然不能影响我们，出人头地的欲望也不能。只有哈特·克莱恩在抱怨自己"像一只被困在捕鼠夹里的老鼠"，对于激起他情绪反应的对象表现出过分的愤怒或狂热，这是他后来歇斯底里大发作和自杀的前兆。[1]

《新群众》杂志的策划和组织会议早期也是在那个饭店召开的，参加的人员不同：迈克·古尔德、约翰·多斯·帕索斯、乔·弗里曼。有天晚上，多斯·帕索斯自嘲地对我们那一桌嚷道："全世界的脑力劳动者团结起来，你们除了大脑以外不会有任何损失的。"别的人不感兴趣地抬头望着我们，他们觉得我们对政治的态度不够严肃认真。通常，激进派作家会在东十街上的另一家意大利饭店聚会，那里的楼上有一个很大的房间，足够五十或一百人召开募捐大会。在那个禁酒的时代里，每个团体都有自己偏爱的意大利餐厅或爱尔兰、德国酒馆，每个人的皮夹子里都塞着各种卡片，为了在锁着的大门口出示一下然后进入……我还记得曾被人带去一个陌生的酒馆——那是在1925

---

[1] 原注：1932年4月，哈特在从墨西哥回国的途中，从奥里扎巴号轮船的船尾投水自尽了。

年至 1926 年之间的冬天——结果发现在酒馆的里间里挤满了刚从巴黎回来的青年作家和他们的太太。他们都在说着海明威的故事，当时海明威的处女作刚刚出版，我后来才意识到他们是在用一种海明威式的语言说话——强硬、干脆、推心置腹的口吻。半夜里，他们中有个人站了起来，脱掉了夹克衫，用它来演示如何斗牛。

大约就是在那个时候，对于那些前途无量的年轻人来说，靠写小说或传记来养活自己已成为可能。书籍生意开始火起来，新的出版社纷纷采取手段网罗新的作家，突然之间你认识的每个人似乎都在靠出版社的预付稿酬生活——有时是在一段时间里每个月支付一百美元，有时是一次性支付三百或五百美元——针对一部也许能完成也许不能完成的作品。出版商资助的大部分书根本不值得一写，但其中也有一些好书，有些还取得了巨大的成功——你每天晚上在一家便宜的意大利餐厅里看见的那个在你的邻桌吃着意面的家伙，在点甜点或点一杯红酒前会数一下身上带的钱的那个家伙，突然不见了，突然进入了一个接受媒体采访的水银灯下的世界，坐飞机去好莱坞旅行，去里维埃拉晒太阳，大做广告的作品经常出现在畅销书的排行榜上。在那个年代，写作可说是一门赚钱的生意，但它同时也是一门危险的生意，对许多天才来说，成功几乎和失败一样使他们面临致命的考验。

我记得时间——肯定是在 1927 年至 1928 年之间的冬

天——纽约似乎一下子挤满了来自史密斯、瓦萨等女子学院的漂亮姑娘,她们全都想过自由的生活,想经历无数有趣的恋情——她们像政委一样穿皮夹克,她们有光滑的、天然粉红的脸蛋,她们充满活力,那些被允许陪伴她们的小伙子则显得苍白、干瘪。她们在战时曾是很年轻的飞女郎,如今她们学会了谈论"我们自己的"一代,她们将它和"你们迷惘的"一代相比较,我们很难适应竟然有比我们更年轻的反叛者这样的现实,她们还把我们视为是一个已经结束的时代的遗物。可是,我们这些遗物几乎和史密斯学院的姑娘一样,也想过快活日子。在我们编辑一期小型杂志时,我们在一起工作得很开心,就好像在参加一个剥玉米聚会。

《扫帚》和《分离》停刊后,我的朋友们不再拥有自己的杂志,虽说有一次为了寻开心我们出了一本叫《唯美主义者,1925型》的杂志的第一期,我们的本意是想把它做成投向厄内斯特·博伊德和他的朋友的一串炮仗,可炮仗扔出去却没发出多少响声。我们没能够凑足钱出版《唯美主义者》第二期,但后来有《小型评论》和《变迁》杂志的特刊向我们约稿。这些事情做起来的过程全都一样:我们在一家老式的旅馆里租一间套房,早晨九点到那儿,每人带一只便携式打字机和一两份手稿。通过一整天的共同合作——改写,讨论,记录下新的想法,嘻嘻哈哈——到下午四五点钟我们就能完成一期刊物,然后我们一起出去寻找新的冒险。有一次,在编完一期杂志后,我们带上老婆去了哈莱姆的萨沃伊舞厅，还有一次我们全都去参加了出版社的茶会，尽管我们中只有一个人收到了邀请。那次茶会是为了庆祝一个稀里糊涂的英国贵族写的一本书的出版。有成百上千名来宾，有十几升潘趣酒，而那个贵族出版的书在略微提及后就被忘记了，不仅在那天下午，而且在今后也永远不会再被提起。

那是一个所谓的出版社茶会的伟大时代，茶会上最常见的饮料是菲什豪斯的潘趣酒。年复一年，茶会似乎越办越多，参加的人也越来越多，给来宾喝的潘趣酒的度数也越来越高。最隆重的一次茶会是为佩吉·霍普金斯·乔伊斯举办的，为了庆祝她写的一本关于她连续四次和百万富翁结婚的经历的书，或者说是一本别人写好后签上了她的名字的书。那次茶会是在里茨-卡尔顿的舞厅和它旁边的一间套房里举办的。那里摆着三大缸潘趣酒，每只酒缸旁边都围了一圈人，有两支乐队在伴奏。我溜进较小的一间房间，在那里说服了两个陌生人不要为了厄内斯特·海明威打起来。当时海明威的影响已经不止于在巴黎认识他的那些人的圈子了。纽约史密斯学院出来的姑娘们纷纷仿效《太阳照常升起》里的勃莱特女士。中西部来的成百上千个帅小伙子竭力仿效海明威书里的主人公，用强硬的口吻从嘴角里说出轻描淡写的话——"不过你只要把他们剖开来看看，"我说，"你会发现他们的灵魂是一朵朵洁白的小花。"

如今，我觉得我们没有任何权利表示轻蔑。我们有自己的矫揉造作,当时我们没有意识到,我们有要过好日子的天真想法。在那些日子里,我和几个朋友——不是所有朋友——有一个共同的想法,只要把我们的需求降低到最低程度,也就是说,最低程度的衣食住行的要求,其余的一切都是免费的,我们就能维持个人自由。如果我们想赚更多钱,我们的开销也会更大,因此我们的生活水平提高到一定程度后,要维持下去就必须去写畅销书,或者去找高收入的工作,找到后又会一直担心哪天会失去它。这样我们就会像关在笼子里的松鼠。另一方面,如果我们一年里大半的时间都在乡下过,如果我们住在没有现代化设施的古老农舍里[1]——当时这样的地方很好找,每月的租金只要十美元;如果我们自己种菜,自己酿苹果酒,穿牛仔布或卡其布的衣服,在乡间小路上散步或驾驶还开得动的福特老爷车;如果我们和同样生活方式的人交往,那么我们就能选择我们的工作,和他们一起过慢生活,努力做好我们的工作,像住在一个私人小岛上一样生活,同时又能享受到被商品奴役的文化财富的残余:

商人为钱包服务,

---

[1] 原注:在这里提到的一些长年居住在乡下的人坚持了很长一段时间不用现代设施,尽管大部分人到最后还是妥协了。罗伯特·科茨在1938年给住房接了电线,安装了浴室。肯尼斯·伯克在新泽西的农舍直到1949年才通上电,尽管电站离他的家门只有十米之遥。他最后屈服的借口是他再也买不到优质煤油了。菲利浦·西里尔·史密斯,《收获的四季》的作者,依然在没有任何现代设施的谢尔曼过冬,除了在厨房里烧柴火的灶头旁边有一只水泵。

> 食客为鱼肉服务；
> 这是动产的时代，
> 我们织网又磨面；
> 作威作福的是商品，
> 作牛作马的是人。

在那些日子里，几乎没人读爱默生，但我们全都以一种敬而远之的态度崇拜梭罗；问题是我们没有把他的信念运用到个人独立的同一个极端。我们中的有些人接受了太多来自出版社和华尔街投机商的邀约——太多的派对和周末晚会，太多我们不是真心想做但报酬丰厚的委托任务；轻松赚钱的机会似乎到处都有，我们也在其中取了一小部分，于是我们做起了自己不想做的工作。我们成为了我们想要逃离的体制的一分子，这个体制从内部击败了我们，而不是从外部；我们的心跳跟上了体制的节奏。我们笑得太多，唱得太多，我们不断换唱片，舞跳得太多，酒也喝得超过了自己的设想（难道不是因为酒水免费吗？）——我们不明智地坠入爱河，我们无理由地争吵，几年后，用泽尔达·菲茨杰拉德的话来说，我们"就像其他人一样迷惘、身不由己"。

在更早的时候，我就知道哈特·克莱恩是如何经常写诗的。纽约州帕特森附近的托里山，就在康涅狄格州谢尔曼的州界对面,在某个周日的下午会举办一场派对。除了哈特,我们在场的人大概有八到十个:泰特夫妇、约瑟夫森夫妇、考利夫妇、布朗夫妇——或许还有鲍勃·科茨和彼得·布鲁姆,两人都有一头红色的卷发,小说家内森·阿希[1]和穿着周末用的白皮鞋、头发梳得煞齐的杰克·惠尔赖特;有一段时间,他们全都住在很近的地方。这场派对会像别的派对一样,在一间修缮过的但是没有上漆、没有改变布局的农舍里举行,这间农舍是比尔·布朗在婚后不久买下的。在比尔做修缮工作的时候,由哈特做他的木工帮手。原房主查理·詹宁斯大叔来看望他们,他是一个老派的、爱喝苹果酒的新英格兰人,住在州界对面的谢尔曼。查理大叔知晓这个修缮计划后,说:"我很高兴看到你没有造浴室。我一向认为那只是个暂时流行的玩意。"这就是在那个星期天的下午说的故事之一。我不记得别的故事了,也不记得当时我们为什么会笑得这么厉害;我只记得当时的总体气氛,那是一种青春、贫穷、轻松愉快的气氛。

我们会玩槌球,吵吵闹闹,嘻嘻哈哈,每当球过拱门都会大喊大叫,球场外的深草里放着一半露出来的一罐苹果酒;或许我们会坐在天花板很低的宽敞厨房的灶头旁边,看着春雨清洗着玻璃窗。哈特——我们有时管他叫"吵闹的小子"——笑

---

[1] 原注:阿希写了一组关于托里山一带的生活的小说(《山谷》,1935),斯莱特·布朗也写了一部同样主题的小说(《燃烧的车轮》,1942)。

起来声音是我们其他人的两倍,喝起苹果酒来也至少是我们的两倍,同时还贡献了比别人多的奇特比喻和夸张说法。他会慢慢地归于沉默,再过一会儿他就会离开。在笑声平静后的短暂时间里,此时哈特已经走掉了,我们会隔墙听见从他房间里传来的另一种吵闹声——留声机里放着一首古巴的伦巴舞曲,与此同时打字机在咔嗒作响;然后留声机会停下来,在哈特去换唱片的时候打字机的声音也停下来,他或许会换上一首伤感的情歌,也或许是拉威尔的《波莱罗舞曲》,有时候他会在房间里跺着脚来回走,对着四面墙壁和沥沥春雨朗诵自己的诗作。

一小时后,雨已经停了,他会出现在厨房里或槌球场上,脸色赤红,眼睛放光,铁灰色的头发一根根从头皮上竖起来。他会嚼一支忘记点上火的五分钱雪茄,手里拿着两三张打印文稿,上面有的词语被划掉了,空白处还会有几行潦草的字迹。"读——读读看,"他会说,"这难道不是有史以来最了——了不起的诗吗?"

我们会履行读诗的义务,艾伦·泰特也许会发表一番很深奥的见解。其余的人将毫无所获,除了从诗里得到如手鼓一般的节奏和一些令人吃惊的比喻外。但是,我们全都同意这诗写得绝对赞。此时哈特已处于痴狂的状态,无论我们说什么,都会导致他的怒火或泪水。

但是,这不是故事的起点,也非真正的终点。我后来发现,哈特会为了某一首特定的诗沉吟几个月,甚至几年,把想到的诗句匆匆记在衣服口袋里的纸片上,与此同时等待着真正的灵感的到来,到时他就可以把这些诗句组织起来,完成一首诗。在那个方面,他使我想起了另一个朋友,吉姆·巴特勒,他是个画家,也是捕猎土拨鼠的能手。他捕猎的方式不是用强力步枪从远处射击,这样往往会打空,而是把它们吓回洞里去,然后等它们再出来。有时候,他说,它们迟迟不出来,他就会用吹口琴的方式诱使它们出来。同样的,哈特用古巴的伦巴舞曲和一罐烈性苹果酒来诱使灵感从藏身洞里出来。

至于故事的结尾,有可能会延迟一个礼拜或一个月。哈特会绞尽脑汁、百折不挠地——而且是完全清醒地——修改他的新诗,把比喻写得更清楚一些,修改格律,一连数小时琢磨合适的词语。"海豹的辽阔浪花凝视着天堂",他在《航行》一诗的第二稿里如此写道,那是他推敲了几天的成果。在初稿里他写的是,"海豹的findrinny凝视着天堂",但是有人提醒他"findrinny"是一个不存在的字眼。那年,哈特和我在同一家事务所工作,我还记得他发狂似地查找完整版的《韦伯斯特大词典》和《标准大词典》,还经常去图书馆查资料——在上班时间——在南街的地下酒吧里咨询了一帮老水手后,他得出的结论是他永远也不可能找到"findrinny"这个词了[1],但是,在再次

---

[1] 原注:哈特去世后,比尔·布朗在《白鲸》里找到了这个词,哈特最初肯定是在这本书里看见该词的。

浏览了大词典后，他发现"浪花"一词几乎有同样的效果，于是他兴高采烈地修改了这句诗。即便在手稿已经交给《诗刊》或《日晷》，而且这些杂志也许已经接受了它的情况下，他仍然可能会做一些修改。1920年代有许多诗人会竭尽全力把诗写得晦涩朦胧，每修改一次都会把语言弄得更造作更模糊，就像在一个简单的想法上罩上一层面纱。而克莱恩的情况是，他写的诗的原意是复杂、晦涩的，而他的修改是使之更清楚。他自嘲地说："我要把创作引向可理解的边缘。"事实是他有话要说，也希望别人能理解他的意思，但是不能以削弱或简化他原始的幻象为条件。

那么，这些"意思"和"幻象"是什么呢？当然，它们在每一首新诗里都是不同的，但我觉得它们中的大部分都表达了一个意思，他的创作手法也反映出了这个意思。从本质上说，克莱恩是一个狂喜、疯癫，或者叫陶醉型的诗人，你可以根据对他的诗歌的喜爱程度来自由地选择这些词语。从本质上说，他的诗歌是用押韵、格律、奇特的想象来传达出酒精、爵士、机器、笑声、知识刺激、文字的形状和声音、柯立芝执政后期纽约的疯狂状态对他的情绪造成的影响。就最差的诗来说，他的诗歌是无效的，除非你在一个和他大致相同的氛围里读，就是手边摆一杯老酒，留声机开到震天响，还有人在你的耳边吼叫："它有多了——了不起啊！"就最好的诗来说，无论如何，这些诗歌仅依靠自身的光彩和力量就能奏效。就他的诗歌里的极品来说，就是《河流》里的那些诗，它们所具有的那种情感力量是我们这个世纪里任何美国诗人都无法与之比肩的。

哈特喝酒是为了写诗：他用喝酒来唤醒他的诗想要传达的幻象。但是，这种方法顶多只能用几年，仅在两个时期产生了效用，分别是1926年和1927年，每个时期都大约为一个月。在那个时期里，他以最快的速度写出了编在《桥》里的大部分诗。之后，他对酒精的需求量越来越大，但他的脑子里就算有了幻象，也因为喝得太多而无法把它们记录在纸上。他在格林威治村的地下酒吧和布鲁克林河滨区的低档酒吧里喝酒，他辱骂每个在他周围的人，或者叫嚷说自己是克里斯托弗·马洛，然后和一个醉酒的水手过了一夜，醒来后为了忘记内疚感，又继续喝酒。他真的忘记了，虽然是暂时性的。到第二天下午，他昨天晚上做过的所有荒唐事都显得有趣了，因为这个不幸的事件已经被渲染成了史诗——"然后，我开始把家具统统扔到窗外。"他会哈哈大笑地说。每个人都会笑起来，哈特会敲打桌子让侍者再来一瓶酒。醉到一定程度后，他会给自己和别人这样一种幻觉：他可以毫不费力地写出光彩夺目的诗句，文字、双关语、隐喻、警句、幻象会从他的脑子里滔滔不绝地流出来，但很快这种兴奋的状态就会和钻牛角尖纠缠在一起——"看那个人，他一直在盯着我们看，我看他是个警察。"——然后，暴力事件又会重蹈覆辙，而到第二天，他又会进入一种几乎是自吹自擂式的忏悔状态。在这个重复的过程中，他没有一小时的时间可以用来写诗，也没有一周或一个月的时间可以用来修改。

即使在他去往南加州——他将之称为"这个像哈巴狗一样开心的五颜六色的天堂"——在法国、墨西哥的灾难性旅行开始前，哈特的冒险经历就已经成为一个多章节的传奇故事。比如，他和比尔、苏·布朗夫妇之间的争吵，他在半夜里冲出他们家，发誓再也不上他们家去。但是布朗夫妇独自生活在一座山坡上，要去艾迪·特纳家的荒凉谷仓——哈特就住在谷仓里面——就必须穿过一片哪怕没喝酒也可能迷路的次生林地。大约在三点钟，布朗夫妇会被哈特撞破树篱后在他们的门廊上跺脚的声音吵醒。过一会儿，他们会听见他嘟囔说："布——布朗家，布——布朗家，你永远也摆脱不了他们。"就好像他被囚禁在布朗家一样。又一天晚上，开始时几乎也是这样，他在兴奋地说着墨西哥的事。这次他平安无事地回到了家里，然后愤怒地在打字机上用西班牙语给墨西哥总统写信，虽然他只认得西班牙语的几个单词。他骂他的打字机不是语言专家，就直接把它扔向窗口，甚至没有先把窗户打开。第二天早晨，我们经过他家时，看见它躺在一团乱糟糟的黑色色带里。打字机上卷着一张纸，我们看见上面写着"Mi caro Presidente Calles[1]"——这就是打字机知道的西班牙语的全部。

1　西班牙语：我亲爱的卡莱斯总统。

我估计没有别的美国诗人，甚至包括爱伦·坡，会对他的朋友们造成那么大的麻烦，或者说让他的朋友们在很长的时间里对他的冒犯一再忍耐。争吵、吼叫、粗口、砸烂家具，这些都是和哈特在一起的晚上的家常便饭，而且在很长一段时间里没有人指责他，除了用幽默的口吻抱怨两句。1920年代有自己的道德标准，其中有一条就是不要评价别人的道德品质，尤其是对有创造力的艺术家。如果我们指责哈特在河滨区的放荡或甚至是批评他对待朋友的行为，我们就违反了这条标准。但是，原谅他的真正原因是他对周围的人充满了一种很温暖的友情。在你生病时，听见他的哈哈大笑声、说话的大嗓门，你会接受他那笨拙而善良的关怀。听见他对别人作品的诚恳又精辟的评价，其中不掺杂一丝恶意，意识到他总是在背后赞扬朋友，就足以抵消掉他的言行不当，尽管它们每周都会翻出新花样，到最后甚至是每天都是如此。哈特自己开始回避朋友们，我觉得，主要是因为他的内疚感。在他生命里的最后三年中，他总在寻找新的伙伴，然后在一段时间里受到他们的宠爱，最后又依次回避他们。

在我最后几次和他严肃的谈话里，其中的一次肯定是发生在1929年11月。哈特在那年的初夏从巴黎回来了，就在他和警察发生冲突坐了一个礼拜的牢之后。他那位有钱的朋友哈里·克罗斯比为他请了一个律师，帮他付了罚款，另外还给了他回国的路费。克罗斯比的那家小出版社，黑太阳出版社，已着手发行限量版的《桥》,哈特在那年的夏天与秋日里集中精力想要完成他开始于五年前的那组诗。他在清醒的时间里拼命地工作,尽管时常会被喝酒打断。有天下午,我去了特纳家,结果看见彼得·布鲁姆坐在哈特的胸口,比尔·布朗坐在他的腿上;他正在砸家具,还把他的书往窗外扔,他们只得用这种方法来阻止他。哈特咬牙切齿地喘着粗气:"你们可以杀了我……但你们不能……毁掉……《桥》。它已经完成了……已经在'不来梅号'上……在去……巴黎的路上了。"

在那个礼拜的其余时间里,他没有喝酒,而是忙于收拾房间里被他砸坏的东西。我有天去看他,陪他散了一会儿步。哈特对我说起了克罗斯比夫妇:卡蕾斯,又漂亮又开朗;哈里疯疯癫癫,但很友好;他无论想到什么都会立即去做。他们将在12月来纽约,哈特迫切地希望我和他们会面……我们在通往穷山的有一道道车辙的、结冰的路上踉跄而行,我以前从来没有干涉过哈特的生活,但到最后我还是费劲地给了他一些劝告。我吞吞吐吐地说出,他全力以赴于一种癫狂的文学,但这种文学让他承受了大部分作家无法承受的心理压力。现在,他已经完成了《桥》,也许可以考虑转向经验文学了,就像歌德那样(我试图用伟人的例子来说服他)。也许要经过几年时间,他才能又开始写像他刚刚完成的组诗那么雄心勃勃的作品。与此同时,他也许可以在这段时间里培养自己写那种平和的、有思想的散文的才能。

哈特打断了我的话头:"哦,你的意思是说我不该喝那么多老酒。"

是的,在一阵尴尬的沉默后我说道。我的一部分意思是这个,但我的意思还包括他之所以会酗酒,其部分的原因来自他对生活和写作的态度。如果他改变了这种态度,尝试去写一些不一样的东西,他对酒精的需求也许就不会那么强烈了。哈特阴沉地看着我,一声不吭;他在自我毁灭的道路上已经走得太远,已经没有一个朋友能够把他拉回来了。他比别人更迷惘,更疯狂,尽管他一直在逃向遥远的避风港,可在内心里知道他无法逃避自我。那天晚上,我梦见了他,然后在黑暗中醒来,觉得他已经在劫难逃,已经死了。

4. 无路可逃

1920年代末期是一个岛屿的年代,真实的岛屿和比喻的岛屿。在那个年代里,千千万万的美国人计划着要搭乘下一班轮船去南太平洋或西印度群岛,或者还是去巴黎,到巴黎后再各自分散去马略卡、科西嘉、卡普里或希腊诸岛。巴黎本身是一座现代化的城市,但又像是一座沉浸在历史中的孤岛,另外还有一些岛国,比如墨西哥,美国人觉得去那种地方就可以摆脱商业文明里压迫着自己的一切。或者，不用离开家，他们也能为自己造一座艺术或哲学的私人岛屿；再或者——这是一种常见的解决方案——他们可以在高楼大厦的阴影里建设一个社交岛屿，亲朋好友组成一个个团体，在这些团体中，他们能够像住在波利尼西亚的山谷里一般无拘无束地生活，没有道德顾虑、没有现代化设施地生活，在纯粹的时间里生活，在杜松子酒、爱情、烤炉里用炭火烤的两块羊排里快乐地生活。那就是格林威治村思想的一部分，不久就波及波士顿、旧金山以及全国各地。

1920年代末是一个小团体的时代。在那个时代，有许多更大的社会团体，特别是那些在郊区过着好日子或是在乡村俱乐部有会员卡的人们的团体，逐渐失去了凝聚力。舞会上，总有一些更小的团体聚集在一起，他们都有一种神神秘秘的感觉——"等别人都回家后我们再聚一聚。"有人听见他们这么说。富裕的美国人，尤其是已婚的小青年，但也有一些中年人，开始形成一个个无视传统的小集体或者叫小集团。每一个小集团都有它们的杜松子酒会，都有自己人之间说的笑话，都有自由的幻想，都有人情世故，都远离那些相信扶轮社[1]理想的人群——直到最后，每个团体都慢慢地发现在美国的每一座大城市里都有几十个和他们类似的团体。在那些日子里，似乎每个人都在寻找一座岛屿，想要逃离大众的行为成为了一种大众的行为。

---

[1] 富有的商人与专门职业者组成地方性联谊组织，创建于1905年。

使用"逃离"一词是有危险的。因为它有一种在道德上反对的色彩，它暗示了回避和懦弱，逃避你本该面对的东西。然而，回避你不可能应付的局面，回避你无力反击的实力太强大的敌人不算什么真正的耻辱。1920年代的许多作家将我们的商业社会视为那种敌人，认为他们的唯一希望存在于找到一个可以摆脱它的避难所。逃离是成百种诗歌、随笔、小说的中心主题；是隐藏在各种形式的行为背后的动机，那些行为显得冲动而矛盾。无论如何，它的大部分表现可以归纳为三大类。

第一类是逃入艺术中，在谈论达达主义者那一章里我详细讲述过这种倾向。第二类是逃向原始。人们隐约感到现代文明最令人受不了的地方是它对自然本能的压制和歪曲。为了获得幸福，他们应该去追求一种能够尽情施展本能的生活——也许他们能耕耘沃土、播种、收获；也许他们能乘上一艘三桅纵帆船去南太平洋；也许他们不用离开城市也能反抗虚伪的城市标准。确实，在纽约和其他大城市，这种逃向原始的倾向走得最远，还呈现出十多种不同的形式。比如，它表现在疲倦的知识分子对黑人舞蹈、黑人音乐、黑人灵歌、布鲁斯、黑臀舞和《琼斯皇》的狂热上；人们被反复灌输说黑人保持了一种直接的强健力，而白人因为接受了过度的教育而失去了那种力量。相似的表现也出现在无处不在的对青春的崇拜中，这种崇拜似乎基于年轻人无论在肉体上还是在本能上都更单纯这么一种认识。它也表现在肉体崇拜中，这种崇拜后来又发展为裸体主义，在这里它再次表现出对性的专注和对性压抑的反抗——妻子背叛丈夫不是出于快乐，而是出于义务，而丈夫则竭尽所能，按天性行事，以至于最后成了魔鬼。追求原始逐渐和文明的挫败感造成的歇斯底里混淆在一起。与此同时，对于那些有足够的钱可以出国的人来说，同样的倾向表现在他们对冒险经历的追求上，他们追求一种面对面的自然冒险，用弓箭猎捕狮子，用鱼叉捕捉鲨鱼，用滑雪板征服高山，驾驶敞篷船航行五大洋。

逃入艺术和逃向原始这两大类逃亡方式的一些方法，在纳撒尼尔·韦斯特的那本几乎没什么读者的小说里用温柔的、充满想象的笔触描写了出来。[1]《寂寞芳心小姐》（1933）的主人公是一个年轻的报社记者，负责一个为失恋者提供帮助的专栏。他这样解释自己的处境："这工作是增加报纸发行量的一个噱头，全体工作人员都把它当作儿戏……他也把这份工作当作儿戏，但做了几个月后，他的想法变了。他看出大部分的来信人都是非常谦卑地恳求这个专栏给予道德和精神上的援助，他们用艰难的语言表达出他们真正的受苦受难。他还发现这些来信人都很拿他当一回事。在他的生命里，他第一次被迫地审视了自己赖以活下去的价值观。这个研究告诉他，他是这场儿戏的

---

[1] 原注：作者去世后，《寂寞芳心小姐》再版，此时读者比以前稍微多了一些。韦斯特出生于1904年，生命里的最后五年一直在为各家电影制片厂工作，但他还是利用业余时间写出了反映好莱坞的迄今为止最好的小说《蝗虫之日》（1939）。他在一次狩猎旅行后驾车回来的途中遭遇车祸，死于1940年12月22日，就在前一天，他的好莱坞邻居司各特·菲茨杰拉德因心脏病发作去世了。

牺牲者，而不是制造者。"

寂寞芳心小姐——他在专栏上是这么署名的——遭遇了一次精神崩溃，然后就卧病在床了。报社总编百舌鸟先生闯进了他的房间。百舌鸟先生显然是个不幸福的男人，他用彻底的玩世不恭的态度来调整自己以适应这个世界；他的乐趣之一是粉碎身边的人们的幻想，尤其针对寂寞芳心小姐——他是百舌鸟先生最喜欢的攻击目标。在听到了一段零星的对话后，他脱口而出：

我的朋友，我同意贝蒂的说法，你是一个逃避主义者。但是，我不认为接近土地是你该使用的合适的方法。还有别的方法，为了启发你，我要对你说一说。不过首先，我们先谈一下贝蒂建议的这种接近土地的逃避法：

你厌倦了城市和它那几百万的拥挤人口……那么你怎么办呢？于是，你买下一个农庄，跟在马匹的湿屁股后面走，不戴硬领，不打领带，耕耘你那广阔的农田。当你翻耕黑色的沃土，清风吹来田里的松树和粪肥味，古老的、古老的劳动号子飘进了你的灵魂。跟着劳动号子的节奏，你播种、除草、追赶母牛，在成熟的玉米和土豆田里自由自在，没有亲戚，也没有同类。你的步伐变得沉重、性感，就像沉醉在舞蹈中的印第安人，你把种子踩入女性的大地……

寂寞芳心小姐把脸转向墙壁，把被子拉到头上。但百舌鸟先生提高了嗓门,继续说下去,而那个病人尽量充耳不闻。

我们考虑一下南太平洋吧:

你和国王的女儿住在一间茅屋里,她是一个苗条的年轻女子,她的眼睛里闪烁着古老的智慧。她的乳房是缀着金色斑点的梨子,她的肚皮是香瓜,她的气味正如丛林里的羊齿植物。夜里,在幽蓝的礁湖上,在银色的月光下,她用慵懒的歌喉、温柔的语言和节奏对你吟唱着情歌。你的身体像她一样金黄,游客们需要愤怒的传教士的手指来把你指出来。他们羡慕你的兜裆布和无忧无虑的欢笑,还有你那娇小的金色新娘,以及吃饭用手不用刀叉。但你对他们的羡慕无动于衷……于是,你在美梦里过日子,钓鱼,打猎,跳舞,游泳,亲吻,摘花插在头上……

那好,我的朋友,你觉得南太平洋怎样呢?

寂寞芳心小姐假装睡着了。但百舌鸟先生没有上当,他继续说下去,让你无处可躲:

艺术!做一个艺术家或作家。当你老了,可以在提香的火焰般的色彩里取暖;当你饿了,可以用巴赫的神圣乐章、勃拉姆斯的和声、贝多芬的雷鸣来补充精神食粮……告诉他们,你不要他们的交际花和配桔子的香酥鸭。按你的说法，你只要 l'art vivant，即活的艺术。告诉他们，你知道自己的鞋子破了，你也知道自己的脸上有雀斑，是啊，你还有龅牙和畸形足，但你不在乎，因为明天在卡内基音乐厅有一场贝多芬晚年的四重奏音乐会，因为在家里你有一本莎士比亚戏剧集。

百舌鸟先生继续说。他把逃避描述成享乐主义，不忽视精神上的愉悦——"你在马蒂斯和毕加索的画下和女人私通，你用文艺复兴时代的玻璃杯喝酒，晚上你常常在火炉旁一边看普鲁斯特的书，一边啃一只苹果。"——他把逃避描述成吸毒、自杀，而寂寞芳心小姐在被褥下面发抖；最后，他把逃避描述成宗教，逃到基督那里去，这是寂寞芳心小姐想要选择的路……但是很奇怪的是，他没有描述在当时最常见的一种逃避方式，逃向大海，你只要打好你的行李，宣布你要去法国南部从事写作——"别等我回家过圣诞节了，我今年不会回来，明年也不会，因为我要永远告别这座人间地狱。"

自1920年起，去法国的潮流就没有间断过。画家、作家、艺术摄影师、艺术经销商、舞蹈家、电影演员、古根海姆奖学金学者、涉足雕塑的离婚女子、思考着是否能用文学事业来取代婚姻的一位刚刚踏入社交界的不幸的姑娘，不管有没有才能的一大帮子人，怀揣着同样的理想，兴高采烈地抛弃了祖国。

他们中每年都会有人回来，也会有别人取代他们的位子：移居海外的潮流以更快的速度发展着。但在1920年代中期之后，这种移居的动机就在关键的地方发生了难以察觉但真实存在的变化。之前的流放者是出于对美国的单调和清教主义的厌恶而被迫出国的，然而他们去旅行首先是为了去寻找什么东西——休闲、自由、知识，一个更古老的文明可以提供给他们的某种品质。他们的后继者感觉到同样的渴望，但他们的感觉没有那么强烈。他们不是被前面的东西吸引着往前走，而是被别人在后面推着往前走，被人推着往东走，因为他们需要脱离什么东西。他们与其说是流放者，还不如说是逃亡者。

他们像火山爆发的熔岩一般在地面上四散开来。司各特·菲茨杰拉德说过，美国人

> ……比以前去的地方更广了——似乎不断有朋友去苏联、波斯、埃塞俄比亚和中非。到1928年，巴黎已经变得令人窒息。在出国潮中，坐船来到巴黎的美国人的质量每况愈下，到最后甚至可说是有点邪恶了。他们不再是单纯的、心地善良的、品质优秀的、对欧洲同一阶层的人们充满好奇的爸妈或儿女，而是疯狂的尼安德特人，他们好像信仰什么，好像是你在一本蹩脚透顶的小说里看到的模糊的什么东西……在1928年、1929年做豪华出国游的那批人，对新的环境充满了扭曲的想法，从人的价值上来说，

他们都是哈巴狗、牡蛎、白痴、色狼。

但他们并不是造成巴黎变得令艺术难民们感到窒息的原因。像他们这样的人还是容易避开的：你只要远离大饭店、银行、蒙马特的夜总会。难民们想要逃离的还包括在他们自己身上具有的美国文明的某种微妙特征。只要五六个人聚在一起，这种特征就会再次出现，同样的经历就会再次上演。一开始充满热情；朋友们谈论着这个神奇的、完美的地方，大家你争我抢地要来这里享受——就像菲茨杰拉德说起1926年在昂提布角附近的生活："不论发生什么，似乎都和艺术有关。"然后，随着侨民的增多，各种嫉妒、无聊、八卦和阴谋诡计都来了；有些美国人成了房东，和他们的美国房客吵闹不休——但那时德国人也来了，还有一个潦倒的英国子爵，一大把苏联移民，当地人抓住机会敲诈每一个游客，他们抬高物价，在主要的咖啡馆里都配置一支爵士乐队。艺术家们纷纷抱怨，这里干扰那么多，简直没法工作了；作家们再次觉得有什么东西在束缚他们，在干扰他们的思考——于是，侨民开始分化，有一大半人继续出发，去寻找某个还没被他们自己糟蹋了的地方。

地中海地区的每一片土地，尤其是里维埃拉和巴利阿里群岛，冒出了各类侨民，这些地方兴旺发达后，他们又继续向前，去寻找一个更偏僻的地方。比他们更有活力的朝圣者最终能达到他们所追求的目标，这是很自然的事。总有一天，他们在早晨醒来后会发现,自己身处在一个游客从来没有到过的小镇。它也许在希腊的西部群岛,也许在特里波利海滨的勒布达,也许在达尔马提亚,也或许在大沙漠北部边缘处于旅游淡季的比斯克拉——不管怎么说,他们最终摆脱了自己厌恶的一切。他们坐在一家咖啡馆里,看着窗外阳光亮得晃眼的广场,看着墙壁和古怪的房子,它们肯定是中世纪的建筑,哪里也没有新建筑的痕迹,没有伍尔沃斯大楼,也没有克莱斯勒大厦。这里没有机器,甚至没有咖啡机,没有福特敞篷车,对于身体的功能没有虚伪的羞耻感。在广场的中央,一个黑人小姑娘撩起裙子蹲下来,完全无视那个穿着黑白相间的阿拉伯式外套的村长从她身边经过。没有钟楼来告诉你时间,明天和昨天交织在一起。

在这里,你终于可以自由地生活,可以按你自己的想法写作了。在这里,你可以白天躺在床上,晚上起来工作——或者,如果你想的话,也可以喝得酩酊大醉,抽大麻烟,和土著姑娘睡觉,沉醉于任何形式的淫乱中,无需担心警察的干涉,甚至不用担心公众的谴责。再说一遍,你可以在这里自由地写作,不用考虑编辑给你的交稿期限,或评论家来问你这是什么意思,你想怎么写就能怎么写……但是日子一天天地流逝,你那伟大的小说或诗歌甚至还没有开始。难民们正在经历一种特别的遭遇。在巴黎或法国南部,他们写了自己的童年故事,关于密歇根或内布拉斯加,主人公是一个受到环境压迫的敏感少年。之后，当这种压迫感在他们的脑海里渐渐淡薄，他们开始写欧洲的新朋友，但没有了之前的热情，他们很容易受到干扰。在这里，在这个最后的避难所，没有了任何会使他们分心的事，没有任何东西会妨碍他们工作，除了惊恐地发现他们现在已经无话可说了。无聊和孤独出现了。他们开始觉得食物很难吃，旅馆里有跳蚤，许许多多微小的不适之处——于是一日早晨，他们忽然打好行李，往北面的巴黎而去，对游客来说那里就像尼安德特人的世界，然而那里也是一个和你说同样语言的世界。

也许，他们甚至怀念起了美国，但除非他们没钱了，他们似乎没什么特别的理由要回国。纽约在努力地克服它本来就有的恶习中，又吸纳了巴黎的恶习。无论在哪一个艺术世界里，艺术现在已经和世界性的财富世界结成了联盟，都存在着同样的挫折和无目的的紧张氛围；大西洋两岸的笑声都调得调门太高了。"到了1927年，一种广泛传播的精神病开始显露，如隐约的信号，如紧张地抖腿，它就是猜字谜游戏的流行。"再次引用司各特·菲茨杰拉德，他的长篇和短篇小说从某种程度上是整个时代的最佳记录。他当时住在昂提布角附近，那里"几乎一切皆有可能"，但他和祖国的朋友们保持联系，对他们告诉他的事或惊奇或困惑。"我记得，"他说，"一个移居海外的人打开了一封来自我们共同的朋友的信，信里怂恿他回国，在故国土壤的那种坚实、振奋人心的品质里重新获得活力。这是一封强有力的信，我们俩都被它深深吸引了，直到最后注意到它是从宾夕法尼亚的一家精神病疗养院寄出的。"

无路可逃。无论他们选择走哪条路，用哪一种标准来引导自己——无论他们是在曼哈顿喝杜松子鸡尾酒，还是隐退后去康涅狄格接近土地，或者在太平洋上的岛屿间溜达，或者尽量无视周围的环境，沉浸于大师杰作的严肃氛围里——这都没有用；艺术的逃亡者最后以到达同一终点而告终：他们到达了一种歇斯底里和迷惘的氛围，它和他们想要逃避的资产阶级社会的氛围也没多大区别。当时菲茨杰拉德是这么说的——那是在1927年——

……我的同辈人开始消失于黑暗的暴力行为中。一个同班同学在长岛杀了自己的老婆然后自杀，另一个同学在费城"意外地"从一幢摩天楼上摔下来，还有一个在纽约故意摔下摩天楼。有一个在芝加哥的地下酒吧里遇害，有一个在纽约的地下酒吧里被人打得半死，然后爬回普林斯顿俱乐部，死在了他的这个窝里，还有一个人在他被关的疯人院里被一个疯子敲破了脑袋。这些并不是我特意去找来的悲剧事件——他们都是我的朋友，而且，这些事情发生在经济繁荣时期而非经济萧条时期。

在他写下以上这段文字时，菲茨杰拉德也许在考虑着自己的悲剧性的衰退，那是发生在"经济繁荣时期而非经济萧条时期"的那些事所导致的结果。之后发生的事情的所有感情及理智的基础都在经济繁荣时期奠定下来。于是，甚至在哈定和柯立芝执政时期，个人主义的教义就已经破产了。尽管它受到了散文家、政治家和商业辩护者的普遍赞扬，但在社会体系的中心，它已不再盛行——许多百万富翁都是单调的足不出户者，他们尽量使自己符合于广告宣传上的形象，而他们的私人生活反而是被使他们发财致富的社会大众所控制。个人主义丢弃了论坛、集市，在边缘化的教义中、在过去、在流放、在梦中寻找藏身之地。但它在那些地方也没有找到安全，恰恰相反，它被迫承认了自己的失败。个人主义的生活方式甚至在制造出有个性的人这点上都失败了。在逃避社会统一性上，艺术家们基本都选择同一条逃避的路径，都采取了他们自己的小集团的常规做法，就连他们的反常行为都具有固定的类型，就连他们中越来越多的人患上的精神病都有固定的模式。

每个时代都有代表性的个性失败和暴力行为，而1920年代末这两者都尤为醒目。就让我们来研究一下其中一例行为的背景，发生于1929年初冬的双双自杀事件，就在华尔街股市崩盘的六周后。通过它，也许我们能回顾一下整个十年的文学史。

第八章

自杀的回响

1. 留在梳妆台上的信

哈里·克罗斯比和他妻子在1929年12月的第一周抵达纽约,哈特·克莱恩在布鲁克林山庄的房间里为他们举办了一场欢迎宴会。这也是一场很成功的宴会;哈里一直在笑——你还记得他有一口雪白的牙齿——举止谈吐也非常自然,他话说得不多,但大家都被他迷住了。12月10日的下午,他问一个朋友借了艺术家旅馆里的一间画室的钥匙。那天晚上,那个朋友给他打电话他不接,按门铃他也不开门,只得破门而入,结果却发现哈里已经死了,还有一个年轻的社交界女人约瑟芬·毕格罗太太也死在他的旁边。

这起双双自杀的案件成为了各家报纸的头版消息,但报社找不到他们自杀的原因,警察也不能做出这方面的解释。哈里还很年轻,半年前刚过了三十一岁的生日;他很有钱,婚姻幸福,除了喉咙有点小感染外,身体也很健康。这个案件缺乏任何常见的动机。他在股票市场里损失了一点钱,但并没有为之失魂落魄;他有过一段婚外恋,但自己说已经结束了;他对自己在出版和诗歌创作领域取得的成绩也没有什么不满。他也没有任何自卑感:周围的人都很喜欢他,他的一生都过得一帆风顺;而他现在却躺在一间借来的画室里,躺在一个已经死亡的女人旁边。

他的身后没有留下一封信，就连一份草草写就的遗言也没有。

这种刻意的沉默令警察觉得很蹊跷。他们知道自杀事件一般都会留下一些解释，通常是以写给妻子、母亲或丈夫的一封长信的形式，坚持说他们这么做是最明智的选择，证明这种行为的合理性，并指责造成这场悲剧的社会。尤其是诗人，自杀几乎就是他们的职业病，最喜欢给这个忽略他们的社会留下最后的遗言。他们很重视这种遗言——如果哈里·克罗斯比什么也没有写，那他肯定是相信自己已经写过他想要传达的信息了。

他之前写过一份日记——巴黎的黑太阳出版社后来以三卷本的形式出版了——实际上，它取代了一封插在镜框里或者压在梳妆台上的一瓶冷霜下的信。日记里没有解释眼前发生的事，也没有告诉我们他为什么会选择在那个特别的下午自杀，就在和一个女人幽会并一起喝掉一瓶苏格兰威士忌之后。但是他行为的真正动机可以在他的这份对所做的事情、所读的书和受其影响的思想的记录中清晰地看出来。

从那里面可以看出更多的内容。他那短暂的、并非特别出名的七年文学生涯恰巧包含了我想要阐述的所有主题——脱离家庭，在救护部队服役，在法国流放，然后还有一些别的主题，如波希米亚主义、艺术信仰、逃避社会、即使付出贫困与疯狂的代价也要捍卫自己的个性，然后是道德败坏的最后阶段，此时整个哲学基础都从内部瓦解了，也正在这时资产阶级社会经历了最奢华的产出和最长久的放荡之后似乎即将崩溃——所有这一切都在哈里·克罗斯比的一生中有所体现，也在他的日记里得到了相当详尽的阐述。但这不是我要写他的唯一理由。哈里比别的纯粹的诗人或艺术的避难者更有钱：他有能力和时间把自己的想法付诸实施，而别人大多只能把它们丢在一边，一部分是因为中产阶级根深蒂固的怀疑主义，另一部分是因为要养家糊口。他不比他的伙伴们更有才华，但他更一心一意，更专注文学，敢于把自己的想法推向极致，不害怕死亡或别人的嘲笑。其结果就是，他的一生有一个符合逻辑的结构。他的自杀就是一个三段论的最后一项，就像一首二流的、但诚恳又激动的诗歌底下的签名。

但他的生活也提出了一个问题，而他的日记没有回答这个问题。他一开始是如何卷入最终导致他死在艺术家旅馆里的那一系列的事件和宏伟抱负里去的？根据他的背景，他似乎本该有一个完全不同的人生。

哈里·克罗斯比于1898年6月4日出生于波士顿，父母住在灯塔街的南面一侧。他父亲史蒂芬·凡·仑塞勒·克罗斯比，是一个银行家，他母亲原名亨利埃塔·格鲁，是J.皮尔庞特·摩根太太的姊妹。哈里读的是圣马克学校，一所圣公会预备校，在那里因为体重太轻没能参加校橄榄球队，而参加了越野长跑队。他毕业于1917年6月。随后就和几个同班同学一起自愿加入了在法国的美军医疗服务队……有这样背景的孩子应该是前途一片光明的。一般来说，读完圣马克就会去读四年哈佛，然后进入波士顿的银行基德尔-皮博迪公司（就像格罗顿学校出来的孩子会进入李-希金森公司）。然后，经过一个正规的见习期后，这个小伙子就会去纽约，他的父母会在那里的证券交易市场为他谋到一席之地；最后他也许能成为摩根集团的一个合伙人。也或者，他可以去学法律，成为某个公用事业大公司的法律顾问；也或者他可以进入外交界，直至做到大使的级别，就像哈里的表哥约瑟夫·格鲁；也或许他可以在三十五岁的年龄退休，靠他的收入生活，并购买名画。美国的上层资产阶级会照顾好自己的子女，条件只是他们必须有一个门当户对的婚姻和不酗酒。那么，是什么造成了哈里不走这条铺在他前面的康庄大道呢？

我觉得答案就藏在战争时发生在他身上的那些事里，尤其是他在日记里多次提到的一场短暂的经历，但他并没有在日记里详细解释它。整个故事都写在他的战时通信里，他的父母自费出版了这本书信集——顺便说一句，这本书信集就像另外五十个出身名门的美国小伙子写的战时通信，连出版的方式都一模一样。1917年11月22日，哈里在靠近凡尔登山区里的一家急救站。他正准备驾驶一辆载满伤员的救护车开往布拉斯的一家野战医院，一枚炸弹在路上爆炸了，正站在他旁边的一个小伙子受了重伤。哈里把他抱上了救护车，在德国人的密集炮火下向着布拉斯疾驶而去。有一个特别糟糕的时刻,道路被一辆抛锚的卡车给堵住了,哈里不得不等了好几分钟,而当时炸弹正在道路两侧如雨点般砸下。

凡尔登山(在那次冒险的十周年纪念日里他在日记里记录道)和红色的落日,树木烤焦的枝干,默兹河,通往布拉斯的路上炮弹喷出的黑色烟柱,炮火的轰鸣,伤员,在爆炸的红光中驾车而行,从少年到成年的剧烈转变。

确实是剧烈的转变,但不是从少年到成年。更确切地说,应该是从生到死的转变。真正发生的是,当哈里在等待着道路清障时,他就已经在那个无尽的时刻里死去了。在他的心里,他觉得自己仍然和在战斗中牺牲的好友艾伦·戴维斯·韦尔德、小奥利弗·艾米斯在一起。他的身体活了下来,连同寻欢作乐的强烈欲望,但他内心里的某些东西已经死了——他的童年、波士顿、圣马克学校、迈奥庇亚狩猎会、体面的婚姻、做银行家的可靠前程,确保他可以在这个世界里占据重要的一席之地的一切事物。

起初他没有意识到发生了什么。战后他回到了波士顿,想要继续以前的生活。1919年的秋天,他上了哈佛大学,参加了越野跑的校队,几乎被自动地选入了学生会,加入了一个出身名门的小青年应该加入的先是候补、随后是正式的俱乐部——1770学会、D.K.E俱乐部、玉米粥俱乐部、S.K.俱乐部、A.D.俱乐部，但他对这些都兴趣不大。他不再是一个好孩子，两年后他抓住机会获得荣誉战时学位，从哈佛毕了业。之后，他勉强地在银行里做一份工作，但只要有可能就尽量开小差，还拼命酗酒，为了使自己的职位得不到晋升。他看书，他恋爱，他赌博，从1922年1月1日起，他开始写日记。

"纽约，"第一篇短日记如此写道，"纽约，白天都躺在床上，躺在女人的怀抱里，窗外静静地下着雪，晚上一个人坐火车回波士顿。"然后，在2月7日，他回到了讨厌的办公桌前，写道："妈妈给了我一百美元，条件是一个月里不许喝酒。这个不值得。"他在3月12日又写道："已经五天没去银行上班了。"3月14日又写道："辞掉了银行的工作。"之后是3月21日：

妈妈为我在巴黎的银行里谋到了一个职位。那里的日子更幸福——在我狂野的时代里，我在那里把所有的烦恼都扔给了清风，我尽情地喝大量的405酒——结果我觉得更幸福了。半夜里，我们驾驶着一辆老沃尔拉斯牌的新车，穿过阿林顿街的地下隧道，直至猛然撞上一扇铁栅栏。碎玻璃如雨点落下，水箱被撞裂，轮轴被撞弯，但是没人受伤。这件事又为我的坏名声添砖加瓦了。

《太阳的阴影》——这本日记出版时用的书名——比早期的

那些记录要写得好,但它永远也不可能进入杰出传记的行列。这样的作品通常以作者对人物的外在观察或洞察其内心的能力而卓越。哈里·克罗斯比对这两方面的观察都谈不上仔细。就像我们这个时代的许多诗人一样,他以自我为中心,极度缺乏反省意识,为朋友的事不遗余力,但缺乏同情——他和别人没有同感,也无法了解别人的内心世界。在他的日记里反复出现的人物——詹姆斯·乔伊斯、D.H.劳伦斯、哈特·克莱恩、阿奇博德·麦克利什、卡蕾斯(他妻子)、他的父母、火焰公主、女巫、E.E.卡明斯、凯·博伊尔——全都像提线木偶一般僵硬:他们做动作,他们运动手臂,他们把酒杯举到嘴边,他们互相评论,但你看不出他们的行为和语言背后的动机。因此,最后具有生命力的与其说是人物,还不如说是背景。

但这条规则也有一个例外。哈里·克罗斯比自己,尽管在一开始他显得和他书里的人物一般机械,但最后却出人意料地以他的个性给你留下了深刻印象,甚至令你对他有了一丝好感。你一开始确信他是一个糟糕的诗人,一个将自己戏剧化的人,总之是一个傻瓜。尽管从来也没有放弃这些看法,但你开始一点点地转变了看法,你乐于承认他是一个迷人的傻瓜,一个豪迈的傻瓜,一个勇敢的、坦诚的、单纯的、慷慨大方的傻瓜,对谁都没有恶意。他不是一个弱者。诚然,你开始觉得他的力量最终导致了他的自杀:一个弱者会慎重地选择活下去。他的才能本可以使他成为一个探险家,一个冒险的战士,一个革命家：对一个诗人来说，这些都是致命的气质。

即便在这份他并不完全适合的职业中，他也不能说是彻底失败了。确实，他早期的诗歌是天真的、笨拙的、虚假的、单调得难以形容；确实，他从来也没能掌握语言的价值感，哪怕是在他晚期的诗歌里。但他开始在别的方面拓展，在速度、强度、疯狂的力度方面——一首诗不需要具备所有这些优点才能留存下来，有时候有一个优点就足够了。至于他的日记，我想那些有幸得到这本书的人还会继续读它的，这是毫无疑问的。这不是一本杰出的传记，不是，但它是研究我们那个时代的社会风俗的资料来源，也是我们那个时代的行为举止的一份有价值的记录。

不仅如此，它还是一个有趣的故事。它告诉了我们一个来自后湾的年轻人如何调整自己以适应不同的世界——他是怎么结婚的，怎么去的巴黎，怎么丢弃了在巴黎的一家美国银行的工作——他是怎么在南欧和北非旅行的，他是怎么用一种精准的目光考察那里的风景的，虽然不是考察人——他是怎么住在巴黎附近的一座老磨坊里，怎么招待大家，招待诗人、瘾君子、鸡奸者、艺术家、皇太子——他是怎么回到纽约，怎么过着狂热的生活，怎么在道德上彻底堕落的。……但我们关心的并不仅仅是他个人的生活。让我们看一下他的问题出在哪里，他是如何设法解决这些问题的，而他找到的答案又是如何不可避免地将他引入那个终局的。

2. 太阳之城

他的童年和他那十拿九稳的前途已经在他的内心里死亡了。战后的哈里·克罗斯比没有了任何要活下去的理由和欲望,除了对享乐的无节制的渴求。这份渴求烤干了年轻人,让他们觉得每一点点快乐都可能是他们最后的快乐。但他的童年生活虽然已经死亡,却还没有被埋葬。他就像一块黑板,上面的一部分内容已经被擦掉了:旧的内容必须擦干净,才能再写上新的内容。波士顿所包含的一切含义都被连根拔除了。那么,他必须再找一个新家,来取代那个他决心抛弃的旧家。他的战争经历注定会和他战后的生活交织在一起。……像这样的问题是很复杂的,但他可以用 ambulando[1] 的方式来加以解决。他真正迫切的问题是要迅速找到一种新的理想,一个活下去的理由。

他想要在书本里找到答案。在从事银行的工作、和女人做爱、喝老酒的同时,他专心致志地看书,感觉就像有一片新的风景在他面前展开。他欣赏的书几乎全都具有象征主义的传统,以及我所谓的艺术信仰。

他一开始尝试了这一领域里较为流行的一些作品:《道林·格雷的画像》,劳伦斯·霍普的《印度之歌》,然后上升到一

---

[1] 意大利语:一走了之。

个更高的层次,如《恶之花》,他读这本书的原版读得很轻松,因为他的法语已在部队里得到了提高。在所有这些书里,他找到了似乎能解释他的个人不幸或使之变得高贵的文字内容。因此,在阿林顿街的地下隧道里撞坏了老沃尔拉斯车后,他写到了他的青春,"用波德莱尔的话说,n'est qu'un ténébreux orage, traversé çà et là par de brillants soleils[1]"。一场情事后,他引用了 E.E. 卡明斯的话:"当我的身体和你的身体贴在一起时,我喜欢我的身体,我觉得我的身体变成了一个完全崭新的东西。"他的文学知识面拓宽了。他阅读并赞美了 T.S. 艾略特,直到《空心人》的出版,他对世界结束于"一声呜咽,而非一声轰响"这个想法感到愤怒。他读了兰波,并为之痴迷。他读了于斯曼的《逆流》,对于主人公身体还在里沃利街而心已经去伦敦神游了一番这个情节印象深刻,于是他也写了一篇类似的幻想海上游的文章。他读了梵·高的书信集。他读了《尤利西斯》,之后写道:"我宁愿见到乔伊斯,而不是任何一个活人。"第二年,他又写道:

> 今天,我三次看见乔伊斯……他在慢慢地散步(头戴呢帽,身穿大衣,双手插在口袋里),思考着(在创作中的作品),完全无视周围的环境。梦游人。我的心里升起了与林德伯格抵达时同样的激动心情。但是,相比乔伊斯穿越

---

[1] 法语:只是一场阴暗的暴风雨,偶尔有灿烂的阳光透过。

的海洋，林德伯格穿越的大西洋又算得了什么呢？

他不仅读这些人写的书，后来还亲自和仍然旅居巴黎的人见面，甚至掏钱出版他们的著作；他还看了评论家们为了阐述他们的哲学而提到的那些书。于是，他赞同地引用亚瑟·西蒙斯论述维利埃·德·利尔-亚当的随笔："成为你自己的精华。你就是你思考的样子：因此永远思考你自己……你就是你能成为的上帝。"他从同一位评论家的另一篇文章里再次引用道："于斯曼的整个灵魂可以用一句话来描述：'艺术是除了神圣之外在这个世界里唯一干净的东西。'"他在《大英百科全书》里找到了许多他欣赏的作家，还不怕麻烦地摘录了其中关于福楼拜的一段：

这个红光满面的巨人在私底下饱受愤世嫉俗和厌恶人生的困扰。对资产阶级的憎恨开始于他的童年时代，后来发展到了偏执的程度。他蔑视他的同胞、他们的习惯、他们的无知、他们对美的轻视，他的蔑视如此强烈，堪比苦行僧。

从他最喜欢的书本里，他一点点收集起构筑一种新的生活理想的材料。他写道，他开始"为我的哲学城堡打基础［不要和我内心的、最深处的（确切地说）美的城堡相混淆］"：

生活是可悲的，除了灵魂的成长以外都是徒劳的；记忆，感情的记忆是无价之宝；诗歌是信仰（对我而言）；沉默必然会得到报偿；控制思想是必要的（但在情事中则是不忠诚的）；单纯就是力量（太阳的力量）；对太阳的狂热信仰是本质（对于极致的美之城堡而言）。

在这座城堡的乳白色的城墙外，是一片仿佛被敌军蹂躏过的风景。"机器在这个毫不浪漫的世界里踩出了丑陋的脚印。"尤其是美国，长满了脓疱，连同它的"市民联合会……童子军俱乐部……教育玩具、基督教青年会、公理浸信会，以及所有自以为是的洋洋自得。可怕的荒凉，可怕的抑郁。""这个该死的国家"似乎是小孩子操纵的，"闻上去臭烘烘的，一股香蕉、可乐和冰激凌的味道"。就连欧洲也在入侵者的铁蹄下匍匐。"工业文明胜利了，丑陋的、肮脏的工业文明在每一个地方作践着美，美只得逃往博物馆（死的美）或灵魂的黑森林（活的美）。"只有加强防御才能获得安全。"诗歌的光辉火焰是护城河，河对岸是一个魔鬼的（血腥的）世界，这个世界永远都包围着灵魂的城堡，我们必须不断地打击它。"

不论外部世界发生了什么事（除了一些例外的英雄事迹、个人伟业，如林德伯格的飞行和阿兰·格鲍尔特的敞篷船之旅），城堡里的灵魂都绝对不感兴趣。哈里甚至不看报纸（有时他扫一眼《巴黎体育报》，了解一下赛马的结果）。他觉得"政治很无聊（充满喧嚣，没有意义）"。他的防御如此坚固，以至于不仅机器、平庸，就连最普通的人类感情也被排除在外。没有生机勃勃的冲动，没有创造力，能够穿越他那喷火的护城河。在他安全的城堡里，那里的储藏室里储藏着金色的记忆和银行的股息，他有变形为非人而非超人的危险。

"我讨厌小孩。"他写道，"我在愤怒中站起来，把三个佣人全都辞退了。"他写道："天哪，我多么讨厌佣人啊。"人从总体上说就是害虫。"设想一下有多少丑陋的身体在你的澡盆里洗过澡，想象一下有人在你的床上出生、做爱、死亡，了解一下有多少双肮脏的手糟蹋过你心爱的书本，你会感到郁闷的。"他又写道："这个世界上的人实在太多了，埃特纳火山的爆发夺去了成千上万人的生命，多好的事啊。让他们死吧。让他们死吧。"

只有和他同龄的人、和他属于同一个社会阶层的人、文艺界人士才能让他觉得可以忍受。其余的人只会让他觉得可怜，他要尽量回避他们。"银行的宴会，"他写道，"有多么沉闷。追求享乐的穷人比寻欢作乐的富人更可怜，因为穷人没有任何防御手段，而富人可以躲在他们的玩世不恭中。""穷人的快乐多悲惨，多可怜啊！"他在7月14日[1]看到人们在巴黎的大街上跳舞后写道，"瞥一眼下层社会，这个躁动的、流汗的下层社会，追求幸福的下等人（哦，老天，叫他们停下来吧），满月在庭

---

[1] 法国国庆节。

院里撒下一片银光的风景不知道要比它美丽多少。""我厌恶群众,"他写道,"Je suis royaliste[1],让民主制度见鬼去吧,多数人庸俗的幸福是通过少数文化人的牺牲获得的。"他用更简洁更意味深长的笔调写道:"我很高兴法国占领了鲁尔。"原来,艺术信仰在政治上也不是没有后果的。

艺术信仰在行为上也有后果:对此我们毋庸置疑。很久以前,在对生活、文学和审查制度的漫长的讨论过程中,人们常说艺术和道德存在于不同的两个世界里,没有人会因为读了某一本书而变得高尚纯洁或腐化堕落。但哈里在一首写得很糟的致波德莱尔的十四行诗里提出了不同的意见:

> 你在我的灵魂里插了一面最黑的旗
> 把我幻灭的心变成了你的坟茔,
> 我的大脑曾经年轻又纯洁,
> 现在成了沼泽,成了愤怒的、怀孕的子宫。

他那幻灭的心和愤怒的大脑因《道林·格雷的画像》而愉悦,那本书他读了两遍。他尤其欣赏:

> ……它那光彩熠熠的愤世嫉俗,它那多姿多彩的理想主义,它那危险哲学的潜流……"我们拼命想要抑制的每

---

[1] 法语:我是保皇党。

一种冲动,都在我们的脑子里盘旋,都在毒害着我们。肉体只要犯过一次罪,就和罪脱离了关系,因为行动是一种净化的方式……摆脱诱惑的唯一方法就是屈服于诱惑。"
(暴风雨般的掌声)

以上文字写于 1924 年 7 月 19 日,其后果出现在 7 月 21 日:

阳光从卧室的窗口流进来,现在是上午十一点,从我肮脏的手,从梳妆台上撕碎的钞票、衣服和火柴、散落在地上的零钱,我知道昨晚我醉酒了……这就是读王尔德的后果。布兰奇和阿瓦朗奇[1],这两个词押韵。

他阅读波德莱尔和王尔德当然不是他喝酒、嫖妓、豪赌的唯一或者说主要的理由:战争已经赋予他一种穷奢极欲的强烈嗜好。他的阅读所起的作用是为他提供一种他无论如何都会选择的那种生活的道德合理性。它还为他提供了一些箴言:要活在危险中!要及时行乐!无论做什么,都要做到极致!金钱上的烦恼从来不会致命(就连挨饿的时候也不会吗?哈里想到,但把他的怀疑丢在了一边)。他的阅读最终给他提供了一个通过放荡的生活可以实现的目标——狂喜!"人类灵魂属于精神世

---

[1] 布兰奇是人名;阿瓦朗奇(avalanche),是雪崩的意思。

界,不断地追求着和它的本源(太阳)的再次结合。这样的结合受阻于肉体的感官,可是尽管只有死后才能永远地实现,你也能够在所谓狂喜的状态中体验到它,当你那感官享受的面纱被突然撕裂,当你的灵魂和上帝(太阳)合二为一时。"兴奋剂可以帮助你获得这种状态:酒精、大麻、性爱,还有鸦片,都是引导精神获得巨大飞升的连续的仪式;它们起的作用就像领圣餐仪式。

艺术信仰就是如此,它不像乔伊斯、瓦雷里或普鲁斯特等等大作家的大作里描写的那样,而是更为典型地存在于一个从战场返回家乡的小伙子的头脑里。他的学业被战争打断,他的才能在于行动,而非思考。即便对哈里·克罗斯比,它也不是完全有害的:它使他的放荡生活有了一种纪律;到最后甚至教了他该如何写作。但它也阻挠了他拓展兴趣、拓宽生活范围;导致了他不接触任何新的、充满活力的思潮,这些思潮多半来自别的社会阶层,而不是他自己的那个疲软的阶层;限制了他只朝着一个方向走,这个方向就是极度的紧张、孤独、狂热,到最后就是疯狂。因为,那也是艺术信仰强加在他身上的。他写了一条简短的信条:"我相信半正常半错乱的疯狂,以及预言家的先知先觉。"他引用了西蒙斯和叔本华的一篇摘要:"社会法则是普通人为普通人制定的,而天才从本质上来说是不普通的。""那些伟人的传记,诸如卢梭、拜伦、爱伦·坡等等,确立了天才与疯狂的直接联系。然而,在这些半疯子半天才中,有真正的人类精英。""鼓掌,"他补充道,"为了太阳冲撞太阳。"为了成为天才,他给自己制定了发疯这个目标。他是一个实习发疯的小伙子。

于是,他就这样找到了他的生活方式;他找到了哲学和美学的两座城堡,一座城堡在另一座城堡内,就像俄罗斯套娃。但寻找一个新家园、把萦绕在他脑海里的旧家园的已褪色的痕迹统统清除掉的问题,对他来说依然存在着。

在哈里·克罗斯比的日记里,最具有高级闹剧元素的内容是他想竭力根除波士顿对他的影响。对他来说,波士顿是"一个阴沉的地方(阴沉,更阴沉,最阴沉)……在这里没法集中思想,没有兴奋点,没有内在的中心,没有通往彼岸的爆炸,没有太阳。这是一座恐怖的夜之城,是招人嫌恶的目标"。他不仅逃离了面目可憎的城市、它所维护的理想,以及它所在的国家,他还辞去了在巴黎的一家银行的工作,因为这份工作让他回忆起在波士顿的一家银行里的工作经历。他常常庆幸自己的逃脱:

……波士顿的恐怖,尤其是波士顿的处女,她们在一个没有性别的环境里长大,她们穿帆布内裤、平底鞋,戴玳瑁框的眼镜,她们一旦结婚,就会在接下来的五六年里每隔九个月准时生一个孩子,然后是退休,在奇尔顿俱乐部里安度晚年。天哪,我躲过了一劫,多险啊,简直比在凡尔登躲过炸弹还险。

然而,他无法把马萨诸塞赶出自己的脑海。尤其是在宿醉的早晨,童年的景象会变得历历在目,在那里勾引着他。于是,在1923年的"夸茨艺术"舞会的第二天,他如此写道:"躺在床上,不去银行上班……一种淡淡的 mal du pays[1],怀念着歌声海滩、迈奥庇亚高尔夫球场、雾中的苹果树。"在读过《道林·格雷的画像》和睡过与阿瓦朗奇押韵的布兰奇之后,他苦苦地渴望着:

……在歌声海滩上晒太阳,闻到埃塞克斯附近的树林里的气味,看到科芬海滩的落日和友好的苹果树……我甚至喜欢(我可以坦率地承认)安尼斯夸姆附近的一座小小的农场,和一间石砌的农舍,它面向一片向着大海延伸的平坦沙滩。你会说让这一切见鬼去吧。

但他只是和几个祖国同胞碰了一下面,就把这份乡愁抛在了脑后。他在三个月后写道:"两个美国人来吃午饭":

一个认为每个绅士都该把他遇见的每个黑人打翻在地

---

[1] 法语:乡愁。

（那每个黑女人呢？是否应该把她调戏在床？），另一个认为爱只是消化不良的一种形式——对他来说当然是的。多好啊，我终于 déraciné[1]。Ubi bene, ibi patria[2]。

为了寻找一个那里一切皆美好的祖国，他游历了布列塔尼、巴斯克海岸、意大利和西班牙。在比斯克拉，该地位于非洲沙漠的北端，他似乎觉得自己终于摆脱了丑恶和工业化：

> 这里的阿拉伯人骑着小毛驴进城（不是开着小型福特汽车进城），还有一个牧羊的小姑娘在一座废弃的棕榈园里照料着她的山羊，倾颓的围墙，太阳炙烤下的房屋，一种慵懒的氛围。这里从不下雨，常年的阳光给人带来健康，你所需要的只是干枣、面包和咖啡（当然还有大麻），以及在光秃秃的石屋里的一张草席（"一个人的财富应该用他不需要的东西来衡量"）。我们步行到毛里咖啡馆，抽大麻烟（引起了 indigénes[3] 的兴趣）。我们看见一个穿着黑白两色的带头巾的斗篷的阿拉伯村长，还有一个黑人小姑娘在村长经过时 accroupie[4]（这里没有害羞的意识）……

那天晚上，哈里和卡蕾斯去了在一条黑黝黝的巷子里的一

---

1 法语：摆脱了。
2 拉丁语：哪里好，哪里就是祖国。
3 法语：土著。
4 法语：蹲下去。

323

间屋子,去那里看一个裸体的阿拉伯小姑娘跳 danse du ventre[1]:

> ……小佐拉一件接一件地脱去宽宽肥肥的外衣,最后脱掉的是一条宽大的棉内裤,就像小丑穿的那种,一条粗麻绳把它系在她的细腰上。接着,她开始跳舞,一开始跳得很慢,腹部以一种奇怪的节奏舞动,然后是痉挛般的颤动(一对绝美无比的乳房如鲜嫩的水果),音乐越来越狂野,舞姿越来越妖娆,她的脑袋前俯后仰,她的身体扭曲着摆出诱人的姿势。我们回到了旅馆,哦,天哪,我们要到什么时候才能挣脱新英格兰的枷锁呢?

第二天早晨,他写道:"新英格兰的枷锁被打破了,但也可以说没有被打破——消除了道德观念并不代表就没有了羞耻意识。"在比斯克拉没有达到理想的效果。八天后,他回到了巴黎——"巴黎,所有的国家和城市在它面前都显得不值一提。巴黎就是太阳之城。"

他决定要在这里打发时光;这座太阳城将成为他的精神家园。六月,他执著地去看赛马;八月,他开车去多维尔玩卡巴拉纸牌,在海滩上晒太阳;十月,他最喜欢的月份,巴黎郊区又开始赛马;他常去逛书店和画廊,在布洛涅公园里舒舒服服

---

[1] 法语:肚皮舞。

地漫步很长时间,请朋友来家里喝鸡尾酒——他融入了城市生活,不仅和像他自己那样的流放者交往,和海明威、麦克利什、凯·博伊尔、哈特·克莱恩这样的青年作家交往,还和法国艺术家及贵族交往。随着岁月的流逝,他的脑子里已经不太出现安尼斯夸姆附近的石砌的小农舍,耳朵里也不太听见"在迷雾中呜呜作响的雾笛声";没有什么东西能令他回忆起已经褪色的童年。然而,他又再次陷入了不安和不满。

事实上,他选择居住的那个巴黎并不是唯一的巴黎。它只是许多名字相同的城市中的一座,这些城市造得层层叠叠,就像哈里的哲学和美学的城堡。它是国际狂欢者和流放者的巴黎。它是以著名的万国宫为象征的巴黎,哈里曾经去那里正式参观过:

  ……看了波斯馆、苏联馆、土耳其馆、日本馆,还有西班牙馆……还有墙壁和天花板上嵌着镜子的浴室,瞥了一眼等在客厅里的三十个妓女,还有一根鞭笞柱,男人在那里用鞭子抽年轻姑娘,那些受虐狂则来这里等待被抽。

这是一个吸毒者和性变态的巴黎:

  Z在忙于填烟枪,在一盏小灯下灵巧地搓着一团糖浆状的物体;而Y,我从未见过她如此苍白,像孩子一般伸出白白的手要玩具……

在我们的浴室里畅饮鸡尾酒——别的房间太冷了——我们总共十一个人，全都在喝酒、号叫。我们去吃牡蛎，然后又去了"丛林"，在那里大喝威士忌，听疯狂的音乐。最近的日子过得多兴奋啊，还有那么多的同志和蕾丝边——谁和谁在调情，没人闹得清。

这是哈里常去参加的"夸茨艺术"舞会的巴黎：

大学生们在八点钟来了——人越来越多，越来越多（比去年多得多），潘趣酒钵灌满了，派对开始了，不久，大家都开心起来，喧嚷起来，快到十点的时候，声音越来越吵，越来越吵，七十个空的香槟酒瓶在地上叮当作响，有人喊着纯杜松子酒、杜松子酒、杜松子酒、杜松子酒，就像难民吵嚷着要面包，每个人都喧哗起来，壁炉里的火苗也喧哗起来（和我心里的葡萄酒一起喧哗），房间里很热，散发出卷烟、雪茄、脂粉、汗水、狐臭的混合气味，我们全都穿着高棉人的服装……十一点，我们在院子里排好队（我拿着一只装满蛇的麻袋），步行出发……最后筋疲力尽地走进瓦格拉姆舞厅（门口有老虎咆哮，里面也有老虎咆哮），爬上楼梯进入包厢，再爬一层楼梯到阁楼，再爬一层想象出来的楼梯进入太阳，我在这里解开麻袋，然后来了个底朝天,所有的蛇都倾倒在了舞客们中间,立时传来一片尖叫声和嘘声。这是一场骚乱,我记得有两个强壮的小伙子脱得精赤条条的,为了争夺和一个姑娘共舞的荣幸而在地上练起了摔跤(身上涂银油彩的打败了涂紫油彩的),我记得有一个疯狂的大学生用一块头盖骨喝酒,这块头盖骨是他从我的书房里偷来的,而我则是在一年前从一座地下墓穴里偷来的(哦,这块头盖骨里装满了闪光的金子,多么幸福啊!)。在一个角落里,我看见两个蛮子在做爱(赤身裸体地在地上练摔跤),一个丰满的女人坐在我旁边的地上,裸着双乳,全神贯注地给一条蛇喂奶。

这是疯狂的巴黎,对本地人来说,它似乎是一座最内在的城市;其实,它是最外在、最幼稚的城市。它不是维庸、西哈诺、拉摩著名的侄子的巴黎。这些人也是浪荡子,只不过类型不同而已。它是在第二帝国时期开始繁荣兴旺的巴黎,全欧洲的地主和一夜暴富的投机商成批地来到了这座世界之都,他们可以在这里挥霍他们赚来的钱,炫耀他们堕落的生活。年复一年,巴黎变得越来越热闹,越来越浮华——但在路易·拿破仑倒台后的一段时间里,这样的巴黎突然不存在了。

"真太妙了,"卡尔·马克思在1871年写道,"这就是巴黎公社带来的巨变!"

第二帝国的浮华巴黎已经没有一点影子了。巴黎不再是英国地主、爱尔兰在外地主、美国前奴隶主、花花公子、前沙俄农奴主、瓦拉几亚贵族们的聚集地。太平间里没有了尸体，夜盗已绝迹，也几乎没有了抢劫；实际上，自1848年2月以来，巴黎的街道第一次变安全了，没有了任何一种警察。一位公社的成员说："我们不再听到暗杀、偷窃、人身袭击的新闻；真的，就好像警察和他们的保守党朋友把那些罪犯统统拉去了凡尔赛宫。"娼妓们去寻找新的保护人——逃亡的家庭人士、教会人士，最重要的是，必须是有产人士。取而代之的是，真正的巴黎女人再次登场了——英勇的、高贵的、富于献身精神的女人，就像古代的女人。

但这只是一段插曲。不久，警察和他们的保守党朋友在屠杀了三万居民后，又重新占领了巴黎。不久，盗贼又出现了。不久，有钱的流放者又出现在了林荫道上。在接下来的半个世纪里，他们的这座特别城市获得了持续的发展。

不过，它的人口结构自第一次世界大战以来已经发生了改变。俄罗斯人依然占据了一部分，但已经没有农奴来为他们提供收益了——爱尔兰在外地主失去了大部分产业后销声匿迹了——英国地主要缴更重的税，都留在家里了——南方的前奴隶主都死掉了，他们的后代融入了中产阶级。他们的国际地位被北欧银行家的子女、瑞典的火柴大王、西班牙的大贵族取代了——还有奇奇怪怪的初来乍到者,中国的达官贵人和军阀、埃及的棉花种植者、印度的女邦主,甚至还稀稀拉拉地夹杂着几个塞内加尔的黑人国王。他们的地位还被一些法国贵族取代了,之前这些贵族蔑视流放者,但现在觉得和他们是同类,作为同样的流放者,他们已经和自己的国家脱离了联系。确实,所有这些人在这一点上都是一样的:他们生活在一个离他们的收入来源很遥远的地方。因此,来到他们手里的钱是没有血腥味、汗臭味和泥土味的,它们是干干净净的纸币,随时准备着变身为香槟和美女。他们钱花得越来越快,但也越来越盲目。他们现在所做的每一件事,都有一种不确定的、紧张的感觉。战争、俄国革命什么的,给了他们这样一种感觉:旧的秩序正在崩溃,他们属于一个奄奄一息的世界。漫画家们常把他们描绘成穿着钞票的骷髅。

这座城市、这个世界就是哈里·克罗斯比为自己选择的家园。他从来也不能算是真正属于这里。他也是注定要死的,但他还不是一把用钞票包起来的骷髅,他依然精力旺盛,还没有对住在同一座城市里的人们感觉厌倦。到最后,他的日记里隐隐地出现了一丝对巴黎的疲惫和厌倦之感;他开始讨厌那些老是围在他身边打转的人。"法国人的愚蠢真是超越想象。""我讨厌英国人,天哪,我有多讨厌英国人,这些该死的资产阶级,这些迂腐庸俗的家伙。""我喜爱纽约远胜于巴黎。"在消灭了童年的痕迹后,他如此愉快地为自己选择的这个家园,其实根本就不是他的家园,这一点已变得越来越清楚了。也许他能在纽约找到了一个新的家园。不然,如果连那也失败了……

与此同时,他还有另一个问题有待解决。除了一种生活方式和一个临时的家园以外,他还需要一份信仰和仪式。光有诗歌是不够的:他需要超越诗歌的某种东西,需要一个他可以用来膜拜和欣赏的超越物质世界的象征。

他为自己选择的象征是太阳。

我不知道他怎么会这样选择。也许是出于童年时的任性,不管怎么说,在他开始写日记前,他已经把自己视为是一个太阳崇拜者。他一开始就想通过找到历史上的同类事例来使他的信仰神圣化,然后他愉快地发现秘鲁人、波斯人、埃及人以及许多古老的民族都崇拜太阳;他把这些民族的太阳神的名字牢记在心,还采纳了他们的一部分仪式。不过,在那些信仰中,太阳一般代表了一种繁殖力的原则:小麦和玉米在光照下成熟,因此,太阳保存了一个部落或民族的生命,同时也成为它的象征。哈里的太阳崇拜与此不同,它纯属个人问题,是一种没有活力、人性、社会基础、友情、目的的信仰。然而,他狂热地执著于这份信仰,至少在最后阶段,他的信仰是发自内心的。

它似乎也代表了各种不同的事物。有时是自然崇拜——"我是一个神秘主义者,信仰不是一个布道或教派的问题,而是一个通过自然(太阳、月亮、星辰)去了解无限的问题。"有时似乎是光明崇拜。有时仅仅是自我崇拜，哈里自己成了太阳的象征——"今天读了叔本华，他说重心（对我来说，就是太阳）必须完完全全地、彻彻底底地落入自我的内心。"常常是肉体崇拜——哈里为自己发明的仪式之一是晒日光浴，最好在一座塔的塔顶上晒，直到他的整个身体都被晒成了"太阳金"，直到他"爆炸了，然后进入太阳"。更经常的是性崇拜——"今天，我的灵魂是一根阴茎，它刺向天空，去占有年轻的太阳女神。"他给他爱的女人起太阳神的名字，这样他和她们的结合就象征了他和太阳本身的结合。

他的信仰也是对丑恶与工业化的一种逃避——"我信仰太阳，因为太阳是生命里唯一一件不会幻灭的东西。"

不过，这个超越物质世界的象征也有别的含义，某种在他的脑子里不是很清楚的东西，但是对读他的日记的读者们来说，这个含义是再清楚不过的。因为太阳是他的生活的中心——因为他生活的中心就是空虚，没有一种活下去的冲动能够穿越他为自己建造的燃烧的护城河，也因为，自从在凡尔登发生的那件事以来，死神就成了他内心城堡的统治者——因为所有这一切，通过一个简单的转化过程，太阳就变成了一个寒冷的深渊，一个黑太阳，一条死亡的鸿沟，终有一天他会癫狂地栽进这条鸿沟，落下去，落下去，落下去，落入"太阳的金红（夜晚）……太阳火焰！"他对太阳的崇拜变成了一种期待，一种紧张的渴望，渴望着"死于太阳，熔入太阳"。

哈里·克罗斯比的一生，真正不平凡之处在于，他生活中所有不同的线索都交织于"死于太阳"这么一个单纯的概念，而且这一点也赋予他的生活以逻辑，使它看上去像一个明确的三段论。

比如第一条线索：战争。哈里经常在日记里提起它，他以一种几乎类似于爱情的可怕的痴迷来反复地说起它。然而，他从不提战争的历史原因及其带来的后果，他似乎从来也没有把战争视为是各国间求生存或各大工业间求市场的斗争。对他来说，战争是一场盲目的、精彩的灾祸，它只意味着一件事：死亡。它以象征的形式在他的脑海里保持着新鲜度，这种形式可以是他阵亡的战友、他在凡尔登的九死一生的经历、无名战士的坟墓，总之是一种尸体的形式——而且，因为这些死亡是壮美的、英勇的，是美好的，所以战争本身也是美好的。

以下是他在这方面的一些想法：

1925年2月1日——最重要的是，我们这些了解战争的人永远也不应该忘记战争。因此，我把一张死亡战士的照片钉在我书房的大门上。

1925年11月22日——大街上整天都有小贩在叫卖……晚上我们用一杯白兰地为这一天干杯（炮轰凡尔登的日子，S受伤的日子）。

战争永远存在。

1927 年 11 月 11 日——停战纪念日,对我来说,它是一年里最有意义的一天……上床前,我抽了烟斗,喝了两杯白兰地,分别致敬小奥利佛·艾米斯(在战斗中牺牲)和艾伦·戴维斯·维尔德(在战斗中牺牲)。

某年的 7 月 4 日[1]在巴黎,他参加了艾伦·西格的一尊雕塑的落成典礼,听到人们朗读他的《和死神约会》:

最后,在胜利的号角声中,行注目礼的士兵排着纵队走过观礼台:福煦、贝当、霞飞、芒让、朋加莱、米勒兰,还有我们那位不怎么鼓舞人心的大使。非常感人,非常有意义,就像对参加过战争的人来说具有意义的任何事物。我们和野战医院的一个小型代表团站在一起,后来又应邀去了爱丽舍宫,去会见米勒兰和芒让(法国兵以前常常对他挥拳头,管他叫 le Boucher[2])。

用哈里自己的话来说,这个评语"非常感人,非常有意

---

[1] 美国国庆节。
[2] 法语:屠夫。

义"。他多少有意识地支持屠夫芒让来反对普通士兵，士兵们的肉体融化成芒让戴在左胸上的一排勋章。他以前支持死亡来反对生命，而现在则准备好了要将他的选择付诸行动。通过自杀，他又能和牺牲的战友们会聚在一起，他们是他的唯一挚友，也能实现早在凡尔登就注定了的命运。

但是，就像他的战争经历驱使他走向终点一样，他对象征主义诗人和哲学家的研究也导致了这个结果；他们依然是他的向导。他的阅读使他产生了这样的想法：实现个性是凌驾于一切之上的奋斗目标——最高的自我表现存在于消灭自我的行为中。他的阅读使他产生了这样的想法：不管付出怎样的代价，都必须获得狂喜——死亡就是终极的狂喜。通过阅读，他认识到应该追求并赞美疯狂——有什么比自杀更疯狂的呢？——也认识到生命本身在达到了一个辉煌的顶点后也能变形为一件艺术品——"适时而亡"。他的自杀就是最后的放纵、最后的奢华、最大胆的性行为，是对这个他所蔑视的世界的最高级的挑衅姿态。

他曾经苦苦寻找一个家园，但最终也没能真正找到。死亡就是他永恒的家园。

当他认识到基督教的诞辰和大节气其实就是冬至，就是太阳的生日，而耶稣基督从某种角度来说正是自杀而死的，就连童年时的信仰也在他的生命里重新占有了一席之地。在追求死亡的过程中，所有的线索都汇聚到一处，远日点和近日点，童年和成人，波士顿和巴黎，战争与和平——他的所有矛盾都化解了。在哈里·克罗斯比的人生中,他第一次成为了一个和谐的、自足的、完整的人。

1928年的夏天,他在利多待了一个月。每天下午他都会去游泳,或者是躺在几乎全裸的漂亮姑娘中间晒太阳;每天晚上他跳舞,喝香槟,或者看书。他的阅读,就像他的放荡生活一样,已经获得了一种目标;所有的一切都指向同一个方向,例如:

7月2日——看一本关于梵·高及他的幻视的书……梵·高,个性胜利的典范,梵·高,画太阳的画家,他画的那个太阳最终焚毁了他,太阳就是造成他最后发疯和自杀的原因。死于太阳,熔入太阳!

7月6日——今晚,我在读尼采时看到了一句有意义的话:"适时而亡。"适时而亡,查拉图斯特拉如是教导我们。直达列车31-10-42又来了,咔嚓咔嚓,咔嚓咔嚓,开往太阳的直达列车。

肯定也是在兴高采烈的那个月里,他创作了一首散文诗《死亡万岁!》,登载于《变迁》的1928年9月号:

就说克里奥佩特拉吧!就说圣徒和殉教者吧!……就

说尼采吧:"适时而亡。"不管你在何地,在煤矿的深处,在城市拥挤的大街上,在荒漠的沙丘上,在鸡尾酒酒吧里,在里茨饭店喷香水的走道上,只要时间合适,当你的整个生命,当你的灵魂和肉体,当你的精神和感觉都集中起来、缩小成一根针尖,一根终极的、金色的针尖,如太阳一般无法撤销的一个极点,太阳之点,那就是到了合适的时间,不能在此之前,也不能在此之后(哦,高潮后的平淡,多么可怕,我们永远都无法摆脱它!),我们就可以深入死神的女奴的阴森洞穴了……为了获得重生,为了成为你希望成为的样子,或许是大树,或许是鲜花,或许是星辰,或许是太阳,甚至或许是灰尘和虚无,如一艘插着旗帜的海船沉没于虚无的黑海,也胜似像马尔多罗[1]一般爬进一家散发出恶臭的、邪恶而腐朽的妓院。

在那些日子里,哈里·克罗斯比似乎离衰老和腐朽足够远,他正处在青春的近日点上。尽管生活放荡,但他的身体状况依然很棒:浑身肌肉隆隆,肤色如火焰一般通红,法国人甚至把他当成了印第安土著。他精力充沛,充满欲望,喜欢游泳、跳舞、喝酒、做爱、写疯狂的诗。但他也一直在为他最后的灭亡做打算。他的灭亡将发生在1942年10月31日——这个日期有

---

[1] 法国诗人洛特雷阿蒙的《马尔多罗之歌》中的人物。

着象征意义。他将和卡蕾斯一起乘飞机经过一片森林，他会从飞机上跳下来。无需葬礼——"我不喜欢被埋在土里。我想要火化……带上我那干净、洁白的骨灰，在破晓时飞到纽约上空，把它撒向四面八方。"

在1928年的夏天到秋天，这些计划一点点成形了。也在这同一时期，哈里以极高的兴致享受着生活：

9月4日——读到了关于synapothanomenos的事迹，即在阿克提姆海战失利后愿意追随安东尼和克里奥佩特拉一同赴死的那群人的事迹，我希望自己也有强大的影响力来引领一群人一起奔赴太阳之死。

11月7日——也许在我的灵魂里，我会变得伟大，因为我有太阳的思想。这个秋天，我非常快乐，我好久没有如此快乐了。

12月22日——我在我的笔记本里看到……天文学上的远日点是指行星轨道上距离太阳最远的一个点（可怕的夜之城）；最简单的太阳之死就是从飞在森林上空的一架飞机上跳下来（31-10-42），坠落，坠落，坠落，坠落，砰！肉体死了——上升，上升，上升，上升，砰！！！！灵魂在太阳之床上爆炸（把黄金的被子盖在我们的身上，亲爱的）。

他的一个朋友,一位有才华的诗人,说他已经受不了和哈里握手了。哈里把自己的死期明确地固定了下来,如此坚定地下好了决心,一直在期待着自己的死亡,以至于他身上散发出像拉撒路一样的死亡气息:和他握手就像握住一个死人的手——然而,他又是一个活泼、好色、爱开玩笑的死人,口袋里装着金币,两只手动个不停,牙齿雪白,肤色如闪烁的阳光——一个已经包在裹尸布里的死人,一边求别人放节奏更快的音乐,一边声嘶力竭地唱着胜利的挽歌:

对于寻找火源的人、预言家、先知、崇拜太阳的人来说,生命不是在一声呜咽中结束的,而是在砰的一声中——在机械学上堪称完美的一次剧烈的爆炸……而我们,点燃了我们灵魂的火药库,爆炸了(太阳中的太阳,黄金的瀑布),熔入了狂怒的太阳,熔入了疯狂的太阳,溶入了太阳女神的火热的黄金手和火热的黄金眼!

3. 文字革命

从逻辑上来说,这就是哈里·克罗斯比的结局,这就是他的问题和他解决它们的方法。但还有一个问题有待解决。他已经决定在某个特定的时刻,以某种特定的方式实施自杀。那么他为什么要比自己选好的日期提前了十三年自杀呢?为什么要死在一间借来的纽约公寓里呢?为什么要死在一个他制定好自杀计划后才认识的年轻女子的怀里?

这个问题的一部分可以在他的日记里找到答案,就像别的问题一样,或者根本无需回答。但还有一部分问题——这是一个最有趣的特征,也是哈里·克罗斯比成为一个象征的原因——将我们从一个次要诗人的经历引入他自己的故事之外的世界,进入一个行将终结的时代的历史。在他身上发生了一个有趣的变化。就在他的生活一步步局限于自我的世界里那样,就在它再次缩小至"一根针尖,一根终极的金色的针尖,如太阳一般无法撤销的一个极点,太阳的点"之前,在他生命里的最后一年,在此刻,他的生活突然开始拓宽,开始接触到文学、金融和上流社会。

1928年11月,他乘船去了美国。"跳板放下来了,"他在日记里写道,"拥挤的人群推推搡搡,后面的人踩着前面的人的脚跟,有一块大牌子上写着'禁止吸烟';我对着卡蕾斯喊;我在通关,我的口袋里装满了鸦片丸、扁瓶的苦艾酒、小开本的印度教爱经。"他带了那么多违禁品来对抗这个半陌生半神奇的国家的单调无聊,他在金融热潮、建筑热潮、分期付款形式的购物热潮的最高潮里走上了纽约的大街——"纽约,天方夜谭式的黄金城，巍峨的高楼直指黄金的太阳。"

但是，在享受城市的快乐之前，他必须礼节性地拜访一下波士顿，他老是觉得那是一座没有阳光的、阴沉沉的城市。他去看了在纽黑文举办的耶鲁球赛，那是一项娱乐活动。在那些年里，大学的橄榄球赛所起的作用几乎就是美国上层资产阶级的大规模自我炫耀的机会。1928年的哈佛-耶鲁球赛是其中规模最大的一次，门票是一票难求，观众大多穿毛皮的盛装，用银酒壶喝酒，头上戴着兰花，开着跑车而来。中场休息时，一只灰色的松鼠蹿到球场上，一个穿着宽敞的浣熊皮大衣的醉汉跟在它后面追；我记得这只受伤的小动物看上去比球场里的八万名观众更有人性，在它被逮住的时候，观众们发出了欢呼。哈里·克罗斯比在日记里提到了这只松鼠，不久后，他又去了纽约。

"我爱纽约，"他写道，"一座充斥着噪声的疯人院，雾笛在河面上嘶吼，警笛在尖叫着指挥交通，高架铁路发出雷鸣，绿色的探照灯划破夜空。"就像在战时一样，他再次渴望寻欢作乐，因为这使他预先尝到了一种死亡的味道，这种强加给自己的危险在他身上造成的感情反应和德国人的炮弹一模一样。他的日记开始呈现出一种针对持续的、几乎不连贯的狂喜的紧张情绪，混合着"威士忌的酸味、孪生太阳的冲撞、快要下雪的感觉、冬天的草地、红心牌朗姆酒、小耳朵、手指与脚趾、内衣、象牙与玫瑰、冬雪，如一只手抚摸着夜的胸膛的绿色探照灯"。有些日子，他似乎找到了他之前一直在寻找的那种真正的疯狂。有一件事是明确的：他过分地追求享乐，为此付出了出乎意料的代价，因此对提供他享受的那个世界产生了过分的依赖。没有享乐他就活不下去，他丧失了自给自足，他的堕落程度在加剧。

在坐船回法国的途中，他孤独地思念着他称之为火焰公主的美国姑娘。他第一次产生了高潮过后的那种落寞感，对此他一直心怀恐惧。圣诞夜，他在日记里写道："纽约发疯后，巴黎也死了。"

他本能地想要用爱情和文学把生活再次充实起来。他的日记里经常提到与女巫、骑着金马的女郎的约会，还有火焰公主，她也去过一次巴黎。与此同时，他和《变迁》的编辑尤金·乔拉斯的碰面也越来越多了[1]。哈里为这份杂志提供了更多的诗歌和散文，还提供了经济上的援助，1929年的春季号发行后，他成为该杂志的顾问编辑之一。

《变迁》是流放者出版的最后、也是最大的一份小型杂志。当时有很多这种杂志：《怪兽状滴水嘴》（它相当于蒙帕纳斯的格林威治村）、《扫帚》（开始是为艺术而艺术，后来是热爱机器）、《分离》（与学究气相调和的达达主义）、《大西洋两岸评

---

[1] 原注：乔拉斯适合编辑一份国际性的艺术杂志。他出生于新泽西，但他家后来搬回了老家——洛林的一个说法语的地区，当时还处在德国人的占领下。乔拉斯去上了德国人的学校，之后才去了艾奥瓦的美国亲戚家。后来，他定居巴黎，从事的职业是《巴黎先驱报》的记者。他的文字革命是三国语言的。

论》(中西部的硬汉风格,尽管编辑是一位英国人)、《本季度》(激烈又愤怒的风格,正如它的创始人厄内斯特·沃尔什,此人因肺结核而奄奄一息)、《小鼓》(一半使用法语)、《小评论》(创始于芝加哥,后来搬到纽约,再后来搬到巴黎,最后销声匿迹)、《流放者》(有点相当于埃兹拉·庞德的个人喉舌)——当然还有别的杂志,但我提到的这些是最重要的。到最后,这些杂志变得难以区分了,除了用印刷格式来区分以外,因为它们的供稿人大致相同。

《变迁》开始时是已经出现在各家小型杂志上的各类作品的大杂烩。因为它有更多空间——在改为季刊后,它的厚度常常达到三百页——作品的类型甚至更多了,大多数类型都有好作品,所有的类型也都有坏作品。愤怒的、老于世故的、勇猛的、疲惫的、原始的、表现主义的、客观的、主观的、语无伦次的、平淡的,它包含了所有当时认为是新鲜的事物;讴歌机器的狂想曲刊登在以逃离机器为主题的诗歌旁边,功能主义、超现实主义、格特鲁德·斯泰因全都挤在一起。不过,这主要是在初级阶段。随着杂志的发展,它逐渐形成了自己的方针,一个结合了编辑自己喜欢的三个主要对象的方针:一个是兰波(感官的幻觉),一个是乔伊斯(英语文字的瓦解),最后一个是超现实主义(强调梦幻,强调"自发的"想象)。

哈里·克罗斯比出席了他们讨论杂志方针的会议。他在4月3日写道:

乔拉斯夫妇来了，我们讨论了《变迁》的未来。讨论了基于 Une Saison en Enfer[1] 的方针，一项革命的方针、进攻的方针，一项文字美本身的方针，一项有关绘画、摄影、写作的实验性方针，一项大力开展反市侩主义运动的方针，一项爆炸后到达彼岸的方针，然后我们四个一起去普吕尼埃饭店吃牡蛎、喝安茹酒。

这项运动发起于6月号，以十六位作家联合署名的一份宣言的形式。宣言的开头是这样的："厌倦了仍然被陈腐的语言、单调的语法、滞后的心理学、自然主义的白描手法所控制的短篇、长篇、诗歌、戏剧作品的现状，渴望形成一种观点，我们特此宣布……"——这份宣言值得我们全文引用。它很有趣，它确立了那一年的作家们真心愿意支持的那些信条，那是最疯狂的杂志也比股票市场来得正常的一年。

以下就是十二项提议：

1. 英语文字的革命是一个既成事实。
2. 寻找神话世界的想象是自发的、不受约束的。
3. 纯粹的诗歌是一种绝对的抒情，它寻求一种只存在于我

---

[1] 法语：地狱中的一季。兰波的一本诗集名。

们内心的先验的现实。

4. 陈述性作品不仅是讲述奇闻轶事,还应该呈现出现实的变形。
5. 这些概念的表达只能通过有节奏感的、"幻想性的文字"。
6. 文艺工作者有权利拆解教科书和词典强加给他们的文字原形。
7. 文艺工作者有权使用自己创造的文字,有权无视既存的语法和句法规则。
8. "不加标点的一段文字"应该作为一个独立的单位被接受。
9. 我们不关心社会理想的宣传,除非是为了把现存的意识形态中的创造性元素释放出来。
10. 时间是暴政,应该被废除。
11. 写作是为了表达,不是为了沟通。
12. 让一般读者见鬼去吧。

(诅咒紧张!祝福轻松……布莱克)

后来,我和在这份自命不凡的宣言上签过名的几个作家[1]谈了一谈。有些人从来也没有真正理解这份宣言的意思,他们只

---

[1] 原注:签名人分别是凯·博伊尔、惠特·伯内特、哈特·克莱恩、卡蕾斯·克罗斯比、哈里·克罗斯比、玛莎·弗雷、斯图尔特·吉尔伯特、A.L.克莱斯皮、里·霍夫曼、尤金·乔拉斯、艾略特·保罗、道格拉斯·里格比、提奥·鲁特拉、罗伯特·塞奇、哈罗德·J.萨勒姆森、劳伦斯·维尔。

是喜欢那种夸张的语调。哈特·克莱恩为自己也签了名而感到惭愧,他说当时他喝醉了。乔拉斯相信它的全部字面意思,哈里·克罗斯比也是。哈里以他那一板一眼的方式开始实施这些主张:他抛弃了一般读者,他写表现自我的幻想诗,他不和读者沟通。不过,第十项宣言比其他任何一项都更令他赞同。在如今变得越发疯狂和漫无目的的放荡行为中,他反复强调时间是应该被废除的暴政。

那是克罗斯比夫妇招待客人的一年。他们住在拉罗什福柯公爵的庄园里的一幢老磨坊里,离巴黎很近,这样他们就永远也无法确定谁会在下午顺道来拜访他们,然后一直拖到晚上才离开——来客有道格拉斯·费尔班克斯、波利尼亚克夫妇、一个来卖狗的男人、两对来历不明的贵族、带来一瓶卡蒂萨克牌威士忌、腋下夹着一叠诗稿的哈特·克莱恩——总有人来来去去,总有人嘻嘻哈哈、大声喧哗:

2月3日——来吃午饭的乌合之众——诗人、画家、同志、蕾丝边、离婚者,还有天晓得是谁,楼梯脚下的墙上有许多人的签名,砰砰的开炮声,一瓶又一瓶的红酒。

5月4日——卡蕾斯和我在磨坊里 en repos[1],有点像战

---

[1] 法语:休息。

争中的突击部队，因为经常要冲锋陷阵，所以要好好休息。

那是任何事都可能发生的一年，也确实发生了很多事，但并不是令人兴奋的一年。也许是因为哈特·克莱恩因袭警而被捕、坐了一个礼拜牢的缘故，监狱"医务室里的那些下流的家伙不给他纸写诗，这些王八蛋"——哈里帮助他出了狱，并为他付了回纽约的船票钱；也或许是一个随意重复的丑闻——"今天P来喝了一杯鸡尾酒，他告诉我们说优迪拉在戛纳的一次巴卡拉纸牌赌上赢了差不多一百万法郎，他还告诉我们说他在伦敦举办了一场男士派对，黑人乐队的成员、侍者、来宾在派对里大施淫行"；也或许只是一场"乒乓赛，观众们来了，往赌池里投下越来越多的赌注，马克斯·恩斯特也来了，还有奥蒂斯及常来的那帮贵族"；然后，在吵吵闹闹地喝完酒后，"大伙全都去巴黎了，这里只剩下C和我两个人。终于可以松口气了"。但那一年，他们俩单独在一起的时间不多。他们经常和客人一起外出，一起坐进一辆超大的汽车，匆匆赶往巴黎的城堡，去看赛马，或者去多维尔洗海水浴，以一百四十公里的时速飞驰在笔直的公路上，在迷雾中如叠罗汉似地倒在壕沟里，通常全都喝得酩酊大醉，就连司机都是。

这是一种需要越来越多的刺激的生活，只有这样才能活得下去。酒精是永远不会少的，还有心血来潮的行动，还有毒品——"我不能再吃这种鸦片丸了，它已经把我的人生整得一团糟了"；还有像毒品一样的爱情——"夜晚,杜松子酒嘶嘶作响,泛着绿光和银光,姑娘般的女巫像年轻的女演员,像猫,像美洲狮,到了晚上她们就更像猫了,也更多情了,现在我们全都在这里,待会儿,会不会一起入梦呢,然后……";然后,在兴奋剂的刺激下,他们进入一种难以忍受的紧张状态,他们需要别的毒品来缓解这种症状,因为"西番莲素可以使我消除紧张"。

无论何时何地,都有爵士乐;那一年里的任何事物,都笼罩在一层浓浓的白雾中。咖啡馆和 boites de nuit[1] 里有黑人乐队在悲叹,收音机里放着伦敦萨沃伊舞厅的音乐,来自哈莱姆和锡盘巷[2]的新唱片被反复播放着,《拉手风琴的人》《空床布鲁斯》《贫民窟布鲁斯》《流浪的情人》《百老汇旋律》等等——"晚饭后,大家都去参加在城堡举办的派对,但我留下来,在留声机里放《流浪的情人》,坐在火炉前,喝着酒,思念着火焰公主和女巫,直到喝得烂醉(已经是第二瓶香槟了),跳舞,号叫,用火炉里滚烫的煤炭往自己的脸上烙印(发疯),最后,在角落里的一只苹果酒桶旁盖着斑马皮入睡"。到了早晨,爵士乐会更多——"从早饭前到晚饭后,我们不停地放《百老汇旋律》(大家轮流给留声机上发条,总共放了不下一百遍)";老唱片磨损后,就有新唱片来取代,或热烈或柔情的新成立的乐队。爵

---

[1] 法语:夜总会。
[2] 纽约的一个地区,位于第五大道和百老汇之间的第二十八街,是众多音乐人的工作场所。

士乐无处不在，它传递出来的信息也永远相同：暴力逃亡，逃向清晨的曼德勒、密歇根、卡罗来纳，逃向自己的童年、爱情、崭新的一天。到处都有一种漫长的放荡生活不得不结束了的氛围；乐队演奏的音乐节奏太快，赌台上下的赌注太高，乐手和赌徒都太累太虚了，都暗自希望一起消失于梦乡，然后……也许在昏睡百年后的某天早晨醒来，耳朵里一片清净，没有吼叫，没有呻吟，发觉周围的一切全都变了。

那一年，大家都有钱，都喜欢花钱。哈里也有钱，但他的开销远大于他那不菲的收入；他犯下了后湾人认为是不可饶恕的一种罪：他动用了自己的资产。他在1月11日已经写信给父亲："请把我的股票卖掉四千美金，这样就能弥补我之前在纽约挥霍造成的亏空。"到5月28日，他又写了一封："再卖掉四千美金股票，人生就该及时行乐。"到了7月19日，他又写道："喝掉了无数的雪利酒后，我们去了邮局，给家里发了一封电报：'请出售相当于一万美金的股票——我们决心过一种疯狂的、奢侈的生活。'"这一次，他家里没有听他的话，而是回了一封令他伤心的电报。对此，他写了一封雄辩的回信："对诗人来说，爱情、死亡、无限是重要的，其他那些非常重要的事物在他们看来都是无足轻重的，因此我拒绝严肃对待金钱的问题。"

然而，他对赚钱和花钱的问题还是够严肃的。永恒和无限在他那个时代的堕落氛围里被遗忘了，哈里也是其中的一分子，几乎和别人难以区分的一分子。像他的朋友一样，他想在巴卡拉纸牌上扳回老本。像他的朋友一样，他更加不顾一切地赌马，不再把自己约束在他之前习惯的做法上，即选定一匹"会赢的"马赌一千法郎，取而代之的是开始随意下注，凭着直觉，下两倍或三倍的赌注来弥补输掉的钱，但总是输得更惨。还是像他的朋友一样，他去找算命先生预测未来，因为未来正变得越来越玄乎，他已无法控制住自己在其中担任的角色。不过，那年谁都是算命先生；谁都知道哪一只股票肯定会涨。"在银行里，"哈里写道，"我碰到一个穿黑衣的活泼姑娘，我和她交谈，结果发现她是我的一个远亲。后来我们去里茨饭店喝香槟鸡尾酒，告别前她给了我一个股票市场的内部消息（我给SVRC发了一份电报）。"

与此同时，他觉得自己正在变得越来越坚强，正在不断地进步：

8月10日——Il faut se developer[1]……今天我进步了，我消灭了统计数据。正当我坐进汽车去多维尔，我喝了一杯杜松子姜汁酒，我跑回去，上了楼梯，把统计的几张纸头撕碎了，谁他妈的希望把他喝过多少杯酒的数量记录下来（这样喝酒还有什么味道），或者记录下抽过多少根烟，洗过多少次冷水澡，晒过多少次日光浴，送过多少朵兰花，

---

[1] 法语：必须自我进步。

做过多少次爱。哈拉-布拉[1]统计数字完蛋了,现在我可以去多维尔海滩,去喝巴卡迪斯酒,去玩巴卡拉纸牌,今晚我打牌赢了两百美金。

8月11日——去年过得多快啊,是我记忆中过得最快的一年,就像一道闪电,自从一年前,时钟就再也没有摆动过,也许我已经消灭了时间,就像我消灭了统计数据一样。

仅仅通过沉湎于他那个时代及阶层的疯狂,他就产生了一种自己具有某种新的力量的幻觉。他像一个游泳者,与激流搏斗后,掉转头来,以更快的速度和更大的力气顺水而游,每一次划水都因为水流的关系而增加了三倍的力量,他祝贺自己游得更快了,直到最后游到一条大瀑布前。当他靠近瀑布的边缘时,他再次想到了死亡。但是,他以前常常引用的尼采的那句话"适时而亡",已经让位给了另一条箴言。现在,他写道:"10月1日是我希望的死期,不过不是在今年。但我必须牢记乔拉斯的话'时间是必须被废除的暴政'。"用匕首或者手枪自杀,随便在哪里,随便和谁一起,他就能即刻废除时间。

---

1 Harra-Bourra,貌似哈里·克罗斯比的造字,意思估计接近于俄语的"乌拉",即"好啊"。

4. 适时而亡

关于他的其他故事都登在 12 月 11 日的纽约报纸上。"哈里·克罗斯比，三十二岁"——《纽约时报》的开头写错了，哈里其实是三十一岁，但别的内容都很准确——"出生于波士顿一个知名人士的家庭，约瑟芬·洛奇·毕格罗太太二十二岁，阿尔伯特·S.毕格罗先生的妻子，哈佛大学的研究生，双双死于昨晚十点左右，两者的头上都有枪伤，死亡地点是克罗斯比的朋友小斯坦利·莫蒂默租住的公寓，莫蒂默是一个肖像画家，其公寓在西六十七街 1 号的艺术家旅馆的九楼。

"按照验尸官查尔斯·诺里斯医生的说法，他们俩死于约定自杀（我希望自己也有强大的影响力来引领一群人一起奔赴太阳之死）。警察发现克罗斯比的手上握着一把 6.35 毫米口径的比利时自动手枪，据此认为是他先枪杀了毕格罗太太，然后调转枪头自杀了。没有遗书，当局也无法解释他的自杀动机。"

根据《先驱论坛报》的消息，他们俩衣着整齐地躺在床上（在太阳床上）。"克罗斯比的左臂搂着那个女人的脖子"——突然间，火焰公主变成了一个普通的女人——"而女人的左手则握住他的左臂。他们面对面躺着，一条毛毯拉到肩膀处（用一条黄金的被子盖住我们，亲爱的）。"

"毕格罗太太的左太阳穴上有一个弹孔，克罗斯比的右太阳穴上也有一个（点燃我们灵魂的火药库）。他的右手握着一把外国造的小口径自动手枪（生命不是在一声呜咽中，而是在砰的一声中结束——一次猛烈的爆炸，从机械学的角度来说堪称完美）。"

第二天的报纸上又增加了一些细节。但时间是不会为了哈里而停止的，到了第三天就没有一家报纸再提起他的死亡了，别的新闻挤掉了它的地位。股票在突然间平均跌掉4.42点，这是自11月12日以来跌得最惨的一次。在芝加哥，查尔斯·M.施瓦布宣称，美国商业之前从来也没有"像今天这么繁荣稳健过"。确实，这个国家仍在享受着经济繁荣带来的诸多好处，百货商店都在准备着最盛大的圣诞节大促销。中国在打内战，各国在半心半意地协商着减轻德国的债务的问题。那么，哈里·克罗斯比带来了什么影响呢？后湾因为他的事而遭到了诋毁，但并没有发生任何改变。他无比崇拜的E.E.卡明斯，以火焰公主和哈里为主题写了一首风趣而隐晦的诗。他称他们为：

  一对波士顿
 洋娃娃；被发现
 各自的
 摇篮曲里

有洞孔。

杰克·惠尔赖特[1]，又一个后湾的叛逆者，写了一首关于哈里·克罗斯比和波士顿的聪明人的长诗，用同样嘲讽的笔调将他和其他人进行了一番比较。为了表达敬意，接下来一期的《变迁》里出现了十多页的专辑，克莱恩、麦克利什、凯·博伊尔、乔拉斯，还有斯图尔特·吉尔伯特分别表示了对他的赞美与惋惜。这就是全部。月复一月，年复一年，没有人再提起他，除了在他的那些熟人间的对话中。但是，随着岁月的流逝，现在它的速度似乎越来越快了，人们又想起了哈里。他的自杀，以前被视为是一种孤立的、疯狂的暴力行为，现在成为了内部腐烂的象征，代表了他隶属其中的整个社会阶层的自杀。

到处都在发生变化。迷惘的一代不再名副其实，它的成员不是死了——就像克罗斯比和之后的克莱恩——就是在这个世界里有了一席之地。战后时代彻底结束了，人们都说它已经让位给了又一个战前时代。在美国文学中，巴黎不再是"现代派的"、在美学上处于前卫的一切的中心。小型的流放者杂志已经死了，只

---

[1] 原注：约翰·布鲁克斯·惠尔赖特，出生于1897年，是哈佛的1920届学生。他出版过几本诗集，在表达方式上展现出一种极端的个人天赋。其中最佳的诗集也许是《岩石与贝壳》（1933）。他是一个虔诚的圣公会教徒，晚年又加入了社工党。1940年9月15日，他在后湾的马萨诸塞大街上过马路时，被一个醉酒司机开车轧死了——三个月后，纳撒尼尔·韦斯特死于另一场交通事故。

剩下《变迁》还在零星地出版，它是这批杂志中最顽强的一本[1]。新时代的小型杂志在布鲁克林、贝弗利山庄、芝加哥、达文波特、艾奥瓦、温莎、佛蒙特等地出版。大多数杂志都充斥着满含阶级意识的、"无产阶级的"文章，这是一种新的潮流。

艺术的流放者和逃亡者全都回了家。

尽管他们回避机器，但他们继续靠机器生产出来的产品来获利，或者靠那些在机器产品中获利的人们对奢侈生活的追求过活，这两者其实是一回事。因为，当工厂的齿轮停止转动时，工资就会缩水，还有股息，在先予以提高"以恢复信心"之后，也会依次收缩，于是整个中产阶级的移民潮开始向着大西洋彼岸回流。那些文化知识有限、前途又不太稳定的人先回来了，然后是更有钱的，再然后是银行职员、肖像画家、依靠移居海外的有钱人生活的美国报社在海外的记者——最后，在1933年的金融危机和美元贬值之后，这股潮流变成了洪水：马略卡岛、巴厘岛、卡普里和里维埃拉的美国人全跑空了。从大家早已忘记的问题和争议发生时起就离开了美国的那些人，如今又出现在曼哈顿；就连哈罗德·斯特恩斯，这位1922年的青年知识分子，也回到了纽约[2]。归来的逃亡者一开始都聊过去的事情——美

---

[1] 原注：1950年，它又以《变迁50》的名字复刊了，这是一份双语杂志，由乔治·迪丢伊在巴黎编辑出版。

[2] 原注：斯特恩斯于1932年回美国定居。在之前的一次回国时，他在巴尔的摩上岸，然后给我发了一封电报，希望在纽约的宾夕法尼亚车站和我碰面。考虑到他出国时引起的轰动，（转下页）

国如何缺乏真正的文化，如何深受清教主义的祸害，坐在人行道边上的椅子上喝喝饮料看看路人从身边走过是多么惬意的一件事——可是，没人有时间听别人说话，不久，流放者们也被卷入了新的生活，也接受了当时的政治信条，并准备付诸行动，也许会加入失业工人大游行。

他们悄悄地放弃了在国外漫长的朝圣期里曾引导、支持过他们的信条。艺术信仰已经死了，这次它不仅发生在精神和内心的逻辑上，而且也发生在实践中。过去的圣人要么被忽略了，要么像乔伊斯、格特鲁德·斯泰因那样，成了纽约的流行作家、畅销作家，不再是一小部分信徒偷偷崇拜的对象。新一代的年轻人并不想步他们的后尘。

尽管有失败和错误，艺术信仰还是留下了一笔丰厚的遗产。它极大地拓展了所有作家都可以利用的技术资源，甚至包括了那些决心致力于无产阶级文学或社会现实主义文学的作家。诗歌不会再像兰波之前的那样，小说也不会再像普鲁斯特和乔伊斯之前的那样。对所有的艺术家来说，艺术信仰要比没有任何

（接上页）我妻子觉得应该为他的归来庆祝一番，她为我做了一个大徽章和一朵向日葵纸花，纸花上印着"哈罗德·斯特恩斯欢迎委员会"字样。宾夕法尼亚车站上挤满了激进党，他们是被派去华盛顿的一个激进党代表团；他们的身上戴着各式各样的徽章，因此没人注意到我戴的徽章。斯特恩斯也没注意到，不过，他这个人向来观察力不强。在地铁上——我们没钱坐出租车——两个女人盯着我的徽章瞧，还窃窃私语。过了一会儿，我不好意思地解下徽章，把它悄悄塞进了口袋，而此时斯特恩斯还在继续说他的巴黎。

他到纽约后改变了许多。他写了自己的流放经历和对美国的重新认识（《我熟悉的那条街》，1935），后来他编辑了一本大型专题论文集（《今日美国》，1938），该文集是他著名的《美国文明的进程》一书的姊妹篇。他于1943年离世。

信仰来得好。即便他们没有足够的天才，不能成为艺术信仰方面的圣人或先知，它也为他们提供了一种技术上的理想，实际上，那是一种道德理想，这种理想为他们的放荡生活设置了一个稳定的目标。

但从另一方面说，当艺术信仰想要成为一种伦理学的体系、一种生活方式时，它失败了。在1920年代，它提出的所有极端行为都被再次尝试了一遍，它提出的所有道路也被重新走了一遍——做梦的道路、逃避的道路、冒险的道路、沉思和故意无所作为的道路，朝着它保证提供的一个逃避资产阶级社会的个人避难所、个人天堂的目标，都被实践了一遍。可是，它再次表明，这次是无可回避的，所有这些极端的做法都仅仅是极端的理想：在生活中总会产生影响。年轻人想在自己周围制造一个真空地带，但最后会发现这样无法维持下去。他会发现真正的极端不是阿克瑟尔的孤独城堡，或者高更的塔希提，或者梵·高对太阳的狂热崇拜，而是惰性、道德败坏、受迫害和宏伟的错觉、烈酒、毒品或自杀。他还会发现，如果他比哈里·克罗斯比的观察力更强，如果他不像哈里·克罗斯比那么顽固，即便作为一种写作和绘画的理论，艺术信仰也难免走进死胡同。它通往没有任何人类意义的抽象绘画，只对绘画技术有价值，只适合于装饰艺术，只是一种可以使一个现代派的酒吧看上去更光鲜的色彩和图案的组合；它通往瓦雷里的艺术概念：一种有闲阶级的娱乐，只对那些惯于伏案工作而不会打马球的人有益；它通往令人沮丧的詹姆斯·乔伊斯的风景,他花了三天时间构思了一个句子,句子里包含了芬兰语的派生词,最后以"结束"[1]一词收尾,为了给对破解他的意思或感兴趣或不感兴趣的未来的学者们提供一条线索——《尤利西斯》的作者在博学的双关语和猜字谜游戏里浪费了自己的才华。沿着这条路走是不会发现更多东西的。这种探索本身已经结束,一种新的艺术概念取代了认为艺术是无目的的、无用的、全然个人的、永远与这个愚蠢的社会相抵触的想法。艺术家和他的艺术再次成为这个世界的一部分,艺术产生于这个世界,也许还会对这个世界产生影响;它回归于那个早先的、必不可少的任务:揭示世界的价值,使它变得更人性化。

但是,美学理想和生活方式的改变仅仅是一个更大的改变的象征。在艺术信仰的背后是使之成为可能的社会体制——这套体制褒奖成功的错误概念以及对其做出反应的错误方式;这套体制使艺术家和工人们失去了自己的家园,制造出华尔街的繁荣,并为中产阶级移民欧洲提供了经济支持。如今,这套体制本身如一个垂死的人一般在抽搐中奄奄一息。一个金融崩溃的世界进入了暴动和清洗的时代、革命和反革命的时代。哈里·克罗斯比死了,这样他就成为了这种改变的象征。与其说他是选择了自杀的时间,还不如说是时间在他那无秩序的狂乱中选择了他。尽管并非出自他的本意,但他死得恰是时候。

---

[1] 芬兰语是 finnish,结束是 finish,这两个词读音相同,词义不同,构成双关语。

尾声：除夕

当我重读这些几乎在二十年前写下的篇章时，我觉得这里所讲述的故事似乎都遵循了这么一个古老的模式：疏远与重组，或者叫离去与回归。这个模式在数十篇欧洲神话中一再重复，也在生活中不断得到体现。一代美国作家走出国门走向世界，就像《格林童话》里的孩子们逃离了冷酷的继母。他们为了寻找宝藏而在外流浪多年，然后返回祖国，像成年的孩子一般在自己的家乡挖掘宝藏。但生活的故事没有那么简单，也缺乏童话故事里的那种圆满结局。宝藏也许真有，也许一直就埋在他们父亲的花园里，但流放者们没有在花园里找到它。他们仅仅找到了别人也找到的东西：尽己所能努力工作，养家糊口，教育子女。冒险生涯已经结束，他们再次成为平凡生活的一分子。

对他们中的大多数人来说，冒险生涯共分四个阶段。第一阶段是出生于世纪之交的青年作家们与故乡环境的分离，他们习惯于认为自己其实是流放者，哪怕仍住在家乡。第二阶段是他们出了国，许多人还打算要在欧洲过一辈子。出国之旅对他们大部分人都造成了始料未及的影响：它教育了他们要欣赏自己的国家,哪怕仅仅是因为它那如画的风光。但他们仍然情愿隔着遥远的距离去欣赏它,有许多青年流放者都会同意霍桑在1858年对出版商说的话。"老实说,"他在寄自意大利的一封信里写道,"我情愿待在随便哪个国家做一个外国人,也不愿意回到自己的祖国。美国适合许多杰出的目标,但它肯定不适合居住。"然而,霍桑还是在1860年回到了康科德,不管那里是否适合他居住,而新一代的流放者则稀稀拉拉地回到了纽约。

他们就此进入了冒险生活的第三阶段,在这个阶段里肉体的流放已然结束,但精神的流放仍在继续。回到家乡,他们依然认为自己在受着这个巨大的、没有色彩的美国社会的压迫,他们希望通过远离社会的方式来维护自己的准则,就像生活在私人的小岛上一样。不管怎么说,他们还要依赖于美国的商业来维持他们总体来说还算朴素的生活,当富有的朋友邀请他们共度周末时,他们也愿意离开自己的小岛。在那些日子里,大多数青年作家比别的受过大学教育的美国人活得更朴素,因为他们的收入更少,但他们慢慢地融入了这股繁荣时代的狂流,其结果是他们也陷入了随之而来的道德和经济的崩溃。对他们中的有些人来说,比如哈里·克罗斯比,故事到这里就结束了。

对另外一些人来说,还有一个第四阶段。到了这个阶段,他们才算真正地回了家。这一阶段发生在大萧条时期,因此不在本书的叙述范围内,本书的时间截点为1920年代的结束,但我可以大致地描述一下它的性质。在流放者们想要远离美国社会的那个年代里，他们把美国社会视为是一个统一的实体，朝着一个固定的方向移动，任何个人努力都无法改变它的方向。华尔街崩溃后，这个画面不得不发生改变，因为当时这个实体就像在侧风中徘徊不定的一个云团。它的方向不再固定，而是由各种社会群体之间的斗争结果来决定，各种社会群体有着各自不同的目标，也有各种社会力量在其中相互作用。流放者们认识到，斗争会影响到每个人的前途，也包括他们自己的。当他们参与其中时，不是在这个群体，就是在那个群体（不过，通常是在自由派的群体中）；当他们想要增加一点力量，想要和别的群体搞联合时，他们就会放弃流放。他们在社会里有了朋友和敌人，也有了目标，这样，不管他们住在美国的哪个地方，他们都算是找到了家。

这就是我们在二十年后回顾当时所看到的冒险生涯的模式。我认为这种模式在做概括性的描述时是具有历史真实性的，但当我们将它运用于个体的作家时，就没那么真实了。在本书的叙述范围内，并不是每个人都在第一次世界大战时有过在部队服役的经历，也不是每个人都在战后移居欧洲的。比如肯尼斯·伯克，因为没有通过部队的体检，结果在一家造船厂谋到了一个职位。他在1922年买下了新泽西山区里的一幢废弃的农庄，至今仍住在那里；他从没去过缅因州以东的地区。威廉·福克纳在皇家空军服完役后，回到了他位于密西西比州奥克斯福德的老家。他在奥克斯福德的邮政局做了两年左右的局长，然后丢了那份工作搬去新奥尔良，他在那里做穿越河道运输私酒的汽艇的领航员。他在1925年的夏天做了一次徒步的法国和意大利之旅。这是他第一次访问欧洲，也是他在1950年获得诺贝尔文学奖之前的唯一一次。

每个人的生活在时代的模式范围内，都有自己的模式，而每个个体都有他的特殊性。凯瑟琳·安妮·波特在丹佛为一家报社工作，然后去了墨西哥城，她在那里生活和工作了差不多整整十年。她从不认为自己是一个移居海外者。托马斯·沃尔夫因为年龄太小无法参军，就做了一家造船厂的工人。战后，他在哈佛读了两年书，在乔治·皮尔斯·贝克的指导下研究戏剧，然后成为华盛顿广场学院的一名讲师。1925年后，他在欧洲各地都做了旅行，但与别的流放者不同，他更喜欢德国，而不是法国。在纳粹上台前，他觉得待在慕尼黑比待在北卡罗莱纳更舒适。约翰·多斯·帕索斯是这一代流放作家中最了不起的一个旅行家。你在巴黎看到他时，他肯定是在去往西班牙、苏联、土耳其，或者叙利亚沙漠的途中路过这里而已。不过，他主要的与众不同之处就是在1920年代成为一个激进分子，而当时他的大多数朋友都对政治漠不关心，但在接下来的十年里他变得越来越保守，而他的许多朋友反而成了激进分子。司各特·菲茨杰拉德经常被说成是1920年代的代表人物，但必须指出的关键是他代表的是在商界崛起时的雄心勃勃的新一代大学生，而不是作家。他比同时代的严肃作家们更能赚钱，生活水准也远超那些人——其实也超出了他自己的收入——在为自己的错误后悔和受罪方面，他比别人付出了更大的代价。像别人一样，他走自己的生活道路，然而每一条道路从远处看去都似乎交织在一个更大的模式中：流放（哪怕仅在精神上）和归来的模式，或者叫疏远和重组的模式[1]。

一场历险的最后，也总是另一场历险的开始。开始于萧条时期的新的冒险，从来也没有被人们像菲茨杰拉德描述1920年代时所具有的那种理解力来加以描述过。菲茨杰拉德把亲密和疏远结合了起来；他似乎同时既站在时代之内又站在时代之外；但是，在写随之而来的那段时期时，没有一个作家能够像他那样把这两种特征完美地融合在一起。1930年代成为了美国历史上的一个未被研究过的大时代。公众想要忘掉它，政客歪曲它，小说家或历史学家还没有对它重新建构；然而，如果我们把这段不远的过去抹杀掉，那我们就无法获得现在的真实图像。

1930年代是五旬节教派的年代，当时的每个人似乎都巧舌如簧，并运用他们的巧舌来预言千年的事。出于某种理由，经

---

[1] 原注：厄内斯特·海明威在卡斯特罗革命前住在古巴，但他出版于1940年的小说《丧钟为谁而鸣》却是在经历了始于1918年的精神流放后，他带着在意大利战场上受的伤回归社会的一种象征。我在1951年修订本书时，认为在本书里提到的作家中，只有凯·博伊尔是一个永远的流放者。1921年，博伊尔小姐十八岁，嫁给了一个生活在纽约的法国人。第二年，他们去了巴黎，在接下来的三十年里，她一直住在欧洲，除了第二次世界大战期间以外。不过，她在1953年和第三任丈夫（一个奥地利男爵）一起回到了祖国。

济体制已经崩溃，几乎每个人都似乎觉得只要通过某种极其简单的操作就能使之重新运转起来——它就像一只已经熄火的马达，因为火花塞脏了，或者蓄电池的电线接头松了，或者汽化器里进了汽油，如果是最后那个原因，那么我们只须等到汽油完全排除干净，然后踩下油门就可以了。这也是胡佛总统的看法，但其他人坚持要采取积极的措施，于是几千个机械师提出了几百种操作方法——改变货币，或者改造银行系统，或者让政府允许那些已经关闭的工厂重新开工，为了它的功能而不是为了获利，这样不仅马达能再次转动，而且也能把我们安全地载入未来。

接着，在1933年的头几个月里发生了德国危机和银行危机，知识界的氛围再次发生了改变。几千人相信了，几十万人勉强被说服了：没有一种简单的操作能够拯救我们，必须是卡尔·马克思在1848年预言过的那种彻底的社会改造。失业将会结束，战争和法西斯主义将在这个世界上消失，但这些只会出现在革命后。苏联已经指明了道路，别的国家必须跟着它步入未来……接下来会发生的事是一场斗争，为了占有未来，并把它塑造成一种预定的形式；将会出现一支被慷慨无私和公益精神所激励的大军，然后渐渐地被傲慢自大、渴望权力、左右未来（永远的未来）的欲望所腐蚀——直至这支未来的大军分裂成苦苦争吵的一个个群体和孤独的个体。总有一天，这段历史会被完整地讲述出来，但这必须等到一个更为平静的时代；只要受伤害后的痛苦情绪还在，讲出来的就不可能是一个真实的历史。

到了这段历史被讲出来的时候，我们就会发现我们称之为迷惘一代的成员只在其中扮演了一个次要的角色。在1930年代，大多数加入了共产党后又脱党、同时把责任都推到别人身上的知识分子——"受审的一代"，阿里斯泰尔·库克在关于希斯案件的著作中是这么称呼他们的——属于一个更年轻的群体；他们是1925年后才华横溢的大学毕业生。这一代人比他们的长辈受经济萧条的影响更深，经济崩溃后，通过个人的积极性来获取成功的机会也越来越少。他们更喜欢依附于欣欣向荣的体制来保证他们逐步争取到一个富足的、受人尊敬的社会地位——倒不一定要最高地位。总的来说，安稳是他们的理想，而不是荣誉或者独立，他们中的许多人把未来描绘成每个人都可以通过集体规划和社会准则来过上安稳的日子。但本书中提及的大部分作家都有与之不同的心态[1]。他们是在战前的自信年代里成长起来的，然后在1920年代开始了他们的职业生涯，那时候谋生要比现在更容易一些。"即便你一无所有，"菲茨杰拉德说，"你也不用担心钱的问题，因为在你周围有的是钱。"在大萧条时期，他们依然认为没有薪水支票也照样活得下去，他们中的大部分人对社会或政治准则仍持顽固的态度。用一句当

---

[1] 原注：作为一个自由派周刊的小编辑，我比其他许多人都更多地参与到了当时的政治运动中去。

时流行的话来说,他们与其说是革命者,还不如说是叛逆者。

他们一直在叛逆,哪怕仅仅是通过逃避的方式。首先,他们反对长辈们的因循守旧和美国文人的那种斯文腔;其次,他们反对用冠冕堂皇的理由来为第一次世界大战时屠杀数百万人辩护;再次,他们反对哈定时代的市侩作风和拜金主义(尽管他们的叛逆采取逃跑的方式)。回到祖国后,他们再次叛逆,反对不合逻辑的萧条,这次他们发现了一批同盟军;然而,很少有自由派的叛逆者愿意和其他人一起在一支纪律鲜明的队伍里行军。他们中很少有人会遵循当时的风尚来创作具有社会意识的诗歌或无产阶级的小说。他们形成了一支百折不挠的反对派,一支从未掌权的少数派,就连他们自己的意见也从未达成过一致,除了在西班牙内战那个短暂的时期。在其他战线上,他们的叛逆,就这个词的狭义而言,不仅是个人的、非关政治的,而且从本质上来说是保守的。他们的眼光不是向前看,真的,向前看一个基于计划经济和对机器的理智使用的新的集体社会;他们对宏大的事物持怀疑和恐惧的态度;在他们的心里,他们是向后看着过去的。他们的社会理想,作为他们的文学理想的对立面,是建立一个自给自足的程度更高、组织化的程度更低的美国,这样的美国是他们还在童年时就了解的。多斯·帕索斯在与共产党关系紧张的最后时期曾代表他们几乎所有人说过这样的话,他说自己"只是一个相信自由、平等和博爱的老派人"。

流放者去了欧洲，然后又回来了。十年过去了，他们回到的祖国已经不是过去的那个祖国，而他们自己也不再是过去的那个自己。

这个国家在很多方面都变了，不管是变好还是变坏，但给流放者们留下最深印象的还是美国文学地位的改变。在1920年，它还是一种地方性文学，依附于英国文学的标准，哪怕在它试图挑战这种标准的时候。外国人将美国文学视为是一种殖民地的货币，你必须先用英镑来确定其价值，然后才能在国际汇兑市场上被接受。到了1930年，美国文学的价值已经可以由自己来确定了，而且像西班牙、德国、俄罗斯文学一样成了学者们研究的对象。如今，在每一座欧洲的知名学府里都有了美国文学教授。美国戏剧，不管是低级的还是高级的，都在欧洲各国的首都获得了热烈的欢迎。美国的书籍被翻译成了欧洲各国的语言，欧洲人怀着极大的热情阅读这些美国书。

流放者们在1930年时还太年轻，这种改变是不能归功于他们的；他们对美国文学的国际地位所起的影响要到以后才会显现。凡是文学创作引起的改变，都出自老一代作家的努力。美国文学的风景在十年里一直被一批强健的作家控制着，其中就包括德莱塞、安德森、门肯、刘易斯、奥尼尔、薇拉·凯瑟和罗伯特·弗罗斯特。作为一个群体，他们和盛行一时的讲究斯文和体面的传统相抗争，并赢得了用自己的语言来表述自己的生活场景的权利。他们用铿锵有力的声音说出了自己的主张，就连国外也听见了他们的声音，于是，他们中的一个，辛克莱·刘易斯，不久就成为了第一个获得诺贝尔文学奖的美国人。不过，如果你认为这个对刘易斯及他的同行们表示认可的奖项纯粹是为了表彰他的文学贡献，那你就太天真了。它也反映了美国文学正在变得越来越重要这么一个事实，因为美国本身在国际事务中的地位已变得越来越重要了。瑞典文学院在1930年12月将诺贝尔文学奖授予刘易斯之前，并没有把该奖授予马克·吐温或亨利·詹姆斯，这并不表示他们认为刘易斯比那两个作家更伟大，它表示的主要意思是他们承认，比起1910年来，美国已成为一个更强大的国家。

瑞典文学院的常任秘书在致欢迎辞时强调了刘易斯著作的代表性。"是的，"他说，"辛克莱·刘易斯是一个美国人。他是一亿两千万美国人的代表之一，他用一种新的语言——美国语——写作。他引起了我们的思考，美国这个国家还没有达到完善和融洽的境界，仍处在躁动的青春期。新生的、伟大的美国文学开始于一个民族的自我批评。这是一个健康的标志。"

刘易斯作为他那一代的美国作家的代言人做了答谢辞。他抨击了在他的青年时代里极为盛行的讲究斯文的习气；他提起了有可能获得该奖的他的同行们的名字，最靠前的是德莱塞和奥尼尔；他表达了对美国社会中艺术家地位之低的不满；最后，他对更年轻一代的美国作家表示了赞美："如今，他们中的大多数人都生活在巴黎，他们中的大多数人都有点疯狂，就像詹姆斯·乔伊斯描绘的那样，但是，不管他们有多疯狂，他们都拒绝虚伪做作、墨守成规、平淡庸俗。我怀着愉快的心情向他们致敬。"他继续说道："我觉得愉快是因为我和他们的决心之间的距离还不算太远，他们的决心就是要把配得上美国的宏大文学献给拥有高山峻岭、辽阔草原、巨大城市、边区小屋、金钱成亿、信念成吨，如苏联一般新奇、如中国一般复杂的美国。"

尽管流放者感谢他对他们的作品的赞赏，也欣赏他那豪爽的慷慨，但他们并不赞同他对文学目标的陈述。他们从来也没想过要用"配得上美国的宏大文学"来献给美国。这句话听上去太像一个号召，号召人们去广泛调查美国的地理和历史。而流放者们想要描绘的是美国人的个人生活和感情。他们认为如果他们掌握了出色地完成这项任务的方法，他们的作品就能呈现出一幅更辽阔的画面，而不是自命不凡地要去呈现整个画面。他们希望自己的作品是真实的——真实是他们一再使用的一个词，希望别人用深度、而非表面积来衡量他们的作品。另外，他们还有从研究外国作家那里得来的一套完美的理想，他们希望把这种理想运用于自己的国家。他们不想写家族传奇或西北部的英雄史诗，因为这些东西就像巨大的芝加哥大礼堂，除了坐在一排排折椅上的陌生人外里面啥也没有。他们希望建造更小规模的建筑，全新的建筑，但同时也具有如新英格兰会堂或宾夕法尼亚谷仓那样的本地特征，他们要用耐心和骄傲把它们一座座造起来，他们要把这些建筑造得与居住在里面的人完全匹配。

流放者们还待在欧洲的时候，思想就已经发生了变化，尤其是他们对美国文学的看法改变了。他们出国的时候几乎对1910年之前的美国文学一无所知——在美国的古典文学中，他们读过的有《哈克贝利·费恩历险记》和《睡谷传奇》，也许还有《白鲸》，但这些几乎就是全部了。大学里一般不教美国文学，只在极少数的场合教教，在文学讨论中也只有当代的美国文学作品会被提及。新英格兰的传统已经死于贫血了。他们欣赏的少数几位19世纪作家也都是法国人、英国人，或俄国人。

在他们流放欧洲的时期，这些看法一直是公认的意见。流放者们研究法国作家福楼拜、普鲁斯特、纪德、兰波，还有马拉美。他们带着更为直接的兴趣研究詹姆斯·乔伊斯，他遵循的也是福楼拜的传统；还有艾略特，他遵循的是法国象征主义诗人的传统。当时，他们从法国文学大师那里学到的东西要比从英国文学大师那里的多，再加上法国的影响对这些青年美国作家来说更为安全，因为法语是一门外语。如果他们研究的是英国作家，他们在最好的情况下也只能成为那些作家的弟子，而在最坏的情况下则可能成为剽窃者。另一方面，他们对法国文学的研究也有一个问题——如何用另一种语言来再现它的精华所在，这个问题将他们引向寻找对应物的复杂而卓有成效的探索。他们试图用来再现法国文学的品质的语言不是文绉绉的英语，而是美国口语。这是他们在流放时没有预料到的一种收获：那是在巴黎，他们中的一些人，特别是厄内斯特·海明威，正在致力于把美国中西部的口语改造成能用在严肃小说里的语言。还有一些人在致力于给美国南部和中西部的背景赋予一种传奇色彩。所有这些努力的结果是一种与法国文学的原型差别很大的新文学的诞生，就在第二次世界大战前后，迷惘一代的美国作家的作品在法国成为流行读物，法国人认为这些作品雄浑有力、带点野蛮、完全出于原创。法国的评论家们没有看出，这些外国人遵循了一部分的福楼拜传统。

他们还重新发现了比福楼拜更老的美国传统，这是他们的海外生涯对他们造成的一种最为有趣的影响。流放者们一开始无视本国文学，完全另起炉灶，用外国文学的模式来写习作，到最后却制造出一种写作式样，这种式样属于之前从来没人想到过的、另一种风格的美国文学。尽管评论家们在美国历史中一点一点地找出了一些与之相类似的作品，但到最后有一点已经很明显了：这些新作品中的某些气质人们在以前的作品中已经看见过。苦心经营的笔法、即便是在貌似随意书写的风格中也展示出的那种苦心孤诣的谋划、对细致刻画人物行为的兴趣（包括变态的行为）、用快速的节奏讲述充满暴力行为的故事的嗜好及才能——所有这些气质在美国文学中曾多次出现过，它始于我们的第一个严肃小说家查尔斯·布洛克顿·布朗的作品，然后以不同的组合延伸至爱伦·坡、霍桑、梅尔维尔、亨利·詹姆斯、史蒂芬·克莱恩和许多次要作家的作品中，于是他们似乎在美国的角色身上表达出了一种持续存在的张力。这是一种曾经一度中断了的传统，但这些新作家们把它重新找了回来，这也许就是他们的冒险生涯带来的一个最重要的结果。

有必要给他们的冒险生涯加一条注释，那就是有成百上千的欧洲作家跟在他们后面西渡了大西洋。首先来的是反对希特勒的德国人（还有一些反法西斯的意大利人），然后是西班牙共和党人，然后是奥地利人，然后是各个国家的犹太作家，然后，在第二次世界大战爆发后，大批在法国失去了庇护的法国人、比利时人、中欧人也来了。有那么一段时期，纽约就像1920年代的巴黎，是每个作家都向往的地方，是文学世界的都城。然后，战争结束了，法国人和比利时人回国了，有许多激进的作家被驱逐出境了，来自东欧国家的一批新的难民取代了他们的位子——不过，我又一次跑题了。我们还有最后一章要说。

1920年代并非结束于华尔街的崩溃，或哈里·克罗斯比的死亡，或1929年12月的最后一天。繁荣年代里的道德氛围在那个年代结束后依然持续着，1930年整个一年依然属于在它之前的那个时代。

1930年结束得很奇怪，但开始得很普通。在那年的春季里，华尔街从恐慌的情绪中恢复过来，好多只股票又涨回到1928年的水平，尽管在五六月份又开始了下跌。失业人口直线上升，但它还只是议论和统计数字上的一个话题，对于中产阶级来说还不是直接的个人经历。报纸上的重点新闻是禁酒令的出台以及随之而来的私酒交易。随后才是别的新闻，比如持续了一整个春天的对关税税率的讨论，那年夏天在伦敦召开的海军会议，拉姆齐·麦克唐纳[1]访问胡佛先生[2]的拉皮丹营，南方北部的大干旱，从马里兰一直延伸到俄克拉荷马。有些报社想通过把这些消息封锁在报纸内页里的方法来阻止商业的不景气，但即便是在人们私底下的交谈中，商业不景气也还不是一个主要的话题。"经过了一次穿越中西部的五千六百公里的旅行后，"布鲁斯·布利文在《新共和》上报道说，"为了给这个伟——伟——伟大的国家的别的地方提供参考，我觉得我有自信告诉你们这个重要的地区正在考虑些什么。它正在考虑的是侏儒型的，即大拇指型的，即蜂鸟型的小型高尔夫球场。"

当小型高尔夫球场在每一处空地全面开花，甚至还出现在卖掉设备后腾空了的展览厅里的时候，美国作家们的生活又恢复了正常。归来的流放者们的生活也恢复了正常，因为他们中的大部分人如今重又加入到了美国文学的圈子里，而且还按照圈子里的习惯行事。到了五月和六月，有大批的人流离开大城市，涌向作家和画家云集的乡村——伍德斯托克、海角、葡萄

---

[1] Ramsay MacDonald（1866—1937），英国首相。
[2] Clark Hoover（1874—1964），美国第三十一任总统。

园、巴克斯郡以及康涅狄格的北部。整个夏天，坐船去欧洲旅行的有钱人照例在船上开派对——实际上，那年去法国的美国游客要比喧嚣的1920年代里的任何一年都多。秋天，纽约有老规矩的聚会、一轮接一轮的酒会和舞会，以及出版商的茶会。烈酒更便宜了：在曼哈顿各地的"甜酒店"里，四瓶戈登牌杜松子酒的售价仅为五美元，一百九十度的乙醇每加仑的售价为六美元或八美元。在出版商的茶会上供应的潘趣酒的度数更高了，但从另一个角度来说，这种茶会的豪华程度已有所下降，而且举办的频率也减少了。书籍的销路下滑，作家们很难再拿到预支稿费了。除此以外，一切似乎还是老样子。

然而，即便在文学界，尽管它远离商界和政界，你还是能发现一个时代已经结束的迹象。从整体上来说，1920年代还是一个作家们可以友好相处的时代。而现在，他们突然开始吵架，不仅仅针对个人问题，而且也针对文学的意义以及文学与生活的关系。

在1929年12月，就在经济崩溃后的数周，针对人文主义——不是16世纪的学者们提出的古典人文主义，也不是开明牧师提出的宗教人文主义，而是由哈佛大学的欧文·白璧德教授和普林斯顿大学的保罗·埃尔默·莫尔教授提出的一种哲学和文学的思想——突然来了一场激烈的争论。人文主义者召开了一场专题讨论会；反人文主义者也召开了一场；报纸和杂志也加入了这场斗争，双方都展开了无数次的狙击和重炮的轰击。针对人文主义的战争在许多方面都和1920年代的游击战、盗匪打劫不同。它的规模更大，交战双方都卷入了各个派别的作家及两代或三代的文人。争论的焦点是模糊的，也许本来就希望如此，但有一点是很清楚的：这场争论不仅包含个人和审美的问题，也包含了道德问题，比如作家们应该持有的生活方式及他们与社会之间的关系。这里有一种政治的弦外之音，来自这么一个事实：人文主义者大多是保守派，而所有的激进分子都是反人文主义者。有一种暗示以为：1920年代是一个文学和生活上的特定时期，人们在当时所做的主要努力也许是错误的。最后，在这场大辩论中出现了一种陌生的、尖刻的语调。在《猎犬与号角》杂志的秋季刊上，登出了一篇艾伦·塔特写的反对人文主义的文章。在《学者》杂志的1930年1月号上，有一个人文主义者对他做出了答复，这份答复写得半讲理半抨击。他说自己"不是急于，也不是很喜欢"来指责塔特，指责他"故意颠倒是非"，指责他"愚蠢的语无伦次"，指责他厚颜无耻到了"无以复加的程度"；最后，他一本正经地骂塔特"不过是一只会说话的鼹鼠！……一个完全不值一提的家伙，因为他连自己究竟是什么东西都不清楚"。1920年代末很少使用这样的语言，但是在这两三年后，就连这样的语言也会显得还是比较克制的，因为那时候作家们喜欢用的字眼就更激烈了。

《新共和》登了一篇引起激烈的讨论的书评，就是迈克尔·戈尔德写的《怀尔德：文雅基督的先知》。这篇文章攻击桑顿·怀尔德是一个只会在客厅里夸夸其谈的基督徒,一个躲在书本里逃避现实社会的作家。"在这些没多少分量的小说里,纽约、芝加哥和新奥尔良的摩登街道在哪里呢?"戈尔德质问,"棉纺织厂在哪里?埃拉·梅的谋杀案和关于她的歌曲在哪里呢?甜菜地里的童工在哪里呢?证券经纪人的自杀事件在哪里呢?勒索劳工的人在哪里,矿工们的激情和死亡又在哪里?"尽管怀尔德称自己是一个精神导师,但他对沉沦于美国资本主义的灵魂没有提供任何帮助;相反,他成为了一个诗人,隶属于"一个最近刚刚在美国崛起的人数不多、老于世故的阶级——讲究文雅的资产阶级……他耐心地拉住了他们的手,把他们带进城堡、宫殿、遥远的希腊海岛,让他们在那里研究被蓝色血液[1]滋养的人心。这种艾米丽·波斯特[2]式的文化永远也不会指责他们,或者提醒他们还有匹兹堡和排队领救济粮的穷人的存在"。

根据社会阶层做出的这种判断和小说应该反映当代的社会斗争的这种要求,加上卑鄙的老板和英勇的工人的对立设置,在接下来的几年里将成为一些评论文章里反复出现的主题。即便在1930年,它们也是一些激进杂志的读者们熟悉的教义,但对于《新共和》的自由派读者来说是陌生的。戈尔德的评论导致许多读者纷纷给编辑写信,开始是几十封,后来是几百封,有人写得小心翼翼、有理有据,有人写得言辞激烈,还有人甚

---

[1] 指贵族的血统。

[2] Emily Post(1873?—1960),专门书写社会礼仪的美国作家。

至写得歇斯底里。起初,所有的来信都支持小说家,攻击评论者。这些来信的重点是说书评家应该把评论范围局限于该书的风格和式样,而把该书的主题视为理所当然。有个人在信里这么说:"我接受了一种教育,这种教育毫无疑问是错误的,它认为对任何一篇作品的最终判断都在于它对素材的呈现方式,而非素材本身。"另一个读者义愤填膺地说:"这篇文章写得下流、猥琐、肮脏……我打心底里厌恶它,就像我的许多无党派朋友一样,它攻击了我们认为取得了很好的成就、拥有极佳的天赋的一个人。"这些来信收到的效果与写信人的本意恰恰相反,不久,大多数的来信都开始有点认同戈尔德的观点了。戈尔德的观点夸张得可笑;他也没能看出怀尔德是一个非常重视道德问题的严肃作家,而这些道德问题恰恰是我们自己的问题,尽管怀尔德笔下的人物穿着秘鲁或希腊人的伪装;不过,虽然戈尔德对怀尔德的优点视而不见,他还是正确地诊断出了怀尔德读者的弱点所在,而且表达出了一种情绪。随着美国的形势变得越来越令人绝望,这种情绪也变得越来越强烈了。在接下来的几年里,人们要求文学以这样那样的方式来处理当代的问题。

还有一些别的迹象表明文学世界在发生变化,尽管它难以用引文或归纳好的统计数字来加以说明。当我回顾1930年时,我觉得在人际关系方面从来没有过那么多的变化,不管是对熟人还是不怎么熟悉的人,抑或是对仅仅听到过他的大名的人。

在整个1920年代苦苦维持着的婚姻，尽管当事双方彼此不理不睬，在有些家庭里还存在声名狼藉的不忠行为，如今在突然的争吵和离异中结束了。看上去像夫妻关系一样体面的情人关系在维持了很长一段时间后也结束了。朋友关系破裂了。人们不再能忍受可以使人际关系维持稳定的小小的虚伪；他们必须把所有的事情都说清楚，就像一个临死之人。在文学和商业的圈子里，每个人喝的老酒也似乎比以前多了；至少比以前喝得更热闹、更公开了。就连喝酒的方式也似乎和以前不同了，因为在它的背后存在着更多的绝望情绪。他们喝酒不再是为了寻欢作乐或者是为了有理由可以做一些傻事和搞笑的事，这样他们在事后就有了话题；他们喝酒是因为它已经成为了一种习惯，或者是因为想要摆脱无聊，也或者是因为他们对酒精有那么一种生理需要。恶作剧和哄笑声并不比以前少，但都显得有些勉强，甚至歇斯底里。每个群体或每个圈子里都有年轻人，以前他们在喝掉三杯鸡尾酒后就会来点助兴的节目，可现在你无法预测他们接下来会干出什么事来。"就在某人开始介绍他、开始为他大吹大擂的时候，"菲茨杰拉德在一篇小说里描写一个以他自己为原型的人物，"他把一碗汤泼在了女主人的背上，还强吻了端酒上菜的女招待，最后昏倒在了狗舍里。不过，他干这种事也不是一回两回了。他几乎在每个人的面前都做过这样的表演。"

在纽约，1930年是一个精神崩溃之年，精神科医师的生意火到不行，而除了社会服务业以外的任何行业都开始变得不景气。当时正在接受心理分析的一个朋友告诉我说，医生办公室里挤满了他认识的人，就像在开出版商的茶会。人们会收到很多寄自宾夕法尼亚或马萨诸塞的疗养院的来信。这也是一个自杀的年代，不仅有那些证券经纪人，也包括那些富有的业余艺术爱好者。这是一个所有人的脸色都看上去苍白、紧张的年代；这是一个失眠和安眠药的年代。这是一个以前的老同学、老朋友在地下酒吧里大打出手的年代；这是一个夫妻离异、盗用公款，甚至是一个谋杀的年代；这是一个底层社会和上层社会紧挨在一起的年代。最重要的是，人们在那一年里开始觉察到了一种新的情绪，一种怀疑的情绪，甚至是一种挫败的情绪。人们开始怀疑他们的想法以及他们的整个人生是否都有可能走错了方向。

到了那年的秋天，不止在一座城市里出现领救济粮的长队伍从后街小巷向商业区延伸。共产党要求政府救助失业人口，警察镇压了他们的示威游行；你随便走到哪里都能听到那些旁观者的消息，他们都是一些极守本分的人，警察用脚踢他们，用棒子揍他们，只因为他们当时没戴帽子，让警察误以为他们是激进分子。全国苹果销售商协会想到了一种新方法来处理掉他们过剩的苹果，以批发价加赊账的方式卖给那些失业人员。天气转凉的时候，你在每一处街角都能看见一些没穿大衣、瑟瑟发抖的人，不仅是在那里卖苹果的人，实际上也包括对路人哭诉自己身无分文、想要工作但找不到工作的人。有钱的商人开始觉得困扰了；他们组织起了慈善活动，有人还允许无家可归者居住在他们空荡荡的大仓库里。

股票在夏天上涨后，现在又再次下跌了。这次的跌幅比较"有规律"，但是对用股票做担保借钱的公司和以股票作为抵押的银行来说，风险并没有减少。纳什维尔的考德威尔公司在11月14日倒闭了。它是南部最大的投资公司之一，拥有几十家子公司，它的倒闭导致了在五六个州里相继有数家银行倒闭。不久之后，费城信托银行也关门了，连同它的二十一家分支机构。当美国银行于12月11日破产时，《纽约时报》将其形容为"全美国最大一家银行也失去了支付能力"；它拥有五十九家分行，储户超过四十万。人们开始担心美国的金融体系会全盘崩溃。

与此同时，一轮轮的派对仍在继续，其中1930年与1931年之交的除夕夜欢庆会是最豪华、最热闹的。派对五花八门，人们一般会收到六至八份请帖，人们把这些邀请全部接受下来，但结果去参加的却是没有受到邀请的派对。他们坐在一队队的出租车里在城里兜圈子，然后突然闯入一间陌生的公寓，他们全都穿着五彩的真丝服和雪白的衬衫加入这样的集体行动。接着，在公寓的每个角落都会响起尖叫和哄笑声，足足要持续一个小时，或者说一年（时间是应该被废黜的暴君）。当女主人用完了所有的玻璃杯，就会用纸杯来送饮料，而纸杯里的饮料会渗漏到桌面上。"股票市场会在四月份再次上扬——首先是工业股,其次是铁路股。"一个男人对着一个浓妆艳抹的女人反复地说着,一边用手搂住她两只光溜溜的肩膀,同时凝视着她的双眼。有人被锁在卫生间里,有人在敲打卫生间的门。在过道上的卧室里,一个看上去一脸天真、充满同情心的姑娘在对她的恋人解释她为什么要和他分手。"我真的爱哈里,"她说,"即便他爱老婆胜过爱我也没关系,我要去和他同居,直到他派人去把他老婆找回来。""那我的任务应该是去勾引他老婆啰。"那位被抛弃的恋人说。我们把视线拉回客厅,只见潘趣酒缸已经空掉了,只有几只烟头漂浮在一品脱闻上去像无水酒精的粉红色液体里。女人们走进一间卧室,一边尖叫着一边从一个昏倒在床上的姑娘的身体底下抽出她们的大衣。"有人知道是谁带她来的吗?"一个没有喝醉的女人问道。刹那间,这群人又走掉了,叽叽喳喳地下了楼梯,把那个姑娘留给东道主夫妇去照顾,另外他们还要用拖把拖干净泼在地上的饮料——也或许他们会忘记还留在他们卧室里的陌生人,和最后一批客人一起挤进加入车队行列的出租车里。那天晚上发生了一些趣事,关于原则的争吵啦,关于信仰的宣言啦,人们听得云里雾里,事后过了很长时间还一直记得这事。我印象最深的是我的一个朋友的事,他告诉我说,他在连续参加了四场派对后发现自己在哈莱姆的一个位于地下两层的秘密酒吧里跳舞。酒吧里烟雾腾腾,还有一股汗酸味;所有的灯光都是红色或绿色的,再加上烟雾弥漫,因此任何事物的形状和颜色看上去都不正常;就好像他是被抓到那里去，让他活在按照某个人的想法设计好的地狱里。等他从那里出来，走到外面的大街上时，他说，虽然冬天的阳光让他感觉刺眼，虽然丑陋的街道上空荡荡的，他还是觉得松了一口气。一个灰色的女人在垃圾箱边上捡破烂。

这个十年就这样走到了终点。

与我在本书里的描述相比，这个年代对作家们来说是个更好的年代——更严肃、更努力工作，在放荡的生活里投入了更多的感情，最重要的一点是更有成果。由于我在本书里选择了一些较为生动的插曲和人物，因此我的叙述会给人留下有点扭曲的印象。由于我对一些书本的引用主要采取直接植入正文的方式，因此我对这个时代产生的许多优秀的小说和诗歌是不公平的。这是一个轻松的、快节奏的、充满冒险的时代，适合年轻人参与其中，然而，当你走出这个时代时，你还是会感觉到一丝欣慰，就好像从一间人声鼎沸的房间里出来，走进了冬天的暖阳里。

田纳西州克拉克斯维尔，1933 年 4 月
康涅狄格州谢尔曼，1951 年 3 月

附录：出生年份

这是一份出生于 1891 年到 1905 年（包括 1905 年）这十五年里的作家清单，根据他们的出生年份来归类。在对作家的取舍上，我并没有对他们进行价值判断的意图。我一开始按照一定的年龄组把所有在 1942 年时相当出名的美国作家都罗列了出来，这些作家的简介全都登载在那本既有趣又实用的书里：斯坦利·J.孔尼茨和霍华德·海克拉夫特合编的《20 世纪的作家》。然后，我又额外地添上了一些我在《名人录》或别的书里看到的记载了出生年份的名字：首先，是在这个年龄组里但成名在 1942 年之后的那些人（我肯定漏掉了其中的一些）；其次，是那些我在本书中提到的作家。接着，我发现这张清单实在太长了，而且，我觉得它离严格意义上的文学有点远。于是，我删除了某些类别的作家：西部小说作家、惊险小说作家（达希尔·哈米特除外，他在叙事技巧方面有重大贡献；雷蒙德·钱德勒也是，但他出生于 1890 年之前）、通俗爱情小说作家、只出了一本书的作家（除非这本书很有名）、学者和科学家（除非是像克莱恩·布林顿和玛格丽特·米德那样也为公众写作的人)、儿童文学作家、公共事务作家（除非同时兼任小说家或评论家）。即便是这样一份短缩版的清单，我仍觉得它在记录当时的文学活动方面具有很重要的意义。

· 1891 ·

赫伯特·阿斯伯里（Herbert Asbury）：通俗历史作家

玛格丽特·卡尔金·班宁（Margaret Culkin Banning）：小说家

刘易斯·甘尼特（Lewis Gannett）：评论家

莫里斯·辛德斯（Maurice Hindus）：小说家、记者

希德尼·霍华德（Sidney Howard）：剧作家

马奎斯·詹姆斯（Marquis James）：传记作家

劳埃德·刘易斯（Lloyd Lewis）：传记作家

珀西·马克斯（Percy Marks）：小说家

亨利·米勒（Henry Miller）：小说家、随笔作家

艾略特·保罗（Elliot Paul）：小说家

莱尔·萨克森（Lyle Saxon）：乡土作家

哈罗德·斯特恩斯（Harold Stearns）：随笔作家

· 1892 ·

琼娜·巴恩斯（Djuna Barnes）：小说家

约翰·皮尔·毕肖普（John Peale Bishop）：诗人、评论家

贝西·布鲁尔（Bessie Breuer）：小说家

赛珍珠（Pearl Buck）：小说家

詹姆斯·M.凯恩（James M. Cain）：小说家

罗伯特·P.特力斯特拉姆·科芬（Robert P. Tristram Coffin）：诗人

沃德·格林（Ward Greene）：小说家

威尔·詹姆斯（Will James）：乡土作家

哈罗德·兰姆（Harold Lamb）：历史学家

R.S.林德（R. S. Lynd）：社会学家

阿奇博尔德·麦克利什（Archibald MacLeish）：诗人

艾德娜·圣文森特·米蕾（Edna St. Vincent Millay）：诗人

莱因霍尔德·尼布尔（Reinhold Niebuhr）：神学家

伯顿·拉斯科（Burton Rascoe）：评论家

埃尔默·莱斯（Elmer Rice）：剧作家

詹姆斯·史蒂文斯（James Stevens）：乡土作家

鲁斯·苏科（Ruth Suckow）：小说家

弗兰克·沙利文（Frank Sullivan）：幽默作家

· 1893 ·

S.N.贝尔曼（S. N. Behrman）：剧作家

莫里斯·毕肖普（Morris Bishop）：幽默作家

麦克斯韦尔·博登海姆（Maxwell Bodenheim）：诗人

卡尔·卡默（Carl Carmer）：乡土作家

伊丽莎白·J.科茨沃斯（Elizabeth J. Coatsworth）：诗人

拉塞尔·克劳斯（Russel Crouse）：剧作家

S.福斯特·达蒙（S. Foster Damon）：评论家、诗人

唐纳德·戴维森（Donald Davidson）：诗人

马蒂尔德·艾克（Mathilde Eiker）：小说家

欧文·法因曼（Irving Fineman）：小说家

赫伯特·戈尔曼（Herbert Gorman）：小说家

本·赫克特（Ben Hecht）：小说家、剧作家

约瑟夫·伍德·克鲁奇（Joseph Wood Krutch）：随笔作家

安妮塔·卢斯（Anita Loos）：幽默作家

威廉·马奇（威廉·爱德华·马奇·坎贝尔）(William Edward March Campbell)：小说家

约翰·P.马昆德（John P. Marquand）：小说家

劳埃德·莫里斯（Lloyd Morris）：评论家、历史学家

多萝西·帕克（Dorothy Parker）：短篇小说家、诗人

科尔·波特（Cole Porter）：歌词作家

伊芙琳·司各特（Evelyn Scott）：小说家

吉尔伯特·塞尔德斯（Gilbert Seldes）：评论家

索恩·史密斯（Thorne Smith）：小说家

哈德森·斯特罗德（Hudson Strode）：旅行家、教师

约翰·W.托马森（John W. Thomason）：传记作家、军人

约翰·V.A.韦弗（John V. A. Weaver）：诗人

· 1894 ·

布鲁克斯·阿特金森（Brooks Atkinson）：评论家

约翰·贝克利斯（John Bakeless）：传记作家

E.E.卡明斯（E. E. Cummings）：诗人

克莱德·布里翁·戴维斯（Clyde Brion Davis）：小说家

雷切尔·莱曼·菲尔德（Rachel Lyman Field）：小说家

艾斯特·福布斯（Esther Forbes）：小说家

迈克尔·戈尔德（Michael Gold）：小说家、专栏作家

保罗·格林（Paul Green）：剧作家

达希尔·哈米特（Dashiell Hammett）：小说家

雷蒙德·霍尔顿（Raymond Holden）：诗人

罗尔夫·汉弗莱斯（Rolfe Humphries）：诗人

约瑟夫·亨利·杰克逊（Joseph Henry Jackson）：评论家

尤金·乔拉斯（Eugene Jolas）：诗人、编辑

罗伯特·内森（Robert Nathan）：小说家

肯尼翁·尼科尔森（Kenyon Nicholson）：剧作家

杰西卡·尼尔森·诺斯（Jessica Nelson North）：诗人

凯瑟琳·安妮·波特（Katherine Anne Porter）：小说家

菲尔普斯·普特南（Phelps Putnam）：诗人

萨缪尔·罗杰斯（Samuel Rogers）：小说家

乔治·N.舒斯特（George N. Shuster）：评论家，教育家

查德·鲍尔斯·史密斯（Chard Powers Smith）：小说家

劳伦斯·斯托林思（Laurence Stallings）：剧作家

唐纳德·奥格登·斯图尔特（Donald Ogden Stewart）：幽默作家

吉纳维芙·塔格德（Genevieve Taggard）：诗人

詹姆斯·瑟伯（James Thurber）：幽默作家

马克·范多伦（Mark Van Doren）：诗人，评论家

泰晤士·威廉姆森（Thames Williamson）：小说家

· *1895* ·

本·卢西恩·伯尔曼（Ben Lucien Burman）：小说家

巴贝特·多伊奇（Babette Deutsch）：诗人

瓦迪斯·费什尔（Vardis Fisher）：小说家

罗斯·D.弗兰肯（Rose D. Franken）：剧作家

卡罗琳·戈尔顿（Caroline Gordon）：小说家

奥斯卡·哈默斯坦二世（Oscar Hammerstein, 2d）：歌剧脚本作家

罗伯特·西里尔（Robert Hillyer）：诗人

约翰·霍华德·劳森（John Howard Lawson）：剧作家

林语堂（中国）(Lin Yu-t'ang [China]）：随笔作家

刘易斯·芒福德（Lewis Mumford）：随笔作家

伦纳德·内森（Leonard Nason）：小说家

乔治·R.斯图尔特（George R. Stewart）：小说家

汉斯·奥托·斯托姆（Hans Otto Storm）：小说家

诺拉·沃恩（Nora Waln）：小说家

埃德蒙·威尔逊（Edmund Wilson）：评论家，文人

· 1896 ·

菲利浦·巴里（Philip Barry）：剧作家

洛克·布雷德福（Roark Bradford）：短篇小说作家

路易斯·布罗姆菲尔德（Louis Bromfield）：小说家

斯莱特·布朗（Slater Brown）：小说家

凯尔·S.克莱奇顿（Kyle S. Crichton）：幽默作家

H.L.戴维斯（H. L. Davis）：小说家，诗人

约翰·多斯·帕索斯（John Dos Passos）：小说家、历史学家

欧文·艾德曼（Irwin Edman）：随笔作家

司各特·菲茨杰拉德（Scott Fitzgerald）：小说家

拉蒙·格思里（Ramon Guthrie）：小说家、诗人

戈勒姆·B.芒森（Gorham B. Munson）：评论家

马乔里·金南·罗林斯（Marjorie Kinnan Rawlings）：小说家

伊西多·施耐德（Isidor Schneider）：诗人、小说家

罗伯特·E.舍伍德（Robert E. Sherwood）：剧作家

格雷斯·扎林·斯通（Grace Zaring Stone）：小说家

弗吉尔·汤姆森（Virgil Thomson）：评论家

· *1897* ·

赫伯特·艾加（Herbert Agar）：随笔作家

约瑟夫·奥斯兰德（Joseph Auslander）：诗人

路易斯·伯根（Louise Bogan）：诗人

凯瑟琳·德林克·鲍恩（Catherine Drinker Bowen）：传记作家

肯尼斯·伯克（Kenneth Burke）：随笔作家

罗伯特·M.科茨（Robert M. Coates）：小说家

伯纳德·德沃托（Bernard De Voto）：评论家，小说家

威廉·福克纳（William Faulkner）：小说家

约瑟夫·弗里曼（Joseph Freeman）：小说家

维吉尔·格迪斯（Virgil Geddes）：剧作家

约瑟芬·赫布斯特（Josephine Herbst）：小说家

克里斯托弗·拉法治（Christopher La Farge）：小说家、诗人

约瑟芬·劳伦斯（Josephine Lawrence）：小说家

尤金·洛儿克（Eugene Lohrke）：小说家

范怀克·梅森（Van Wyck Mason）：小说家

豪斯顿·彼得森（Houston Peterson）：评论家

道恩·鲍威尔（Dawn Powell）：小说家

亨利·F.普林格尔（Henry F. Pringle）：传记作家

丽莲·史密斯（Lillian Smith）：小说家

约翰·布鲁克斯·惠尔赖特（John Brooks Wheelwright）：诗人

M.R.沃纳（M. R. Werner）：传记作家

桑顿·怀尔德（Thornton Wilder）：小说家、剧作家

·1898·

路德维格·贝梅尔曼斯（奥地利）(Ludwig Bemelmans [Austria]）：小说家

史蒂芬·文森特·贝内特（Stephen Vincent Benét）：诗人，小说家

托马斯·博伊德（Thomas Boyd）：小说家

克莱恩·布林顿（Crane Brinton）：历史学家

马尔科姆·考利（Malcolm Cowley）：评论家、诗人

埃莉诺·卡罗尔·奇尔顿（Eleanor Carroll Chilton）：小说家

亨利·格鲁·克罗斯比（Henry Grew Crosby）：诗人

霍勒斯·格雷戈里（Horace Gregory）：诗人、评论家

哈伦·哈彻（Harlan Hatcher）：小说家、评论家

唐纳德·卡尔洛斯·皮蒂（Donald Culross Peattie）：博

物类作家

小爱德华·A.威克斯（Edward A. Weeks, Jr.）：评论家、编辑

· 1899 ·

莱昂尼·亚当斯（Léonie Adams）：诗人

阿尔奇·宾斯（Archie Binns）：小说家

惠特·伯内特（Whit Burnett）：短篇小说作家、编辑

W.R.伯内特（W. R. Burnett）：小说家

勒格兰德·坎农（Le Grand Cannon）：小说家

布鲁斯·卡顿（Bruce Catton）：历史学家

汉弗莱·科布（Humphrey Cobb）：小说家

哈特·克莱恩（Hart Crane）：诗人

詹姆斯·格雷（James Gray）：小说家、评论家

安妮·格林（Anne Green）：小说家

厄内斯特·海明威（Ernest Heningway）：小说家

马修·约瑟夫森（Matthew Josephson）：传记作家

珍妮特·刘易斯（Janet Lewis）：小说家、诗人

沃尔特·米利斯（Walter Millis）：历史学家

林恩·里格斯（Lynn Riggs）：剧作家

文森特·希恩（Vincent Sheean）：个人历史学家

菲儿·斯通（Phil Strong）：小说家

艾伦·塔特（Allen Tate）：诗人、评论家

E.B.怀特（E. B. White）：随笔作家、诗人

·1900·

牛顿·阿尔文（Newton Arvin）：评论家

艾米奥·巴什（Emjo Basshe）：剧作家

迈伦·布里尼格（Myron Brinig）：小说家

约翰·梅森·布朗（John Mason Brown）：评论家

V.F.卡尔弗顿（V. F. Calverton）：评论家

西里尔·休姆（Cyril Hume）：小说家

玛格丽特·米切尔（Margaret Mitchell）：小说家

厄尼·派尔（Ernie Pyle）：记者

·1901·

约翰·冈瑟（John Gunther）：记者

格兰维尔·希克斯（Granville Hicks）：评论家

奥利弗·拉法治（Oliver La Farge）：小说家

玛格丽特·米德（Margaret Mead）：人类学家

劳拉·赖丁（Laura Riding）：诗人

玛丽·桑多斯（Mari Sandoz）：小说家、传记作家

格兰维·韦斯科特（Glenway Wescott）：小说家

· 1902 ·

内森·阿希（Nathan Asch）：小说家

凯瑟琳·布拉什（Katharine Brush）：小说家

肯尼斯·费林（Kenneth Fearing）：诗人

沃尔考特·吉布斯（Wolcott Gibbs）：评论家、剧作家

C.哈特利·格拉顿（C. Hartley Grattan）：随笔作家

西德尼·胡克（Sidney Hook）：随笔作家

兰斯顿·休斯（Langston Hughes）：诗人

科利斯·拉蒙特（Corliss Lamont）：随笔作家

马克斯·勒纳（Max Lerner）：随笔作家

安德鲁·尼尔森·莱特尔（Andrew Nelson Lytle）：小说家

F.O.马西森（F. O. Matthiessen）：评论家

奥格登·纳什（Ogden Nash）：诗人

约翰·斯坦贝克（John Steinbeck）：小说家

菲利浦·怀利（Philip Wylie）：小说家、随笔作家

玛利亚·扎图伦斯卡（Marya Zaturenska）：诗人

· 1903 ·

凯·博伊尔（Kay Boyle）：小说家

厄斯金·考德威尔（Erskine Caldwell）：小说家

约翰·张伯伦（John Chamberlain）：评论家

保罗·科里（Paul Corey）：小说家

詹姆斯·古尔德·科曾斯（James Gould Cozzens）：小说家

康蒂·卡伦（Countee Cullen）：诗人

沃尔特·D.埃德蒙（Walter D. Edmonds）：小说家

达德利·菲茨（Dudley Fitts）：诗人

保罗·霍根（Paul Horgan）：小说家

佐拉·尼尔·赫斯顿（Zora Neale Hurston）：小说家

姜镛讫（朝鲜）（Younghill Kang [Korea]）：小说家

亚历山大·莱恩（Alexander Laing）：小说家

欧文·斯通（Irving Stone）：传记作家、小说家

利恩·朱格斯密斯（Leane Zugsmith）：小说家

·1904·

汉密尔顿·巴索（Hamilton Basso）：小说家

理查德·P.布莱克默（Richard P. Blackmur）：评论家、诗人

格拉迪斯·黑斯蒂·卡罗尔（Gladys Hasty Carroll）：小说家

克利福德·道迪（Clifford Dowdey）：小说家

克里夫顿·法迪曼（Clifton Fadiman）：评论家

詹姆斯·T.法雷尔（James T. Farrell）：小说家

弗朗西斯·弗格森（Francis Fergusson）：评论家

艾伯特·哈尔珀（Albert Halper）：小说家

莫斯·哈特（Moss Hart）：剧作家

布拉维格·英布斯（Bravig Imbs）：小说家
麦金利·坎特（MacKinlay Kantor）：小说家
路易斯·克罗南伯格（Louis Kronenberger）：评论家
文森特·麦克休（Vincent McHugh）：小说家
S.J.佩雷尔曼（S. J. Perelman）：幽默作家
查尔斯·艾伦·斯马特（Charles Allen Smart）：小说家
纳撒内尔·韦斯特（Nathanael West）：小说家

· *1905* ·

大卫·科内尔·德乔恩（David Cornel De Jong）：小说家
维尼亚·德尔马（Viña Delmar）：小说家
伦纳德·埃里希（Leonard Ehrlich）：小说家
查尔斯·G.芬尼（Charles G. Finney）：小说家
丽莲·赫尔曼（Lillian Hellman）：剧作家
迈耶·莱文（Meyer Levin）：小说家
菲利斯·麦金利（Phyllis McGinley）：诗人
约翰·奥哈拉（John O'Hara）：小说家
莱昂内尔·特里林（Lionel Trilling）：评论家、小说家
道尔顿·特朗博（Dalton Trumbo）：小说家
罗伯特·佩恩·沃伦（Robert Penn Warren）：小说家、诗人

这份有二百三十六个名字的清单里包含着各个领域的作

家，风格从华丽到庄重，题材从音乐喜剧（科尔·波特、奥斯卡·哈默斯坦二世）到预言（刘易斯·芒福德），从哲学（肯尼斯·伯克）到神学（莱茵霍尔德·尼布尔）。但是，其中有一百零七人主要是小说家，数量超过了别的门类，而且，其中大多数名字对我们来说并不陌生。当我们看这份清单里别的许多作家时——大多是诗人（三十六人）、相当比例的评论家（二十七人）、随笔作家（十二人）、传记作家（九人）——会发现着重于虚构作品这一点甚至会更加明显，因为这些人全都写过一到两部小说。在这些作家崭露头角的时候，虚构小说是最为流行的一种体裁，有许多也许可以用小品文、戏剧、长诗，甚至是短诗来表达的思想被扩展成了小说。后来，这种情况有了改变。出生于1905年之后的作家清单会包含更多比例的评论家，我常听人们议论说1950年代的写作体裁主要是评论，就像戏剧是伊丽莎白女王时代的英国的主要写作体裁一样。

在这份清单里女性作家的占比相当少，我数了一下只有四十九个，而男性有一百八十七个。其中不少女性极富才华，但她们中只有一个人——凯瑟琳·安妮·波特——收获了无数的赞美和评论界的关注，在当时只有五六个男性作家可以达到与之媲美的程度。我觉得，如果我们做一张出生于1860年到1890年之间或者1905年之后的美国作家清单，我们看到的情况就会有所不同。这两份清单里，尤其是后者，会出现更大比例的女性。这个结果也许显示，出生于世纪之交的女性不仅比男性更缺乏施展才华的机会——这是一个耳熟能详的抱怨——而且受到我在本书中描写的那些事件的影响也较小。她们中很少有人参加了一战，因为在一战时还没有美国陆军妇女队或海军预备役妇女队这样的部队。战后，也没有几个女性有像男性那样作为艺术的流放者旅居法国的机会。

对于出生在1891年到1905年之间的美国作家来说，出生年份具有超过一般程度的重要意义。他们出生在一个美国的文学氛围正在急遽改变的时代，其结果是每一个年龄组的作家都有可能形成自己对小说或诗歌的理想。这种根据年龄组表现出的不同，可以通过将出生于1896年到1899年之间的司各特·菲茨杰拉德、威廉·福克纳或厄内斯特·海明威的作品和赛珍珠（1892）或约翰·P.马昆德（1893）的作品相比较看出，或者将它们与更年轻的作家，比如约翰·斯坦贝克（1902）或詹姆斯·T.法雷尔（1904）的作品作比较。所谓迷惘的一代，大部分是由出生于1894年到1900年之间的作家组成的，尽管也包含了一些年龄略大或略小的、一度在欧洲生活过的作家。流放与归来的经历不适用于同时代的一些有才华的作家，因为有些作家从未受到过欧洲的影响，从某种角度来说，这些人从未真正离开过美国。

编辑附录

附录A：《流放者归来》1934版尾声

尾声：过去和未来

　　这个故事就这么结束了，我写完了一本其长度超过我的本意的书，尽管比起我想说的，我在这本书里写出的还不到一半。在叙述文学思想时，我没有充分说明青年作家们是如何挣钱谋生的，以及他们挣多少钱、挣来的钱又是怎么开销的，还有他们在这个以金钱为判断标准的社会里处于怎样的一个地位。我也没有说明他们在欧洲生活多年是如何维持的。他们大多是穷人，他们出国的旅费都是通过各种各样的偶然方式获得的，学术基金、贷款、奖金、为杂志供稿的报酬、某本书出乎意料的出版——这里面有无数个能够反映那个时代的故事，而且我们不应该忘记那些故事。

　　至于他们回到纽约后是如何谋生的，我给出的线索也不多。有的人从事广告业，有的人做法语翻译，有的人写书评，还有人为电影厂的编剧部门写流行小说的故事梗概。不久，情况变了——我觉得它开始于1925年——写小说或传记突然开始赚钱了。你认识的每个人似乎都在靠出版社的预付稿酬生活，有时是在一段时间里每个月支付一百美元，有时是一次性支付三百或五百美元，针对一部也许能完成也许不能完成的作品。出版商资助的大部分书根本不值得一写，但其中也有一些好书，有些还取得了巨大的成功——你每天晚上在一家便宜的意大利餐厅里看见的那个坐在你邻桌吃着意面的家伙，在点甜点或点一杯红酒前会考虑一下价钱的那个家伙，突然不见了，突然进入了一个接受媒体采访的水银灯下的世界，坐飞机去好莱坞旅行，去里维埃拉晒太阳，大做广告的作品经常出现在畅销书的排行榜上。在那个年代，写作可说是一门赚钱的生意，即便在扶轮社的会员中，人们也不会羞于说出自己是一个作家了。

我没有讲述那个美好的冬天，那时我的朋友们每周在约翰·斯夸奇阿鲁皮的饭店聚会两到三次。那时我们全都写诗，晚饭后我们坐在饭店里间的长桌前，常常大大方方地朗诵自己写的诗，知道在场的每个人都不会因此而觉得无聊或无知地对其妄加评论。我们当时都是二十六岁左右的年纪，正当青春年少，看上去甚至更年轻一些；我们只对写作以及一边写作一边谋生感兴趣，我们都觉得自己无比坚强——我们看不出这世上会有什么东西能影响到我们，赚更多钱、花更多钱的疯狂欲望当然不能影响我们，出人头地的欲望也不能。只有哈特·克莱恩抱怨自己"像一只被困在捕鼠夹里的老鼠"，对于激起他情绪反应的对象表现出过分的愤怒或狂热，这是他后来歇斯底里大发作和自杀的前兆……还有一件很自然的事，《新群众》杂志的早期策划和组织会议也是在那个饭店召开的，参加的人员不同：迈克·古尔德，约翰·多斯·帕索斯，乔·弗里曼。我也没有讲述有天晚上多斯·帕索斯是如何自嘲地对我们那一桌嚷道："全世界的脑力劳动者团结起来，你们除了大脑以外不会有任何损失的。"

我也没有说那年纽约似乎一下子挤满了来自史密斯、瓦萨学院等地的漂亮姑娘，她们全都想过自由的生活，想经历无数有趣的恋情——她们像政委一样穿皮夹克，她们有光滑的、天然粉红的脸蛋，她们充满活力，那些被允许陪伴她们的小伙子则显得苍白、干瘪。她们在战时曾是很年轻的飞女郎，她们喜欢谈论"我们的"一代和"你们迷惘的"一代，我们很难适应有比我们更年轻的作家这样的想法，他们已经把我们视为讨人厌的老古董。那也是这样的一年，当时人们都想仿效海明威的主人公那样的硬汉作派，既粗野又直率——"不过你只要把他们剖开来看看，"我说，"你会发现他们的灵魂是一朵朵洁白的小花。"

我也没有讲述那年冬天里的各种争执，郁闷和敌视的情绪如流感一般扩散着。我也没有讲述我坐在同学们中间观看1929年的哈佛-耶鲁球赛，并发现他们突然都装成自己是中产阶级的样子。他们中许多人都是光头，其余的也都有了一丝白发，大多数人不是太胖就是太瘦，有些人既太胖又太瘦，胳膊和腿太瘦，肚子太胖，像一顶松松垮垮地挂在衣帽架上的大帽子。他们都有一张不擅长室外运动的脸，软绵绵的，灰扑扑的，十一月的风在这些脸上罩上了一层粉红的膜。十年前，他们的脸还是稚嫩的，也没什么表情，而现在都戴上了反映出他们主要情绪的或悲剧或喜剧的面罩：疲惫、雄心、平淡的友情，但更多的是紧张或恐惧。我的这些同学代表的应该是在这个最特权化的国家里的最有特权的阶层。尽管华尔街崩溃了，他们的社会地位却比以前任何时候都高了；然而，他们的青春却像中世纪的农夫一般短暂，维持生活水平和想要出人头地的努力、通过没日没夜的工作来保持像他们的父母和邻居一样的高档生活、涉足股票和陷入债务，这一切使他们像战场上的士兵一般迅速衰老。我想到了围坐在斯夸奇阿鲁皮饭店的长桌边的朋友们，我觉得这些作家要比我以前的同学们更幸运，尽管他们的收入少得可怜。

不过，作家们的生活节奏也太快了，他们不再像以前那么坚不可摧了。总体来说，他们比围绕在他们周围的业余艺术爱好者，也比他们在派对上碰到的那些年轻有为的商人维持着更好的平衡，但是他们难免也受到了道德败坏的社会风气的影响。我也没有讲述哈里·克罗斯比去世后的那个冬天，当时别的一些作家也经历了精神崩溃。工厂关门，商店倒闭，但是生意兴隆的心理医生已经预约到了一个月后，他们出门坐的是锃亮的豪华轿车，其长度几乎及得上一条街。那年冬天还有一股掺着淡姜汁啤酒的烈酒的味道，另外还有一股卧室或告解室的味道——偷情变成了公开的事，家庭成员在来参加派对的半醉的宾客们面前大吵大闹，四杯老酒下肚的酒鬼执拗地把自己最见不得人的秘密告诉别人，甚至包括大多数美国人都不愿意向别人坦露的内心的失败感。每个人都显得空虚，没有过去的根基，也没有未来的理想。

我也没有讲述整个1930年持续了多少次一轮接一轮的派对。中产阶级开始感觉到社会正在从最深处发生变化，但他们中大多数人当时依然很有钱，纽约的生活也还像以前一样。确实，在所有的派对中，1930年与1931年之交的除夕夜欢庆会是最豪华、最热闹的。各种派对五花八门，人们一般会收到六到八份请帖，人们把这些邀请全部接受下来，但结果去参加的却是没有受到邀请的派对。他们坐在一队队的出租车里在城市里兜圈子，然后突然闯入一间陌生的公寓，他们全都穿着五彩的真丝服和雪白的衬衫加入这样的集体行动。接着，在公寓的每个角落都会响起尖叫和哄笑声，在半小时之内喝光所有的潘趣酒，然后吵吵闹闹地闯入另一间公寓，把烟蒂满出来的烟灰缸和泼洒在地上的饮料留给东道主夫妇去收拾——也或许东道主夫妇和所有留下来的客人都会乘上出租车，也去加入寻欢作乐的队伍。那天晚上发生了一些趣事，争吵啦，永恒的爱的誓言啦，人们听得云里雾里，事后过了很长时间还一直记得这事。

但我印象最深的是我的一个朋友的事,他告诉我说,他在连续参加了四场派对后发现自己置身在哈莱姆的一个位于地下两层的陌生酒吧里。酒吧里密不透风,烟雾腾腾,还有一股汗酸味;所有的灯光都是红色或绿色的,再加上烟雾弥漫,因此任何事物的形状和颜色看上去都不正常;这个地下酒吧就像按照某个人的疯狂想法设计好的地狱,就好像他是被抓到那里,去活在那个永恒的噩梦里。等他出来走到外面的大街上时,他说,虽然沐浴在刺眼的冬天的阳光里,虽然街道看上去既丑陋又荒芜,他还是觉得松了一口气。

这个十年就这样走到了终点。

与我在本书里的描述相比,这是一个更好的时代——更严肃、更努力工作,在放荡的生活里投入了更多的感情,最重要的一点是更有成果。由于我在本书里选择了一些较为生动的插曲和人物,因此我的叙述会给人留下有点扭曲的印象。由于我对一些书本的引用主要采取直接植入正文的方式,因此我对这个时代产生的许多优秀的小说和诗歌是不公平的。这是一个轻松的、快节奏的、冒险的时代,对于年轻人来说是一个好时代;然而,当你走出这个时代时,你还是会感觉到一丝欣慰,就好像从一间人声鼎沸的、烟雾腾腾的逼仄房间里出来,走上了沐浴在冬日暖阳里的街道。

我的陈述还省略了一点。在描述1920年代在文学界占主导地位的思想时，我曾试图展示它那可以归纳为一种行为准则的令人不满的结果。换句话说，我想从历史的角度对其进行批判，但在我这样做的时候，对于有什么思想可以取代它这一点并没有提供任何线索。在结束本书前，我必须告诉读者们，至少给他们一个大致的轮廓，从我自己的经历中得出的或显露在外或深藏在内的信仰。

我也许可以将其视为是对一份想象的问卷调查给出的答案。我们假设你们这些读者编制了一份关于新时代的艺术家问题的调查问卷。我们假设我作为一个作家必须回答它，不用很详细，因为那样就得再写一本书了，只要简略、随性地回答即可。

你首先问的问题是：艺术家应该致力于艺术还是宣传？

艺术是美好的，宣传是虚假的、误导人的，是在战时把自由债券兜售给我们的伎俩，是让我们相信德国鬼子把比利时婴儿插在刺刀尖上放在文火上烤的伎俩——于是，我们很自然地喊出：艺术万岁（不管是什么艺术），打倒宣传！

但是，这个问题不能这么大刀阔斧地来回答。就这两个我们熟悉的字眼之间的显著区别而言，它隐藏了一种形而上的思想，这种思想我们至少可以追溯至康德那样的德国浪漫主义哲学家；它还隐藏了一种心理学的理论，这种理论甚至能追溯到更遥远的古代。审美活动和现实活动（换句话说，就是艺术和生活）是永远分开的，艺术除了自身的目的外别无目的，即

Zweckmässigkeit ohne Zweck[1]，这个主张是康德首先提出来的，后来得到了许多德国思想家的阐释，尤其是对法国象征主义运动产生了重大影响的叔本华。最终，它以一系列永远对立的形象出现——形式对抗内容，艺术对抗生活，艺术家对抗市侩，诗歌对抗科学，感情对抗理智，幻觉或想象对抗意志或目的，思考对抗行动，最后是诗歌或艺术对抗宣传。在最后一种对抗中，隐藏着所有别的对抗。"艺术"是幻觉、形式、安宁、真与美、永恒，是艺术家认为"美好的"一切。"宣传"是努力、变化、科学、市侩主义、虚伪、丑陋，是艺术家认为"邪恶的"一切。一旦我们接受了对艺术和宣传的这种看法，那么在两者间做出选择的问题就会显得荒谬。

但是，这种看法本身并没有被接受。这种看法基于一种古老的、如今已被彻底拆穿了的心理学理论，根据这个理论，人类的各种"功能"——感情、理智、意志、想象力等等——都存在于一个个几乎彻底防水的隔间里。它还基于一种形而上的思想，这种思想是由叔本华首先提出的。他的思想是："世界"是邪恶的，是不断变化的，是被普遍意志控制的；而艺术家的职责和特权是从这个世界脱身到一个"艺术的"、审美的、沉思的、完全没有意志的世界里。我们不能说，任何这种形而上的思想如今都已经"被拆穿了"，就像科学理论被观察到的事实积

---

[1] 德语：没有目的的目的性。

累起来的力量所拆穿一样。不过，叔本华的形而上学肯定是多愁善感的，是与科学特性完全不同的。

今天，作为一种单纯的事实，我们知道宇宙的所有部分都是在不断变化的，从银河系到微观植物，但我们不能说这种宇宙变化的进程是"好的"或者"不好的"；我们的形容词不足以来描述宇宙。今天，我们根据自己的实际经验、喜怒哀乐知道，人类社会也是在不断变化的。我们知道人类的思想和志向、人与人之间的冲突，也是这个变化中的世界的一部分，就像人类创造的艺术作品一样。没有一种人类活动，不管是画画、抽烟还是赚钱，可以被视为独立于别的人类活动存在。整个对立的系列——艺术与生活，诗歌与科学，思考与行动——可以被安全地摆在一边。对于作家和画家应该致力于艺术还是宣传这个问题的真正的回答是：这个问题牛头不对马嘴，作家应该致力于写作，画家应该致力于绘画。

然而，人们还是认为在艺术和宣传之间部分存在着一种真正的区别。这种真正的区别不是形而上的，而是个人的、实践的，它取决于人们写作的大脑水平。如果你只是在意识的最高层面上写作，在你最近刚刚获得还没有来得及消化的信仰层面，那你写出来的东西肯定很糟糕，你会把一些潜在的东西给忽略掉，或者歪曲了，用这种在情感上虚假的方式来写作可以被称为"为宣传而写"。但是，如果你完全消化了这同一个信仰，你的生活和感觉都浸淫其中，那你就会用在情感上有效的方式来写作，换句话说，那就是"为艺术而写。"

现在，你就有了别的问题。你会问，艺术的功能是什么？换句话说，在艺术信仰消失后，取代它的会是什么？

我不知道艺术的功能是什么。是"净化"，还是"一般经验的升华"，还是"平静的中心"呢？是娱乐、逃避、自我表现，还是一种激励人们行善的有效手段呢？我估计，有时它会具有其中的某些或全部功能。有一件事情我确定知道：任何一种关于艺术功能的单纯理论到最后都会限制住艺术，使其狭隘，使其贫瘠，不管这种理论是柏拉图、亚里士多德、康德、叔本华、马拉美、普列汉诺夫还是无产阶级作家提出的。与任何想把艺术归纳为某种秩序或导入某个方向的理论相比，艺术显然更为丰富，在目的和效果上也更加多样。当艺术信仰最终消失时，就让我们相信没有一种局限性的教义能取代它的位置。

然而——总会有这种要求冒出来——我想强调有一种艺术的功能，其重要性超过了别的功能，它就是人性化的功能。我相信，所有优秀的文学艺术作品都有同样的基本主题。它们全都会告诉我们生活比艺术本身更辽阔——运用创造性的想象力描绘出来的生活更激烈，更多彩，更有目的或更缺乏目的，更悲剧或更喜剧，更有故事也更有意义，而且，它的结构框架也比我们每天过的实际生活更和谐。有时，这种对比会令我们失望，使我们想要逃入一个梦想的世界。艺术家的世界似乎就是这么一个梦想的世界，但其实不然。有时，我们欣赏艺术作品，会产生一种感激的心情，会有一种从压力中获得释放的感觉。不管怎么说，有时，我们想要用艺术家的眼光来重新阐释我们的日常生活。我们从作家的作品中获取的崭新的价值，运用于我们自己的体验时，会使它显得更有诗意，或更戏剧化，或更小说化，与自然界的区别会更显著，换句话说，就是更人性化。

但是，为了赋予我们的生活以更多的人性化，艺术也具有使自然具有人性化的功能，这样就能使这个世界更适合于人类居住。史前的世界对于游荡其中的原始部落来说肯定是陌生、恐怖的。今天世界的大部分对于今天的后人来说也还是陌生的。一个人要适应任何一种环境，不管是在海边还是在森林、在大都市还是在工厂，他都必须首先改造周围的事物，使它们与人类的感情建立起联系，使它们具有目的和方向，使它们能够被人类理解。一般来说，他会不断重复这一过程。通过赋予它建筑或音乐的形式，即完整性和节奏感，通过阐述它的历史，主要通过赋予它神话化的手法，使读者能够感知到它。最后这句话有点造作，但它在本质上描述了大脑的运作方式。正因如此，水手把他的船称为"她"，工程师给他的引擎起名字，使其具有人性——"这台九十六岁的老爷爷总爱发脾气。"他说，一边伸手过去深情地抚摸它的铁壳子。诗人或画家用更丰富、更有感染力的手段做着同一件事：赋予事物以名字和价值，使之能被人们理解。或者我们也许还能这么说，给周围的事物赋予神话色彩是一种消化的过程：将无生命的世界变形为食物，没有这种食物，我们的想象力就将饿死。

总之，艺术的这种双重人性化的功能，既作用于自然界也作用于人类社会，是一个永远没有终点的任务，在每个时代都会反复呈现。自然环境在不断地变化——是人类促使它变化的，与此同时人与人之间的关系也在不断变化，人类的生存手段及生活目的也在不断变化。每个时代都要创造自己的神话，但有的时代创造得不成功。经常发生的事是，人类社会和自然界的变化速度实在太快，人类的消化能力跟不上它们。第一次世界大战后的世界无疑就是这么一回事，应用科学的飞速发展，马力强劲的机器，批量化的生产，资本主义的辉煌与腐朽，无产阶级自我意识的觉醒。诗人雪莱对他的时代所说的话似乎更适用于我们的时代："我们需要创造力来想象我们知道的事物；我们需要大胆的冲动去实现我们的想象；我们需要诗意的生活；我们的计算超越了我们的思想；我们吃下去太多，消化不了。"今天，我们进入了一个比起科学家或工程师来，更需要像雪莱这样的艺术家的时代。

现在，你转向一个政治问题，这个问题在文学讨论中历来占很大的比例。你的问题是：艺术家应该参与阶级斗争吗？

要求他们参与或警告他们不得参与都是没有用的；要求与警告纯属白费口舌。艺术家会参与其中，确实也参与在其中，因为在说他们成为作家或画家之前，他们首先是人，因为阶级斗争涉及人类的利益，因为他们不会故意地装聋作哑，所以他们不会和阶级斗争保持距离。不过，即便如此，他们还是极有可能发现自己是在不知不觉的情况下被卷入其中的，发现自己所属的阵营并不是他们有意识选择的。

你觉得艺术家会选择哪个阵营呢？

我希望，我也相信他们中的大部分人会站在工人的阵营，我认为他们这样做能使他们成为更优秀的艺术家。另一方面，我也意识到让别的许多艺术家不选择站在当权阶级的阵营是很难的。

在那个阵营里，有他们的大部分老朋友，还有他们的童年回忆。在那个阵营里，有他们赖以为生的所有机构——出版社、舞台、电影、广播电台，在它们的背景里，有商业、学校、大学、部队、教会、国家。也是在那个阵营里，似乎也有从过去继承下来的所有文化，还有一个长期执政的阶级的成熟性和坚韧度，以及一向被别人服侍、对别人颐指气使的那种男男女女身上的光彩。在另一边的阵营里是普通人，他们没听说过乔叟，他们的穿着即便不算寒酸也没什么品位，他们吃饭时唧唧作声，他们把杯子、碟子叠在盘子上表示他们吃完了。他们是不讲礼貌的人，他们之间也没什么区别。黑人、乡下人、贫穷的白人、犹太人、移民美国的南欧人、匈牙利人，都没什么区别。如果他们要在这里取得像在苏联那样的斗争胜利,那条件很可能是要有一个贫瘠的、生活资源极度匮乏的时代,还要有一个阶级在成为统治阶级前肯定会有的一段动荡的、狭隘的、极端的、永恒邪恶的时期。

然而,资本家实际上能够保证的要比它看上去的来得少。他们提供艺术作品的对象总是有限的,不仅在数量上,而且在欣赏水平上。在资本主义制度下,只有少部分人能负担得起买书、买画、看戏、听音乐会,而且这些人中还有许多小气鬼,他们一般不会去看戏听音乐会,除非想要被别人看见自己在一家豪华的剧院里看戏,或者想要被别人听见自己在谈论看过的某本书。现在的统治阶级的成熟与自由只是一个繁荣时代的装饰品,而在一个危机的时代里,它们会让位给直截了当的、赤裸裸的残酷野蛮。对个人自由的尊重在危急时刻会让位给对国家不容置疑的、盲目的服从,对科学的培育也会被种族的、战争的、命运的黑暗神话所取代。最后,它会导致文化的彻底破坏,因为它那不可避免的、无法调和的自我矛盾会把它引向战争,到那时,不仅书籍会遭到破坏,藏书的图书馆也不能幸免;不仅博物馆、大学、剧院、画廊要遭殃,它们所拥有的财富以及为它们效劳的人们也都会遭殃。

这就是在利益制度下占统治地位的人们为艺术家描绘出的前景。至于那另一个阵营,工厂的工人、贫穷的农民、失业人员的阵营,他们实际上能够保证的要比看上去的来得多得多。

首先，它可以终结那种孤独的、不合群的绝望感觉。这种感觉在近两个世纪里不断地压迫着艺术家，使得一些最优秀的艺术家陷入了沉默或无所作为，而一些性格较弱的艺术家则陷入了疯狂或自杀。它可以在一个远比个人来得宏大的历史进程中为艺术家们提供一种集体感、参与感。它可以提供给观众，虽然这些观众没有受过专门训练，无法欣赏风格或技巧的微妙之处——他们以后会接受这种教育的——但他们的人数要比资产阶级的观众来得多，热情也比他们高得多，而且他们能更迅速地看出其中的精华所在。它可以提供一个新生阶级的力量。

它还可以为艺术家提供别的东西。一旦他了解了或感觉到了全世界被压迫阶级的斗争，他就可以把发生在远方的事情和发生在近前的事情结合起来，把它们放在一个固定的框架里去处理。两个家庭主妇在后门谈论她们的丈夫的工作以及食品的价格，邻街的一家小型的商铺倒闭了，一场私情结束了，一次抵押的回赎权被取消了，一家制造商崛起了——所有这些事情都按一种历史模式发生了，这种模式也是被西班牙政变、乌拉尔地区新开的一家工厂、中国的一场不知名的战役所激发的。价值观重新建立起来，在经过了一段似乎已经失落了的时期后；善与恶化身在人类的斗争中。已经不可能像仅仅几年前的约瑟夫·伍德·克鲁奇所写的那样"不管愿不愿意，我们都看到了人类灵魂的平庸和人类感情的卑劣"，也不可能再说生命的悲剧感已经永远落幕了。悲剧存在于在中国的街头奄奄一息的人们的故事里，存在于为了使生命变得有尊严、有意义的事业而被投入德国的牢狱中的人们的故事里。艺术家们以前常常认为，与他们小心呵护的明亮的内心世界相比，外部世界是多么单调、乏味。如今，由于和别的事物相隔离，内心世界已变得越来越虚弱，而外部世界却变得越来越强烈有力、丰富多彩，它要求艺术家们运用想象力来把它描绘出来。这样的主题无处不在。艺术家们的好日子就在前方，只要他们能在斗争中存活下来，只要他们能忠实于自己的目力，只要他们能学会用时代的标准来衡量自己。

萨拉托加泉，1930年6月

纽约，1934年5月

附录B：围绕《流放者归来》的出版史及大事记

这里收集的素材有助于读者对《流放者归来》的理解，有助于对它的创作时期同期的文学成就和历史事件有一个总体上的认识。

· 1915 ·

范·威克·布鲁克斯：《美国的成年礼》

西奥多·德莱塞：《天才》（被纽约审查部门查禁）

福特·马多克斯·福特：《好兵》

罗伯特·弗罗斯特：《一个男孩的意愿》和《波士顿以北》在美国出版（英国出版分别在1913年和1914年）

D.H.劳伦斯：《虹》

艾米·洛威尔：《六个法国诗人》

埃德加·李·马斯特斯：《匙河集》

埃兹拉·庞德：《华夏集》

皮埃尔·勒韦迪：《散文诗》

第一次世界大战在伊普尔市、香槟地区、盖利博卢半岛开战
德国潜艇击沉 SS"卢西塔尼亚号"客轮
普罗文斯敦演艺人员组织成立
D.W. 格里菲斯的《一个国家的诞生》上映
马塞尔·杜尚制作了第一批达达风格的艺术品

考利是哈佛大学奖学金二年级生,在这一年里他读了莎士比亚和歌德的作品,以及刚从哈佛毕业的康拉德·艾肯、E.E. 卡明斯、T.S. 艾略特、罗伯特·西里尔等人的早期作品。开始参加艾米·洛威尔的"沙龙"。

· 1916 ·

阿波利奈尔:《被暗杀的诗人》
亨利·巴比塞:《火线》(战争小说)
希尔达·杜丽特尔:《海的花园》
詹姆斯·乔伊斯:《一个青年艺术家的肖像》
尤金·奥尼尔:《东航卡迪夫》

第一次世界大战在凡尔登、索姆河开战
特里斯丹·查拉和其他人在苏黎世成立达达派
去世:亨利·詹姆斯、杰克·伦敦、詹姆斯·惠特科姆·莱利

哈佛高年级生开始纷纷退学，考利加入法国志愿者医疗队。

· 1917 ·

T.S. 艾略特：《普鲁弗洛克及其他》

西格蒙德·弗洛伊德：《精神分析导论》

艾米·洛威尔：《现代美国诗歌的趋势》

保罗·瓦雷里：《年轻的命运女神》

威廉·巴特勒·叶芝：《柯尔的野天鹅》

美国对德国宣战

意大利军队在卡波雷托大溃败

E.E. 卡明斯和史莱特·布朗在法国法庭上被判处间谍罪

沙皇尼古拉二世退位，俄国革命开始

法国作曲家奥利克、迪雷、奥内热、米约、普朗、塔耶菲儿创立"六人组"

去世：奥古斯特·罗丹、埃德加·德加、巴法罗·比尔·科迪

考利离开哈佛，自愿加入美国野战部队，在法国前线驾驶弹药运输卡车。

· 1918 ·

亨利·亚当斯：《亨利·亚当斯的教育》

薇拉·凯瑟:《我的安东尼亚》

约瑟夫·赫格西默:《金与铁》

林·拉德纳:《我在法国的四周》

温德姆·刘易斯:《塔尔》

里顿·斯特拉奇:《维多利亚女王时代名人传》

特里斯丹·查拉:《达达宣言》

11月11日宣布停战(战争伤亡:八百五十万人战死,两千一百万人受伤,七百五十万人被俘和失踪)

沙皇尼古拉及其家人被处决,苏俄内战开始

全球性的流感夺去数十万人的生命

尤金·V.德布斯因煽动叛乱罪入狱

美国邮政局以淫秽出版物的罪名摧毁了《小评论》杂志刊登的詹姆斯·乔伊斯的《尤利西斯》

胡安·格里斯、保罗·克里、奥斯卡·柯克西卡、费尔南多·莱热、亨利·马蒂斯、阿梅迪欧·莫迪里阿尼均展出了重要画作

去世:亨利·亚当斯、纪尧姆·阿波利奈尔、威尔弗莱德·欧文

考利,作为"被连根拔除者",作为军用卡车和救护车司机多斯·帕索斯、海明威、朱利安·格林、威廉·西布鲁克、

E.E.卡明斯、斯莱特·布朗、哈里·克罗斯比、约翰·霍华德·劳森、西德尼·霍华德、路易斯·布罗姆菲尔德、罗伯特·西里尔、达希尔·哈米特等人的同事,回到了美国。

·*1919*·

舍伍德·安德森:《俄亥俄,温斯堡》

詹姆斯·布朗奇·卡贝尔:《朱根》

安德烈·纪德:《田园交响曲》

托马斯·哈代:《诗选》

H.L.门肯:《美国的语言》

约翰·里德:《震撼世界的十天》

卡尔·桑德堡:《碾米机》(获普利策奖)

伊迪丝·华顿:《法国方式及意义》

禁酒令实施(美国宪法第十八修正案)

凡尔赛会议,美国参议院投票不参加国际联盟

德国采纳《魏玛宪法》

沃尔特·格罗皮乌斯创立包豪斯建筑学院

阿尔科克和布朗的第一次不间断跨大西洋飞行

达达主义评论杂志《文学》创刊

考利首先回到曼哈顿,然后去坎布里奇读完哈佛的最后一

学期，然后又回到曼哈顿，住在格林威治村，开始写随笔和评论文章。

·1920·

范·威克·布鲁克斯:《马克·吐温的考验》

柯莱特:《谢利》

司各特·菲茨杰拉德:《人间天堂》

D.H.劳伦斯:《恋爱中的女人》

辛克莱·刘易斯:《大街》

凯瑟琳·曼斯菲尔德:《幸福》

尤金·奥尼尔:《琼斯皇》

马塞尔·普鲁斯特:《盖尔芒特家那边》

弗雷德里克·杰克逊·特纳:《美国历史中的边疆》

保罗·瓦雷里:《海滨墓园》

H.G.威尔斯:《历史大纲》

伊迪丝·华顿:《纯真年代》(获普利策奖)

威廉·卡洛斯·威廉姆斯:《地狱里的科拉琴：即兴创作》

萨科和范赞提被捕，以谋杀罪被起诉

第十九修正案规定美国女性拥有选举权

《弗里曼》在纽约创刊

《小评论》杂志因刊登了一部分詹姆斯·乔伊斯的《尤利西

斯》，以淫秽出版物的罪名被罚款一百美金

司各特·菲茨杰拉德和泽尔达结婚

科隆达达艺术展允许观众们毁坏画作

爵士乐开始在美国流行

去世：约翰·里德、威廉·迪安·豪威尔斯

考利作为"1919届学生"在二月以优等生的身份从哈佛毕业。居住于格林威治村，出版评论、随笔、诗歌。

· *1921* ·

舍伍德·安德森：《鸡蛋的胜利》

玛丽安·摩尔：《诗集》

尤金·奥尼尔：《安娜·克里斯蒂》（获普利策奖）

路易吉·皮兰德娄：《寻找剧作家的六个角色》

埃兹拉·庞德：《诗集1918~1921》（其中包含《休·塞尔温·毛伯利》）

埃德温·阿灵顿·罗宾逊：《诗选》（获普利策奖）

哈罗德·E.斯特恩斯：《美国与美国青年知识分子以及美国文明》

萨科和范赞提被判谋杀罪

阿纳托尔·法朗士获得诺贝尔文学奖

《扫帚》杂志在罗马、柏林、纽约出版

哈罗德·斯特恩斯离开美国去巴黎

欧洲汇率暴跌，导致美国货币坚挺

考利申请并获得美国野战部队服役奖金去法国留学；对同时代人写了一篇名为《最年轻的一代》的评论文章。

·1922·

E.E.卡明斯：《巨大的房间》

T.S.艾略特：《荒原》

司各特·菲茨杰拉德：《美与孽》《爵士时代的故事》

赫尔曼·黑塞：《悉达多》

詹姆斯·乔伊斯：《尤利西斯》

辛克莱·刘易斯：《巴比特》

艾德娜·圣文森特·米蕾：《紫蓟丛中的几颗无花果》(获普利策奖)

尤金·奥尼尔：《毛猿》

艾米丽·波斯特：《礼仪》

莱纳·马利亚·里尔克：《献给俄耳甫斯的十四行诗》

保罗·瓦雷里：《幻美集》

威廉·巴特勒·叶芝：《晚期诗集》

墨索里尼开始在意大利独裁

《标准》杂志在伦敦创刊,《逃亡》在纳什维尔创刊,《分离》在维也纳创刊

去世:马塞尔·普鲁斯特

考利收到第二笔奖金,继续在法国留学。与移居法国的重要美国作家,以及重要的法国作家、在巴黎的达达主义者会面;欧洲旅行,去了柏林;与《扫帚》合作,继续创作随笔和诗歌。

·1923·

西格蒙德·弗洛伊德:《自我与本我》

厄内斯特·海明威:《三个故事与十首诗》

D.H. 劳伦斯:《美国古典文学研究》

雷蒙·拉迪盖:《魔鬼附身》

莱纳·马利亚·里尔克:《杜伊诺哀歌》

华莱士·史蒂文斯:《簧风琴》

威廉·卡洛斯·威廉姆斯:《春天及其他》

哈定总统去世,由卡尔文·库利奇接替

茶壶山丑闻案开始

亨利·卢斯的《时代》杂志创刊

德国马克跌至四百万兑一美元

乔治·格什温演奏《蓝色狂想曲》

希特勒在慕尼黑发动"啤酒馆政变",以失败告终

威廉·巴特勒·叶芝获得诺贝尔文学奖

流行歌曲:《是的,我们没有香蕉》《巴尼·古格尔》《鸳鸯茶》

"达达之死"被宣布

去世:凯瑟琳·曼斯菲尔德、雷蒙·拉迪盖

考利发表包括普鲁斯特和拉辛在内的法国作家的评论文章。继续和达达主义者、移居法国的美国作家、《扫寻》及《分离》杂志编辑交往。在袭击圆厅咖啡馆店主的著名案件中被捕。八月,返回纽约;整个秋天和哈特·克莱恩一起在"斯威特的建筑目录社"工作。

·1924·

马克斯韦尔·安德森:《战功何价?》(反战戏剧)

安德列·布勒东:《超现实主义宣言》

肯尼斯·伯克:《白公牛和其他故事》

E.M. 福斯特:《印度之行》

厄内斯特·海明威:《在我们的时代》(巴黎版)

托马斯·曼:《魔山》

E.F.T. 马里内蒂:《未来主义与法西斯主义》

赫尔曼·梅尔维尔:《比利·巴德》(死后出版)
圣琼·佩斯:《阿纳巴斯》
马克·吐温:《自传》(死后出版)
保罗·瓦雷里:《多彩集》

《纽约先驱报》与《论坛报》合并出版;《美国信使报》与《周末评论》在纽约出版

毕加索开始抽象画时期

去世:约瑟夫·康拉德、阿纳托尔·法朗士、弗拉基米尔·列宁、弗朗兹·卡夫卡、贾科莫·普契尼

考利出版基于巴黎时期的文集、评论、诗歌及译文集。开始拜访住在纽约郊外的朋友。

· *1925* ·

康德·卡伦:《肤色》
E.E.卡明斯:《四十一首诗集》
约翰·多斯·帕索斯:《曼哈顿中转站》
西奥多·德莱塞:《美国悲剧》
司各特·菲茨杰拉德:《了不起的盖茨比》
厄内斯特·海明威:《在我们的时代》(美国版)
辛克莱·刘易斯:《阿罗史密斯》(获普利策奖,但被刘易

斯在 1926 年拒绝）

埃兹拉·庞德:《十六首诗篇》草稿

格特鲁德·斯泰因:《美国人的成长》

威廉·卡洛斯·威廉姆斯:《美国性情》

弗吉尼亚·伍尔夫:《达洛维夫人》

威廉·巴特勒·叶芝:《幻象》

斯科普斯的"猴子审判案"在田纳西州开始

希特勒出版《我的奋斗》

《纽约客》在纽约创刊

《本季度》在巴黎创刊

流行歌曲:《带我回家》

去世：乔治·贝罗斯、威廉·詹宁斯·布莱恩、艾米·洛威尔、约翰·辛格·萨金特

考利离开"斯威特的建筑目录社"，继续发表评论、随笔、译文和诗歌。

·1926·

路易·阿拉贡:《巴黎的农民》

哈特·克莱恩:《白色房子》

保罗·德克鲁伊夫:《微生物猎手》

威廉·福克纳:《士兵的报酬》
司各特·菲茨杰拉德:《那些忧伤的年轻人》
安德烈·纪德:《伪币制造者》
厄内斯特·海明威:《太阳照常升起》《春潮》
弗朗兹·卡夫卡:《城堡》(死后出版)
卡尔·凡·维克滕:《黑鬼天堂》

托洛茨基被驱逐出莫斯科
《新群众》在纽约创刊
弗里茨·朗的《大都会》上映
去世:莱纳·马利亚·里尔克

考利继续在《唯美主义者》《魅力》《布伦塔诺书评》《日晷》《小评论》《纽约先驱论坛报》和《诗刊》上发表文章。美国邮政局没收《扫帚》杂志。

· 1927 ·

康拉德·艾肯:《蓝色航程》
薇拉·凯瑟:《死神恭迎大主教》
威廉·福克纳:《蚊群》
E.M. 福斯特:《小说面面观》
拉德克利夫·霍尔:《孤寂深渊》

厄内斯特·海明威:《没有女人的男人》

赫尔曼·黑塞:《荒原狼》

O.E.罗瓦格:《地球上的巨人》

厄普顿·辛克莱:《石油!》

B.特拉芬:《碧血金沙》

桑顿·怀尔德:《圣路易斯·雷大桥》(获普利策奖)

弗吉尼亚·伍尔夫:《到灯塔去》

林德伯格从巴黎出发单飞纽约

萨科和范赞提被处决

《爵士歌手》上映

T.S.艾略特成为英国公民

亨利·柏格森获得诺贝尔文学奖

《猎犬与号角》在马萨诸塞州坎布里奇创刊

《变迁》在巴黎创刊

考利作为诗人、翻译家、评论家的名气越来越响;他翻译的瓦雷里的《多彩集》获得了莱文森诗歌奖。

· *1928* ·

W.H.奥登:《诗集》

安德列·布勒东:《娜佳》

罗伯特·弗罗斯特:《西流的小溪》

阿道斯·赫胥黎:《点对点》

D.H. 劳伦斯:《查泰莱夫人的情人》(意大利出版)

马塞尔·普鲁斯特:《追忆逝水年华》(死后出版)全本出版

弗吉尼亚·伍尔夫:《奥兰多》

赫伯特·胡佛当选为总统

《凯洛格-白里安公约》签订

布莱希特和魏尔的《三毛钱歌剧》上演

乔治·格什温的《一个美国人在巴黎》上演

莫里斯·拉威尔的《波莱罗舞曲》上演

流行歌曲:《我忧伤吗?》《狂欢》《你是我咖啡里的奶油》《扣上你的外套》

去世:托马斯·哈代

考利的作品获得广泛关注,开始在《新共和》上发表随笔和评论文章。

· *1929* ·

康拉德·艾肯:《诗选》

让·科克托:《可怕的孩子》

阿尔弗雷德·德布林:《柏林,亚历山大广场》

威廉·福克纳:《沙多里斯》《喧哗与骚动》

迈克尔·古尔德:《一亿二千万》

罗伯特·格雷夫斯:《向一切告别》

亨利·格林:《生活》

厄内斯特·海明威:《永别了,武器》

约瑟夫·伍德·克鲁奇:《现代气质》

埃里希·玛丽亚·雷马克:《西线无战事》

詹姆斯·瑟伯与 E.B. 怀特:《性是必要的吗?》

罗伯特·潘恩·沃伦:《约翰·布朗》

托马斯·沃尔夫:《天使,望故乡》

弗吉尼亚·伍尔夫:《一间自己的房间》

股票市场崩溃

一战后美国人移居欧洲最多的一年

爱因斯坦开创统一场论

考利出版了第一本诗集《蓝色的朱尼亚塔》;接替埃德蒙·威尔逊担任《新共和》的文学编辑。

·1930·

哈特·克莱恩:《桥》

约翰·多斯·帕索斯:《北纬四十二度》

威廉·福克纳:《我弥留之际》
西格蒙德·弗洛伊德:《文明及其缺憾》
詹姆斯·维尔顿·约翰逊:《黑色曼哈顿》
罗伯特·穆齐尔:《没有个性的人》第一卷
奥特加·伊·加塞特:《大众的叛乱》

大萧条时期开始
辛克莱·刘易斯成为第一个获得诺贝尔文学奖的美国人
"乡土派"(成员是艾伦·泰特和罗伯特·佩恩·沃伦)发表《我要表明我的立场》
《财富》杂志在纽约创刊
去世:D.H.劳伦斯、弗拉基米尔·马雅可夫斯基

考利开始在《新共和》上发表文章,这些文章后来成为了《流放者归来》的素材。

·*1931*·

赛珍珠:《大地》
肯尼斯·伯克:《抗辩书》
安托万·德·圣-埃克苏佩里:《夜航》
乔治·桑塔亚那:《绅士遗风的末路》
林肯·斯蒂芬斯:《自传》

埃德蒙·威尔逊：《阿克瑟尔的城堡》

弗吉尼亚·伍尔夫：《海浪》

日本入侵满洲里

欧洲信贷市场崩溃

美国银行倒闭

大萧条成为现实

涉及九名黑人小伙子的斯科茨伯勒案件的初审开始

考利继续发表《流放者归来》的片段。

· 1932 ·

欧斯金·考德威尔：《烟草路》

约翰·多斯·帕索斯：《1919》

T.S.艾略特：《斗士斯威尼》《文选：1917—1932》

詹姆斯·T.法雷尔：《少年朗尼根》

威廉·福克纳：《八月之光》

厄内斯特·海明威：《午后之死》

儒勒·罗曼：《好心人》第一卷

艾伦·泰特：《诗集：1928—1931》

埃德蒙·威尔逊：《美国的恐慌》

第一次世界大战老兵组成的"讨债军"向华盛顿进军,要求政府发放战争抚恤金

富兰克林·罗斯福竞选总统

去世:哈特·克莱恩、里顿·斯特拉奇

考利去肯塔基州旅行,观察煤矿工人罢工。完成《新共和》三月特刊。哈特·克莱恩和考利的前妻佩吉一起去墨西哥,克莱恩在归途中自杀。考利与穆里尔·莫勒结婚。

·1933·

舍伍德·安德森:《林中之死》

安德烈·马尔罗:《人的命运》

格特鲁德·斯泰因:《艾丽丝·B.托克拉斯的自传》

纳撒尼尔·韦斯特:《寂寞芳心小姐》

罗斯福总统的"最初一百天的考验期"

阿道夫·希特勒出任德国总理

第二十一修正案撤销了禁酒令

《尤利西斯》在美国解禁

去世:约翰·高尔斯华绥、林·拉德纳、萨拉·蒂斯黛尔

有一段时间,考利和艾伦·泰特、卡罗琳·戈尔登、罗伯

特·佩恩·沃伦一起在田纳西州度过,在此期间完成《流放者归来》。

·1934·

W.H.奥登:《诗集》

司各特·菲茨杰拉德:《夜色温柔》

马修·约瑟夫森:《强盗贵族》

亨利·米勒:《北回归线》(巴黎出版)

美国艺术家和美国共产主义的关系加深了

厄内斯特·海明威去非洲狩猎

华莱士·史蒂文斯被提名担任哈特福德事故赔偿公司的副总裁

考利在参加完纽约市联合广场的五一节工人集会后,完成了《流放者归来》的尾声部分。

《流放者归来》由W.W.诺顿公司出版于6月1日。

附录C：文艺生活史表（1924—1949）

　　下列图表是考利亲自绘制的，刊登于1949年9月25日出版的《纽约先驱报书评周刊》。尽管考利的本意是想写得轻松搞怪，但他毕竟是在开始考虑修订《流放者归来》的时期制作了此表。就像他在1951版里为了刻画出一代文人而增加了"出生年份"这一附录，他绘制此表的目的是想传达出这一代文人们在每隔五年的时间里出现的思想意识方面的变化。

文艺生活史表（1924—1949）

青年作家的风尚：他们的学识、生活与娱乐

年代顺序	1924—1929	1929—1934	1934—1939	1939—1944	1944—1949
他们欣赏的当代作家	乔伊斯、艾略特、普鲁斯特、菲茨杰拉德、卡明斯、海明威	海明威、多斯·帕索斯、埃德蒙·威尔逊、杰特尔德·曼利·霍普金斯	多斯·帕索斯、法雷尔、斯坦贝克、马尔罗、奥登、加西亚·洛尔卡	海明威、亨利·米勒、托马斯·沃尔夫（在其去世后）、里尔克、卡夫卡、亚瑟·库斯勒	卡夫卡、乔伊斯、艾略特、福克纳、哈特·克莱恩、菲茨杰拉德、萨特、E.M.福斯特

续表1

年代顺序	1924—1929	1929—1934	1934—1939	1939—1944	1944—1949
他们一般不欣赏的作家及作品	卡贝尔、刘易斯、赫格斯海默——大多是比他们年龄稍长的作家	乔伊斯、艾略特、普鲁斯特、H.L.门肯	《风流世家》《大地》《乱世佳人》	布鲁克斯、麦克利什、德沃托	1930年代欣赏的所有现实主义作家、诗人、评论家
他们认可的古典作家与文化人	福楼拜、波德莱尔、多恩与形而上诗人、《哈克贝利·费恩历险记》	列宁、约翰·里德、尤金·德布斯	林肯、惠特曼、汤姆·潘恩	托尔斯泰、肖斯塔科维奇、温斯顿·丘吉尔	梅尔维尔、亨利·詹姆斯、陀思妥耶夫斯基、福楼拜
他们欣赏的哲学家	弗洛伊德、詹姆斯·G.弗雷泽爵士、斯宾格勒（1926年之后）	凡勃伦、马克思和恩格斯	马克思、恩格斯、托洛茨基、帕林顿	托马斯·杰弗逊，弗洛伊德再次盛行	弗洛伊德或荣格、克尔凯郭尔或圣托马斯·阿奎纳、W.赖希和T.莱克
文艺标语	"重压下的优雅""有意义的形式""迷惘的一代""我不是手艺人"	"多样的矛盾""有规划的组织""走出象牙塔""为革命服务的艺术"	"为了权力的斗争""好心人""人民阵线""社会现实主义"	"普通人""美国的生活方式""渺小的人"	"神话""象征""仪式""文学的本质研究""经历的想象性顺序"
青年作家过冬的地点	格林威治村、巴黎	下十四街的东头或西头、康涅狄格州的农舍	曼哈顿的最东侧或最西侧、基韦斯特、华盛顿、作家计划的州总部	部队命令去的任何地方、作为公民生活在华盛顿、好莱坞、康涅狄格州费尔菲尔德郡	曼哈顿最东面的八十街、康涅狄格、波西塔诺、太子港

续表2

年代顺序	1924—1929	1929—1934	1934—1939	1939—1944	1944—1949
他们避暑的地点	普罗文斯敦或伍德斯托克、里维埃拉	玛莎葡萄园、雅多或麦克道威尔艺术村	佛蒙特、宾夕法尼亚州巴克斯郡	在部队或在华盛顿、加利福尼亚州卡梅尔、科德角	火烧岛、拉帕洛、缅因海岸
他们谋生的方式	在广告公司工作、写书评、从出版商处拿预付稿酬	从鲁斯出版社拿稿酬、写电影剧本、领救济金、开讲座（以及谁也不知道的方式）	联邦作家计划的资助、补助金与学术奖金	军队服役、为政府工作、在好莱坞工作、写书（只要有稿费）	在大学授课、在大学做研究（要感谢退伍军人权利法案）
他们主要的娱乐	看斗牛、参加出版商茶会、做爱、喝私酿杜松子酒、坐在咖啡厅露台上	在哈莱姆跳舞、谈论政治、喝适度的法国红酒（1932年后）	"游戏"、华盛顿鸡尾酒会、为了西班牙的聚会	聊八卦、滑雪、摇摆乐、"自由古巴"鸡尾酒	谈论金赛报告、洗尿布、打乒乓、超干马提尼（四份杜松子酒配上柠檬皮）
他们最喜欢的外国	法国	苏联	西班牙	墨西哥或英国	意大利或海地

图书在版编目（CIP）数据

流放者归来 /（美）马尔科姆·考利(Malcolm Cowley) 著；姜向明译. -- 长沙：湖南文艺出版社，2021.3
书名原文：Exile's Return
ISBN 978-7-5404-9313-4

Ⅰ.①流… Ⅱ.①马…②姜… Ⅲ.①纪实文学—美国—现代 Ⅳ.①I712.55

中国版本图书馆CIP数据核字(2020)第232175号

Exile's Return: A Literary Odyssey of the 1920s by Malcolm Cowley
Copyright © 1994 by Penguin Books
Simplified Chinese character translation copyright © 2021 by Shanghai Insight Media Co., Ltd.
All rights reserved including the right of reproduction in whole or in part in any form.
This edition published by arrangement with the Viking, an imprint of Penguin Publishing Group, a division of Penguin Random House LLC. through Bardon-Chinese Media Agency

著作权合同登记号：18-2018-172

流放者归来
LIUFANGZHE GUILAI
[美] 马尔科姆·考利 著　姜向明 译

出 版 人	曾赛丰
出 品 人	陈垦
出 品 方	中南出版传媒集团股份有限公司
	上海浦睿文化传播有限公司
	上海市巨鹿路417号705室（200020）
责任编辑	刘诗哲
装帧设计	凌瑛
责任印制	王磊
出版发行	湖南文艺出版社
	长沙市雨花区东二环一段622号（410016）
网　　址	www.hnwy.net
经　　销	湖南省新华书店
印　　刷	河北鹏润印刷有限公司

开本：880mm×1230mm 1/32　印张：15　字数：250千字
版次：2021年3月第1版　　　　印次：2021年7月第2次印刷
书号：ISBN 978-7-5404-9313-4　定价：78.00元

版权专有，未经本社许可，不得翻印。
如有倒装、破损、少页等装帧质量问题，请与本社联系调换。联系电话：021-60455819

浦睿文化
INSIGHT MEDIA

出 品 人：陈 垦
策 划 人：余 西
出版统筹：戴 涛
监　　制：于 欣　蔡 蕾
编　　辑：刘 佳　姚钰媛
装帧设计：凌 瑛
版式设计：张 苗

投稿邮箱：insight@prshanghai.com
新浪微博 @浦睿文化